国家出版基金项目
NATIONAL PUBLICATION FOUNDATION

G7C 高校主题出版
GAOXIAO ZHUTI CHUBAN

"一带一路"系列丛书

"一带一路"国别概览

柬埔寨

李向阳　总主编

杨保筠　李轩志　编著　　张金凤　审定

大连海事大学出版社

ⓒ 杨保筠　李轩志　2019

图书在版编目(CIP)数据

柬埔寨 / 杨保筠,李轩志编著. — 大连 : 大连海事
大学出版社,2019.12

("一带一路"国别概览 / 李向阳总主编)
国家出版基金项目
ISBN 978-7-5632-3938-2

Ⅰ.①柬… Ⅱ.①杨… ②李… Ⅲ.①柬埔寨–概况
Ⅳ.①K933.5

中国版本图书馆CIP数据核字(2019)第301302号

大连海事大学出版社出版

地址:大连市凌海路1号　邮编:116026　电话:0411-84728394　传真:0411-84727996
http://press.dlmu.edu.cn　E-mail:dmupress@dlmu.edu.cn

大连海大印刷有限公司印装　　　　　　　　　　大连海事大学出版社发行

2019年12月第1版　　　　　　　　　　　　　2019年12月第1次印刷
幅面尺寸:155 mm × 235 mm　　　　　　　　　　印数:1～3000册
印张:12.75　　　　　　　　　　　　　　　　　字数:192千

出　版　人:余锡荣　　　　　　　　　　　　　项目策划:徐华东
责任编辑:陈青丽　　　　　　　　　　　　　　责任校对:宋彩霞
　　　　　　　　装帧设计:孟　冀　解瑶瑶　张爱妮

ISBN 978-7-5632-3938-2　　　　　　　　　　　定价: 64.00元

"一带一路"国别概览

丛书编委会

▶ 主　任　李向阳

▶ 副主任　徐华东　李绍先　郑清典　李英健

▶ 委　员　李珍刚　姜振军　张淑兰
　　　　　尚宇红　黄民兴　唐志超
　　　　　滕成达　林晓阳　杨　淼

总序

　　2013 年秋，国家主席习近平在哈萨克斯坦和印度尼西亚出访期间，先后提出共建"丝绸之路经济带"和"21 世纪海上丝绸之路"的倡议，倡导共商、共建、共享理念，得到国际社会广泛关注和积极响应。"一带一路"倡议旨在积极发展与沿线国家的经济合作伙伴关系，共同打造政治互信、经济融合、文化包容的利益共同体、命运共同体和责任共同体。

　　"一带一路"倡议源自中国，更属于世界，它面向全球、陆海兼具、目的明确、路径清晰、参与方众、反响热烈。五年间，"一带一路"倡议从理念转化为行动，从愿景转变为现实，在顶层设计、政策沟通、设施联通、贸易畅通、资金融通、民心相通等方面都取得了显著的成果，为实现世界共同发展繁荣注入推动力量、增添不竭动力。目前，我国已与 100 多个国家和国际组织签署了共建"一带一路"合作文件。共建"一带一路"倡议及其核心理念被纳入联合国、二十国集团、亚太经合组织、上合组织等重要国际组织成果文件。

　　"一带一路"沿线国家地理地貌、风俗人情、经济发展、投资环境各不相同，极有必要对其进行系统的介绍和分析。此外，目前针对"一带一路"沿线国家的研究仍不够深入，缺少系统、整体的研究资料。大连海事大学出版社组织策划的"'一带一路'国别概览"丛书（首批 65 卷）适逢"一带一路"倡议提出五年后下一个阶段深入推进的需要之时，也填补了国内系统地介绍"一带一路"沿线国家国情的学术专著的空白，获得了国家出版基金项目资助，并入选教育部全国高校出版社主题出版选题。

　　"'一带一路'国别概览"丛书（首批 65 卷）联合中国社会科学院、北京大学、山东大学、宁夏大学、广西民族大学、上海对外经贸大学、黑龙江大学等多家高校及研究机构编写，并组织驻"一带一路"沿线 65 个国家的前大使对相关书稿进行审定。本套丛书不仅涵盖了各国地理、简史、政治、军事、文化、社会、外交、经济等方面的内容，突出了各国与丝绸之路或海上丝绸之路的历史渊源，力争为读者提供全景式的国情介绍，还从"一带一路"政策出发，引用实际案例详细阐述了中国与各国贸易情况及各国的投资环境，旨在为"一带一路"的推进提供强大的智力支持，加快科技成果转化，促进合作人才培养，帮助我国"走出去"的企业有效地防控风险，从而全方位地助推"一带一路"建设。

"'一带一路'国别概览"丛书（首批65卷）的顺利出版得益于大连海事大学出版社的精心策划和组织，也凝聚着百余位相关领域专家学者的心血，在此深表感谢。

国家主席习近平曾深情地说："'一带一路'建设承载着我们对美好生活的向往，将把每个国家、每个百姓的梦想凝结为共同愿望，让理想变为现实，让人民幸福安康。"我们也希望本套丛书可以为"一带一路"建设架起一座沟通的桥梁，推动"一带一路"倡议在沿线国家向更深远和平稳的方向发展。

"'一带一路'国别概览"丛书编委会

2018年6月

前言

　　柬埔寨是亚洲中南半岛上一个有着悠久历史和灿烂文明的国家，举世闻名的吴哥文明是其文化的杰出代表。柬埔寨处于古代东西方海上贸易的主要通道，即古代海上丝绸之路的必经之地，优越的地理位置使其成为东南亚地区最早同中国建立经贸关系的国家之一。中柬之间的正式经贸交往始于两千多年前。据《后汉书》载，汉章帝元和元年（84年）时，有来自现柬埔寨地区的部落首领来献"生犀""白雉"等特产，从此两国间的文化交流史不绝书。

　　中国与柬埔寨之间交往的持续增强，对促进两国之间的政治关系、经济发展以及人民生活水平的改善都做出了很大的贡献。两国人民互相学习对方的先进农业和手工业技术。中国的许多经济作物的种植方法先后传入柬埔寨，而柬埔寨的香料等土产及其加工工艺也传入中国。古代海上丝绸之路同时也是一条文化交流之路。中柬两国自古就通过这条海路进行着文化交流，元代温州人周达观通过实地观察而写成的《真腊风土记》，是研究吴哥文化不可或缺的参考资料。古代海上丝绸之路的畅通与便捷也促进了中柬两国民众之间的来往，许多华人很早就定居柬埔寨，并与当地人通婚，形成华人社区。时至近代，柬埔寨成为华侨华人在东南亚地区的主要居留国之一。华侨华人为发展两国关系发挥着重要的桥梁作用。

　　自1863年沦为法国的"保护地"以后，柬埔寨经历了诸多曲折与磨难。1993年新生的柬埔寨王国建立，在国际社会的普遍关注和援助下，其社会经济有了长足的发展，人民生活水平有了较大的提高。但是，加快经济发展，改善民众生活，维护社会稳定，仍然是柬埔寨政府所面临的重要任务。中国提出的"一带一路"倡议，特别是建设"21世纪海上丝绸之路"的构想，旨在使包括柬埔寨在内的东盟各成员国能够更好地分享中国改革开放和经济发展的成果，因而符合柬埔寨国家和人民的利益，得到其热烈响应。

在东南亚国家中，无论从历史还是现实来看，中国与柬埔寨都可谓血脉相亲、同舟共济。"一带一路"倡议的实施，有利于中柬双方的互利共赢，有助于柬埔寨经济更快更好地发展，也势必为中国与东盟和柬埔寨之间的合作奠定更加扎实的基础。

随着"一带一路"倡议在东南亚各国的落实，越来越多的中国企业家前往柬埔寨投资兴业，同时也有越来越多的中国游客前往该国旅游，他们希望能够对柬埔寨有更多的了解。本书尽可能地搜集和采用有关柬埔寨的最新资料和数据，并努力将其置于"一带一路"倡议的视阈之下进行介绍，以使读者更全面地了解柬埔寨与"一带一路"倡议之间的关系。

本书力图以有限的篇幅对柬埔寨做较为全面的概况介绍，内容涉及该国的地理、简史、政治、军事、文化、社会、外交以及经济等诸多方面，并探讨在"一带一路"框架下两国进一步加强合作的前景。

本书的编写分工为：北京大学国际关系学院杨保筠教授撰写了第二章、第四章、第七章、第九章第一节，并负责对全书的统稿、补充修改及统校等工作；北京外国语大学李轩志副教授撰写了第一章、第三章、第五章、第六章、第八章和第九章第二、第三、第四节。此外，广东外语外贸大学柬埔寨语专业教师黎国权对第一章和第三章的编撰做出了贡献，在此表示衷心的感谢！

从"一带一路"倡议的角度来介绍一个国家可以说是一件新事物，由于作者水平所限，难免有遗漏甚至谬误之处，谨请专家及读者不吝指正。

编　者

2019年7月

目录

第一章 地理

第一节 地理位置

柬埔寨，全称柬埔寨王国，地处中南半岛南部，其疆域范围为北纬10°20′～14°32′、东经102°18′～107°37′。柬埔寨国土总面积为181 035平方千米，在东南亚11个国家中位列第八。柬埔寨东北部与老挝交界，东部和东南部与越南相邻，西部和西北部与泰国接壤，西南部濒临泰国湾。

柬埔寨位于东西方交通之要冲，自古就是海上丝绸之路沿线的重要国家。时至今日，柬埔寨在东南亚的地缘优势仍十分明显，是中南半岛上东西横向、南北纵向交通的咽喉要道，西南部的西哈努克港则是中南半岛内陆连接海道的重要门户，因此柬埔寨无论在实施东盟制定的互联互通发展规划过程中，还是在落实"一带一路"倡议的过程中，都占据着重要的地理位置。

第二节 气候

柬埔寨地处热带，属热带季风气候，但因地形较复杂，故其国内不同地域的气候有着不同的特点。其北部地区深入内陆，受季风影响较小，属于典型的高原气候；中部平原地势较低，气候比较干热；西南沿海地区受海洋季风影响很大，降水充沛，气候湿热。

柬埔寨全年平均气温达29～30℃，日温差不超过6℃。年最低气温出现在12月、1月，北部山区的温度可低至20℃之下；最高气温出现在4月，有时个别地区最高气温可达40℃。柬埔寨年均降水量约为2 000毫米。当地人习惯把一年分为两季，即雨季和旱季①。每年的5月—10月为雨季，雨季的降水量约为全年降水量的90%，降水多发生在午后或夜间，月均降雨量超过200毫米；11月—翌年4月为旱季，天气干热，通常1月降水量最少，仅10多毫米。12月和1月天气最为凉爽，平均气温约为24℃，是旅游出行的最佳时间。

第三节　地势地貌与地质

一、地势地貌

柬埔寨的地势地貌特征鲜明，其东、西、北三面多为高原和山地，中部为平原。长山山脉绵延于柬埔寨与越南和老挝的边境，北部的扁担山脉构成了柬埔寨与泰国之间的天然屏障，西南部的豆蔻山脉和象山山脉是柬埔寨内陆地区和出海口的天然屏障。豆蔻山脉东边的奥拉山是柬埔寨境内最高的山，海拔为1 813米。中部是洞里萨湖周边的中央大平原地区，南部为湄公河三角洲的冲积平原区。中部和南部宽广平坦的平原地区土壤肥沃，物产丰富，是柬埔寨人口密集的居住区和主要农业产区。

二、地质

柬埔寨在大地构造位置上属于欧亚大陆范畴，处于太平洋板块与印度板块之间，位于青藏滇缅歹字形构造的中段东侧，即南北走向带向东南转折部位东侧。柬埔寨地层出露较全，从前寒武纪到第四纪均有，主要由前震旦系、古生界、中生界、新生界组成。其中，以中生界、新生界最发育、影响最大，而上、下古生界和前寒武系不但出露较少，而且十分零散。柬埔寨的地质构造可分为中央的洞里萨

---

① 也有人把柬埔寨的季节分为三季，即雨季、凉季和旱季，但通常认为，每年12月—翌年1月的凉季属于旱季的一部分。

湖–下湄公河第四纪坳陷、北部和西部的印度支那褶皱带、东北和西南部的中生代隆起区。

中生代和新生代是柬埔寨最主要的两个成矿期，前者以与岩浆活动有关的有色金属和贵金属成矿作用为主，后者以与风化剥蚀作用有关的非金属成矿作用为主，在空间分布上两者形成的产物相邻，组成了柬埔寨两个重要的成矿区带。

第四节　水文

柬埔寨水资源丰富，境内水系众多，河道纵横交错，境内的河网可分为两大水系：湄公河水系和洞里萨湖水系。柬埔寨国内地名中常常伴有"河港"一词，足以见得水系在该国的分布之广泛。

湄公河是高棉民族的母亲河，也是柬埔寨境内最大的河流。它发源于中国青藏高原唐古拉山的东北坡，在中国境内的河段被称为澜沧江，自北向南流经缅甸、老挝、泰国、柬埔寨、越南，注入南海，是中国及其流域的东南亚国家开展区域经济贸易合作的重要纽带，成为"澜沧江–湄公河合作"机制的重要基础。湄公河在柬埔寨境内长约500千米，雨季时最大流量可达34 000立方米，是旱季时的20倍，部分河段可全年通航。

洞里萨湖位于柬埔寨的西北部，是中南半岛第一大湖，也是东南亚地区最大的淡水湖。洞里萨湖是柬埔寨淡水鱼类产品的重要来源地，因产鱼品种多、数量大而被赋以"鱼湖"之名。与之相连的洞里萨河是柬埔寨的第二大河流，全长155千米，是连接洞里萨湖和湄公河的天然纽带。湄公河与洞里萨河在流经首都金边时相汇，而后又分成两支，从空中俯瞰，酷似四支巨大的手臂向远方延伸，当地人因此而称之为"四臂湾"。

洞里萨湖的湖区面积和水深随季节而呈现较大变化，雨季时湖区面积超过10 000平方千米，水深10～14米，旱季低水位时湖面约2 500平方千米，水深一般为1～3米。洞里萨湖是湄公河的天然"蓄水池"，可以有效地调控湄公河的水量，起到防洪、防旱的作用。雨季时水流沿洞里萨河由湄公河流向洞里萨湖，可以有效地减轻洪水对湄公河下游的威胁；旱季时水流则从湖中流出，保证了湄公河下游的水位和水量，利于灌溉和航运，从而保障了柬埔寨内陆与海外的交流。

第五节　自然资源

柬埔寨物产丰富，为该国的对外贸易和经济交往提供了坚实的物质基础。据中国元代史籍《真腊风土记》记载，柬埔寨"山多异木"，"珍禽奇兽，不计其数"，《明史》也称其"民俗富饶"，为其参与海上丝绸之路贸易提供了丰富的商品。今天，柬埔寨的自然资源开发仍然拥有巨大潜力。

❦ 一、林业资源

柬埔寨是世界上林业资源较为丰富的国家。20世纪60年代，柬埔寨森林面积达1 300多万公顷，约占国土面积的75%。之后由于战乱和滥砍滥伐，到90年代时森林面积骤减至890万公顷。据柬埔寨环境部统计，目前该国森林覆盖率为45.26%。木材储量超过10亿立方米，种类达200余种，主要分布在东部、西部和北部的山区，其中不乏柚木、铁木、紫檀、红檀、花梨木、沉香等珍贵热带高级木种，沿海一带还有为数可观的红树林。此外，柬埔寨的林副产品和药用植物也很丰富，品种有豆蔻、胖大海、马钱子、藤黄、桂皮、檀香、树脂、樟脑和桐油等，其中很多土产在历史上就是柬埔寨海外贸易的重要商品。

❦ 二、水产资源

柬埔寨领域内江河湖泊众多，水资源富含矿物质等营养元素，拥有丰富的渔业水产资源，使柬埔寨的内陆渔业产量位列全球第四。据估计，柬埔寨每年海水与淡水总捕捞量可以达到50万吨，至少可达35万吨，价值高达3亿美元。洞里萨湖的淡水鱼种类繁多，产量占全国总产量的一半以上，其中笋壳鱼为柬埔寨的特有鱼类，深受民众青睐。湄公河和洞里萨河流域水产亦颇丰富。此外，西南沿海一带的国公、西哈努克和贡布等省拥有重要的海洋渔场，鱼虾等海产品的年产量在4万吨左右。

三、水力资源

柬埔寨水系发达，水资源丰富，河流占全国面积的2.7%，湄公河柬埔寨段的年流量约4 750亿立方米。其水电储量约10 000兆瓦，50%的水力资源在主要河流，40%在支流，10%在沿海地区，水电和水利开发潜力巨大。

四、矿产资源

目前，柬埔寨已探明储量的矿藏有20余种，主要的金属矿产包括铁、金、银、钨、铜、锌、锡等，非金属矿藏有磷酸盐、石灰石、大理石、白云石、石英砂、黏土、煤、宝石等。但由于勘探工作滞后，柬埔寨至今尚未绘制出完整的国家矿产资源分布图，整个国家矿产资源的勘探及开采工作也还处于初级阶段。目前已发现的主要金属矿藏资源主要分布在柬埔寨国内的高地和山区地带。铁矿主要分布在磅同、柏威夏和上丁等省份；金矿主要分布在腊塔纳基里、桔井、磅湛、磅同和马德望等省份；铜矿主要分布在磅同、桔井和上丁等省份；而少量已被发现的铅锌矿矿点则散布于磅士卑、桔井和上丁等省份；柬埔寨的煤炭资源和花岗石主要集中在东北部，但工业开采的价值有限；石灰石在西北、东北和西南等地均有分布；大理石集中在西北和东部地区；磷矿资源分布在西北部和西南部。柬埔寨的宝石久负盛名，主要种类有红宝石、蓝宝石、锆石、尖晶石等，主要分布在东北和西北地区，尤其是拜林省。近年来，柬埔寨还发现诸多潜在矿藏，引起国际社会的广泛关注。

五、油气资源

柬埔寨长期被世人认为是一个贫油国，其消费的石油产品也全部依靠从国外进口。

2010年5月，日本国有石油天然气和金属公司与柬埔寨国家石油局签署了油气勘探合作备忘录，旨在共同研究和勘探柬埔寨油气资源。

2004年12月22日，经柬埔寨官方证实，美国雪佛龙海外石油（柬埔寨）有限公司勘探队在西哈努克市以南140多海里的柬埔寨西南海域发现了3处蕴藏有丰富的石油和天然气资源的地块，石油蕴藏量约4亿桶。世界银行估测，柬埔寨可能总共拥有高达20亿桶石油和2 830亿立方米的天然气。柬埔寨政府将石油储区划分为从A到F共6个海上石油区块，并与多国合作开展油气勘探和开发。

2017年8月，柬埔寨政府与新加坡克里斯能源公司达成A区块油田开发协议，预计2019年年底可开采出石油。

❀ 六、农产品资源

柬埔寨是典型的农业国家，农业人口占全国总人口的80%以上。农业是国民经济的支柱产业。全国可耕地面积为670万公顷，其中可灌溉耕地面积为120.6万公顷，占全国可耕地面积的18%。柬埔寨的主要粮食作物包括水稻、玉米、薯类、花生和豆类等，主要经济作物有橡胶树、胡椒、棉花、糖棕、甘蔗、咖啡、芝麻、蓖麻、黄麻和烟草等。

粮食作物中的稻谷是柬埔寨最主要的农产品，种植面积占全部耕地面积的比例超过80%，主要分布在被人们冠以"鱼米之乡"美誉的湄公河流域和洞里萨湖的周边地区；其次是玉米，主要分布在东部高原地区和首都金边附近，以磅同省和干丹省居多；橡胶是柬埔寨最主要的经济作物，种植历史悠久，主要分布在磅湛、磅同、桔井和腊塔纳基里等省份的红土地区，其中有90%以上集中在磅湛省；胡椒主要产于贡布、茶胶省的沿海湿润地区，其产量、质量曾一度位居世界前列。

❀ 七、野生动物资源

柬埔寨山区分布很广，有许多未经人类开发的热带季雨林地区，野生动物种类繁多。柬埔寨的动物资源既包括大象、野牛、虎、黑豹、熊等大型野生动物，又有鹤、苍鹭等多种野生珍贵鸟类，以及以眼镜蛇为代表的多种蛇类。

第六节　生态环境

　　柬埔寨是世界上森林消失速度最快的国家之一。美国国家航空航天局指出，2001—2014年，柬埔寨森林消失的年均比重是14.4%，消失的森林总面积为144万公顷。柬埔寨王国政府给国内外投资商批准的经济特许地①是森林消失的主要地区，原有的林地被道路和橡胶树种植园所取代。

　　尽管柬埔寨从1993年开始禁止原木出口，之后王国政府也曾多次重申禁令，但未能做到令行禁止，盗伐树木和走私原木现象目前依然存在。因此，柬埔寨政府加大了打击林木盗伐和走私力度，加速种植树木和设立自然保护区的进度。2008—2013年，柬埔寨国土绿化面积超过10万公顷。柬埔寨现已设立45个自然保护区，总面积为590多万公顷，约占国土面积的32%，其中国家森林公园12个，面积为175万多公顷；野生动物栖息地18处，面积为355万公顷；风景保护区8个，面积近15万公顷；多用途综合保护区5个，面积近41万公顷；湿地保护区1个，面积近1.5万公顷；自然遗产保护区1个，面积近2.5万公顷。

第七节　行政区划

　　根据目前柬埔寨实行的国家垂直行政体系的划分，自中央政府以下可依次划分为省、县（市）、区、村，以及直辖市和其下辖的区、分区。柬埔寨全国分为24个省和1个首都直辖市，即干丹省、贡布省、茶胶省、柴桢省、波萝勉省、磅士卑省、磅清扬省、磅湛省、磅同

---

　　① 经济特许地是柬埔寨政府为鼓励企业投资大型种植园和农场推出的一项土地优惠政策，企业可以较低的租金使用土地长达99年，但需严格按照计划逐年进行土地开发。然而，特许地政策实施以来，开发企业与特许地原住居民的矛盾不断发生，引起媒体和非政府组织关注，2012年后柬埔寨政府不再批准建设新的经济特许地。

省、桔井省、戈公省、菩萨省、马德望省、暹粒省、班迭棉吉省、奥多棉吉省、柏威夏省、上丁省、腊塔纳基里省、蒙多基里省、特本克蒙省、西哈努克省、白马省、拜林省和首都金边市。

　　首都金边市为柬埔寨唯一的直辖市，分为12个区，下辖分区和村。柬埔寨有22个省仅以省会为市，下辖分区和村，省内其他行政单位为县、乡、村。有两个省除了省会城市外，还特别增设了一个市，即班迭棉吉省除省会诗梳风市之外，还有地处柬泰边境的波贝市；柴桢省除了省会柴桢市外，另有地处柬越边境的巴域市。

　　金边是柬埔寨王国首都，也是柬埔寨最大的城市。它地处湄公河、洞里萨河同巴萨河交汇处的三角洲地带，是柬埔寨政治、经济、文化、交通、贸易和宗教中心。其面积为375平方千米，人口约220万（2015年）。金边，在柬埔寨语中被称为"普农奔"，"普农"意为"山"，而"奔"则是一位与金边起源密切相关的老奶奶的名字，可直译为"奔婆婆山"。

第二章 简史

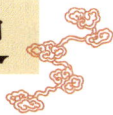

第一节　史前时期

　　由于柬埔寨地处陆海的通道，远古时代就有一些部族从海上或陆路由此经过，进入中南半岛腹地，或到沿海地区定居。从迄今所获得的考古成果来看，柬埔寨地区很早就有人类繁衍生息，并产生了人类早期的文明。例如，在该国的湄公河地区斯努和上丁之间的一块台地上发现的旧石器时代早期遗址，属更新世中期，年代为距今50万～70万年。在柬埔寨西部的普农拉昂遗址发现的一些加工和使用过的兽骨，说明这里曾居住过与这些动物同时代的人类族群。在柬埔寨发现的新石器时代的文化遗址更为丰富。例如，位于柬埔寨洞里萨湖和洞里萨河交汇处的三隆森遗址的年代约为公元前1280年，这里出土了大量磨制的石斧和石锛，骨制的鱼钩、针、凿，还有手捏的陶器，特别是还发现了一些铜斧、铜箭镞、铜钟和钩具等铜器，说明当时居住在这一地区的人们的文明水平已经达到一定的高度。

　　今天柬埔寨的主体民族高棉人，最早居住在中国的西南地区，大约在公元前6世纪至公元前5世纪逐步南迁，在湄公河上游、孟河一带短暂停留后，分别向西南和东南两个方向迁移，到达今柬埔寨和越南南部一带，建立了该地区的早期国家。

第二节　　古代时期

❧ 一、扶南与真腊

　　柬埔寨地处陆海交通要道，由于民族迁徙、商贸交往和社会发展等诸因素的共同作用，大约在1世纪初开始建立起早期的古代国家——扶南。由于中国古籍中有关扶南的记载比较丰富和完整，因此它被视为东南亚最早出现的国家之一。扶南的建国历史，特别是关于信奉婆罗门教的混填乘坐商船来到扶南的记载，也充分说明了柬埔寨早期国家的建立与其在当时的海上商路中所占据的重要地位有着密切的联系。

　　扶南的统治者致力于开疆拓土，以其强大的军力征服了周边十余国，"开地五六千里"。

　　扶南之所以能够在中南半岛和马来半岛成为强大的国家，是与其经济发展密切相关的。扶南正处于当时东西方海上贸易的主要通道上。扶南王国出现时，正值东西方贸易蓬勃兴起，特别是罗马帝国对亚洲的商品尤其是中国丝绸的需求空前旺盛，而印度则是东西方交通和贸易的重要中转站。于是，位于印度和中国之间的扶南成为穿越东南亚的海上丝绸之路的最主要通道。受当时的航海技术所限，往来的船舶主要是沿海岸而行。为了避免绕行马来半岛，前往中国的船只一般在孟加拉湾马来半岛最狭窄处的地峡处靠岸，将货物通过陆路运往暹罗湾（今泰国湾）沿岸港口，然后再装船由海路前往中国等地。扶南对这一贸易通道的控制，使其得以从中获利。

　　同时，扶南本土也具有重要的贸易地位，在暹罗湾航行的船只在抵达中国或其他目的地之前，需要能够进行休整的港口。扶南的主要海港位于今越南境内的湄公河三角洲邻近柬埔寨边界的俄厄城，是暹罗湾海岸由内陆而行最靠近湄公河的地方。海船可以在那里等待季风，以借着季风驶向中国或前往印度。扶南通过其所处的有利的贸易地位，不仅得以把本国的产品销往中国或西方，更为中国与西方之间的贸易发挥了重要的中介作用。扶南的商人带着来自地中海、印度、中东和非洲的商品换取来自中国的丝绸。毫无疑问，直接贸易和中转贸易是扶南经济的重要支柱，对其取得地区霸主地位发挥了重要作用。

大量的经济作物也是扶南的经济来源。农业的发展和比较充足的粮食供应为扶南保持其贸易地位提供了保障。例如，俄厄港地区能为本国商人和乘船而来的外国客商提供充足的稻米和其他粮食供应，使他们能够安心地在当地进行贸易或等待季风以继续旅行。这使得扶南在当时的东南亚地区贸易网络中具有了决定性的优势。与此相反，暹罗湾周围其他小国则明显不具备这样的农业生产力，因而只能够通过臣服于扶南来保证自身作为沿岸货运中转站而存在并获得一定的利益。

扶南王国的手工业也得到一定的发展。扶南遗址的考古发掘证实扶南的金银器、玉器加工能力已经达到较高的水平。手工业的发展也为扶南的对外贸易提供了更多可供交换的产品，促进了其商贸的繁荣。

514年，国王侨陈如·阇耶跋摩死后，扶南内乱不断，国势逐渐衰落。不过，扶南衰落的更深层次原因则在于，途经马来半岛和扶南港口的贸易路线逐渐被经巽他海峡的南方航线所取代。大约在4世纪时，来自苏门答腊等东南亚其他地区港口的商人开始绕过扶南把香料等直接运往中国，即使在航行途中需要进港停泊休整，他们也大多不再停靠扶南的港口，而是选择现今越南东海岸的港口，特别是占婆沿海的港口。

随着商路的改变，主要依靠贸易作为其经济基础的扶南的国势也趋于衰落，而这又进一步加剧了扶南的内部争斗。正是在这种内忧外患的情况之下，扶南的领土开始收缩，属国纷纷脱离其控制。6世纪中叶，以农业为主要经济基础的扶南属国真腊逐渐崛起，向扶南的宗主地位发起挑战。扶南则在这一过程中不断衰败，到627年前后，最终被真腊所灭。这实际上也是扶南在当时东南亚地区的国际贸易中所占据的主导地位丧失而导致国势不断衰微的后果。根据史料记载，统一的真腊一度是个富庶、强盛的国家，并建立起更加完善的行政管理体系。国王的权威和国家统治机构日趋完整和强化。但是，真腊的统一局面并未能长期维持。真腊最终分裂为水、陆真腊，分界线在今老挝的巴色地区。

由于贸易的衰落，真腊经济更偏重农业。真腊土产十分丰富，在中国史籍中有"富贵真腊"之称。

❧ 二、吴哥王朝

9—14世纪上半叶的吴哥王朝统治时期是柬埔寨历史上的鼎盛时期。其国力强盛，文化繁荣，疆域版图几乎覆盖整个中南半岛地区。现存的吴哥古建筑群中的大部分建筑都是这一时期的产物，是吴哥王朝留给世人的珍贵财富和宝贵的文化遗产。

8世纪末，阇耶跋摩二世在婆罗门的帮助下建立起"提婆罗阇"崇拜，即"天王"或"神王"崇拜，通过这种崇拜来保证王国存在及国王统治的合法性。阇耶跋摩二世在其统治期间先后统一了水、陆真腊，最终形成了一个存在至今的高棉人王国。"天王"崇拜的确立，为维护王国的统一和稳定发挥了重要的作用，其影响一直流传至今。

吴哥国王因陀罗跋摩一世建造起庞大的水利灌溉系统，促进了稻作农业的发展，从而为吴哥在此后几个世纪中的长盛不衰积蓄了丰厚的人力、物力资源。

1010年，苏利耶跋摩一世大力对外进行扩张，把统治版图扩大到了今泰国湄南河下游平原的华富里地区，并控制了整个湄公河流域和琅勃拉邦地区。他利用吴哥王朝时期幅员辽阔的地缘优势积极发展贸易，通过海洋、河流和陆上通道，努力把吴哥王朝纳入与中国、越南及印度洋沿岸国家进行贸易的国际网络。苏利耶跋摩一世的统治使吴哥王朝取得空前的发展。

在苏利耶跋摩二世（1113—1150年在位）统治时期，吴哥王朝一度成为当时东南亚最强盛的国家。然而占婆发动一连串袭击，并于1177年攻陷并洗劫了吴哥，对吴哥实行了持续5年之久的统治，直到阇耶跋摩七世（1181—1218年在位）继位后，吴哥王朝才得以复兴。

为了强化对各地的控制，阇耶跋摩七世在吴哥全国各地铺设了驿道，兴建了121所客栈和102家医院。阇耶跋摩七世是吴哥王朝的最后一位重要国王，他大约死于1219年，此后占婆在1220年摆脱了吴哥的统治，吴哥王朝也从此逐渐走向衰落。

吴哥王朝统治时期之所以能够成为柬埔寨历史上最繁荣的时期，是和当时强大的经济基础密不可分的。

　　农业，尤其是水稻种植业，是吴哥王朝的经济基础。适宜的气候、水源和土壤成为农业发展的必要条件。除了稻米之外，当时的吴哥王朝还出产各种水果和蔬菜。吴哥王朝的历代国王都高度重视水利系统的建设和维护，一些国王还亲自参与大型公共水利工程的规划和建设。吴哥王朝建立的完整而有效的水利系统为农业发展提供了极为有利的条件。

　　农业成为吴哥王朝财富的首要来源。稻米通过东部和南部的湄公河沿岸，直接输往海外，带来巨大的商业财富。吴哥王朝统治时期，其国内特有的奇珍异宝也是其对外贸易中的重要出口商品。此外，吴哥王朝统治时期手工业者阶层出现，并表现出较高的艺术水准和技术水平。

　　吴哥王朝同时具有水上和陆地交通的优势，加之吴哥王朝有丰富的稻米和土产出口，也需要进口大量的生活必需品等各类物品，因此贸易一直在吴哥王朝经济中占据着非常重要的地位。当时以吴哥为中心的对外贸易的主要通道，通过洞里萨湖和湄公河的水上交通到达沿海地区；通过陆路向西前往披迈及孟族人地区，向东到达越南和占婆等国。在苏利耶跋摩一世统治时期，为了推动对外贸易，他将王国的活动重心向西移，使其统治向西扩展到了今天泰国的湄南河流域和马来半岛的克拉地峡。因为控制住了湄南河下游地区，吴哥王朝便获得了前往今泰国南部一带的国际贸易通道，从而使吴哥能够更直接地与从南印度的注辇港口穿越克拉地峡和素叻他尼地区到达东南亚大陆地区的国际贸易通道连接在一起。这也使马来半岛北部地区的商品贸易摆脱了东南亚海岛地区的政治及贸易的影响，融入到东南亚大陆地区的贸易活动之中。

　　1351年，逐步崛起的阿瑜陀耶王朝占领吴哥，并派军队驻留达6年之久。1432年，即位不久的吴哥国王蓬黑阿·亚特（1432—1467年在位）决定放弃吴哥，迁都至湄公河东岸的巴桑（一说迁到斯雷山托）；次年又迁移到四岔口（扎多木），即今天的金边，从此柬埔寨的历史进入了金边王国时期，也有人根据中国史籍的记载而称其为柬埔寨王国时期。

❖ 三、金边王国时期

在被迫放弃吴哥后，蓬黑阿·亚特国王选择金边作为都城，一方面是为了远离暹罗阿瑜陀耶王朝的威胁，另一方面则是看中了金边在贸易中所占据的重要地位。金边位于湄公河和洞里萨河的汇合处，控制着柬埔寨内陆地区以及老挝各个王国的水上贸易，并通过湄公河三角洲水陆通道连接中国沿海地区、中国南海周边国家以及印度洋的贸易路线。金边成为从老挝方向随湄公河而下的商品、经洞里萨湖而来的柬埔寨内陆地区出产的粗陶、干鱼、鱼酱等产品，以及从湄公河三角洲来的主要产自中国的货物的汇集地和贸易市场，因而使柬王宫廷更易于从贸易活动中获利。因此，在迁都金边以后，柬埔寨对外部世界更开放。来自暹罗的直接压力减弱，柬埔寨宫廷和商人与中国明朝的海上贸易增加，这为垄断贸易的柬王宫廷提供了获取财富的新机遇。16世纪上半叶欧洲人到达东南亚地区，这也在一定程度上进一步促进了柬埔寨的对外贸易。

1528年，柬王安赞一世（1516—1566年在位）把都城迁移到了金边西北约40千米的洛韦，以避免暹罗的骚扰和进攻。然而，迁都也未能使其摆脱暹罗的袭扰，1594年暹罗军队攻陷洛韦，柬王索塔之弟索里约波被俘。暹罗于1600年将索里约波护送回国，扶植其登上王位，并正式宣布柬埔寨为暹罗的属国。

1620年，吉·哲塔二世在洛韦以南约8千米的乌东营建新都。但无论是迁都洛韦还是乌东，金边仍然是王国的主要对外通商港口。为了抵御暹罗的入侵和控制，吉·哲塔二世与盘踞在越南中部顺化一带的越南南方阮氏割据政权联姻，结果导致其趁机而入，进一步强化其"南进"扩张政策，逐渐蚕食柬埔寨领土。越南对柬埔寨进行的大规模侵略扩张，也导致了越南同暹罗在柬埔寨进行激烈的争夺，双方为争夺对柬埔寨的宗主权而发生多次冲突。暹罗和越南的相互争夺，使柬埔寨处于被这两国双重奴役的地位。

1813年，越军侵入柬埔寨，对其实行"保护"，并立安眉公主（1834—1841年在位）为柬埔寨女王，引起柬民众的强烈反抗，多次爆发武装斗争。趁此机会，暹罗却克里王朝的军队于1841年攻占金边，推翻安眉女王，立安东（1841—1859年在位）为柬埔寨国王。

1845年，相争不下的越南与暹罗签署和约，越南承认安东为柬埔寨国王并从柬埔寨撤军，安东则必须同时向暹、越两国称臣纳贡。

第三节　近代时期

随着葡萄牙人于1511年占领马六甲，葡萄牙传教士加斯帕·达·克鲁兹于1555年第一个来到柬埔寨传教，并曾到过当时的首都洛韦。欧洲人的出现使柬埔寨王室看到了可能有助于其推行平衡外交政策的新的外来力量。

柬埔寨国王萨塔一世（1567—1594年在位）时期，萨塔一世曾重用来到柬埔寨的西班牙冒险家布拉斯·鲁伊斯和葡萄牙人迪戈·迪·韦洛索。1593年，在暹罗军队多次进攻洛韦的情况下，萨塔一世试图向已经在马尼拉建立殖民统治的西班牙驻菲律宾总督求援。西班牙驻菲律宾总督派出了一支120人的军队前去增援。但当这支远征军于次年抵达时，萨塔一世父子已经逃亡到老挝南部，洛韦也落入暹罗人之手。西班牙人趁乱在1597年将萨塔一世的儿子扶上了王座，成为巴隆·拉嘉二世（1597—1599年在位）。由于这些西方冒险家和军人在柬埔寨仗势胡作非为，激起民怨，柬埔寨民众和马来移民发动了对西班牙军队的进攻，杀死了韦洛索及西班牙军官，西班牙试图染指和控制柬埔寨的企图由此而破灭。

欧洲人的到来对柬埔寨的社会、经济都产生了深刻的影响。由于欧洲人的介入，柬埔寨逐渐与外部世界产生越来越广泛和密切的联系，与海外的经贸联系不断扩大和增强。据记载，当时在洛韦和金边居住着大量的外国商人并形成了来自中国、日本、阿拉伯地区、西班牙、葡萄牙的商人以及来自印度尼西亚群岛的马来商人的聚居区。外国商人通过国王及王室成员和近臣同柬埔寨宫廷打交道，从事贸易活动。柬埔寨用以与外国交易的货物包括当地出产的金、银、宝石、丝绸及棉布、香料、漆、象牙、稻米、水果和犀角等各类物产。

19世纪中叶，柬王安东在位时期，恰逢法国大举进入东南亚地区，并在原属柬埔寨而后被越南占据的柬埔寨地区建立起据点，这给安东带来了希望，他期望法国能够帮助他摆脱暹、越两国的控制。

法国殖民者在得知安东的打算后，立即乘势而入，开始规划对柬埔寨的殖民入侵。对于法国资本家来说，柬埔寨丰富的物产能够成为其重要的原料来源。如柬埔寨的生丝就是法国轻工业中，特别是奢侈品生产所大量需要的原料，在输入法国的原料中仅此一项就占1/6。同时，对法国资本家而言，柬埔寨也是一个新的市场和投资场地。

1863年，海军上将德·拉·格朗地耶担任法国在越南南圻的殖民总督后，于当年7月率军舰溯湄公河而上，抵达柬埔寨首都乌东，向柬王诺罗敦提出对其进行"保护"的要求。8月11日，法国人强迫诺罗敦国王在乌东王宫签署《法柬条约》，承认法国对柬埔寨国的"保护"。法国于1884年以武力胁迫柬埔寨国王签订第二次《法柬条约》，强化了法国对柬埔寨行政、司法、财政、商贸等各关键部门的控制，并在柬王身边安插驻扎官，从实际上开始对柬实行直接统治。1897年，法国再此逼迫诺罗敦国王修订1884年条约，国王交出了税收权、立法权甚至委任大臣的权力。从此，柬王的实权被完全剥夺，柬埔寨沦为法国的殖民地。

在法国统治时期，柬埔寨的君主制被保留，国王名义上依然是国家的最高权威，但实权则落入常驻在金边的法国代表，即法国驻柬最高驻扎官之手。法国人掌管着柬埔寨的海关、税务、邮政、农业、林业、卫生、兽医等部门以及教育系统。法国军队在柬埔寨境内驻扎，警察部门也被法国人掌握。为了分化法属殖民地各国人民的关系，维护其殖民统治，法国殖民当局采取"以越治柬"的统治政策，招募越南人进入柬埔寨殖民行政机构，参与对柬埔寨人的治理。据1904年的统计，柬埔寨的46名省级印度支那籍官员中，有22名是越南人；金边市政府中16名非法籍官员中，越南人就占了14名。

在法国占领柬埔寨之初，殖民统治当局在柬埔寨征收苛捐杂税，导致柬埔寨的人均税赋负担在法属印度支那各成员中居首位，严重阻滞了在法国"保护"下的柬埔寨经济的发展，基础设施建设和城市化的速度都比法属越南殖民地慢得多，柬埔寨农村依然保留着传统的社会结构和生活方式。

随着殖民统治当局强化对柬埔寨的殖民开发，当地的大米和胡椒等主要农产品的产值有所增长。同时，法国在柬埔寨建立起许多大型种植园，开始大规模种植他们所需的橡胶树等经济作物。随后，法国开始发展工业生产原材料加工业，产品供本地使用或出口。与此同时，殖民统治当局着手进行基础设施建设，在柬境内建造公路和铁路，其中包括金边至马德望的铁路线。但在法国殖民时期，柬埔寨的经济发展一直远远落后于越南，几乎没有自己的民族工业，传统手工业也受到严重破坏。然而，殖民统治当局在柬埔寨征收的人均税款居高不下，导致1916年柬埔寨爆发了大规模的减税示威活动。

在教育和文化领域，法国人于1867年在柬埔寨创办了第一所小学，到1931年，柬埔寨国内小学也仅增至101所，在校学生人数只有10 691人。1911年，法国人创办了第一所中学，但直到1946年，中学才发展到4所，在校学生仅525人。1935年，法国人才在柬埔寨建立了第一所高级中学，到1939年有4个学生毕业。而高等院校直到柬埔寨独立也未能建立起来。为了巩固法兰西文化在柬埔寨的统治地位，法国殖民统治者还采取了一系列措施，限制其本土民族文化的发展。这些措施包括强行以法语作为柬埔寨的官方语言，规定学生以学法语为主，以确立法语在柬埔寨社会中的主导地位。此外，法国在柬埔寨各地开设鸦片烟馆、酒馆、赌场和妓院，严重败坏了柬埔寨的社会风气。

1937年日本发动全面侵华战争后，一直寻求占领东南亚的良机，以实现其从西南方向包抄中国抗战后方的目的。1940年，法国在第二次世界大战中被德国击败，法国维希政权自顾不暇，导致法属印度支那陷入混乱。9月，日本与维希政府签署条约，日本获得经由中南半岛调运军队和军需物资的权利，这为此后全面占领柬埔寨打开缺口。1941年8月，日军出兵直接进占柬埔寨，并在当地驻扎约8 000名士兵。当时，日本并未取缔法国殖民统治当局，而是保留其行政权。日本要求柬埔寨为其提供非正规部队的战斗人员、劳工以及大米、鱼和木材等各类物资；法国殖民当局也要从柬埔寨获取人力物力，导致柬埔寨人民遭受双重压迫，负担大大加重。

1945年3月，日本发动"三九政变"，直接武装控制柬埔寨。随后，法国殖民政府官员被撤职，驻柬法军也被缴械。当年8月15日，日本宣布无条件投降，法国于当年10月重新占领金边和柬埔寨全境。

战后的法国政府忙于本土的秩序重建和经济恢复，因此不得不对其与殖民地、保护国的关系进行一定程度的调整，赋予法属印度支那的各保护国以有限的自治权。

在争取国家独立的过程中，西哈努克国王发挥了中流砥柱的作用。1941年，他在19岁时被法国驻中南半岛总督选定为因病去世的西索瓦·莫尼旺国王的继承人。西哈努克后来成长为一个坚定的民族主义者，为争取柬埔寨独立进行了不屈不饶的斗争。

1946年1月，由西哈努克领导的柬埔寨政府和法国签订了《柬法临时协定》，法国放弃对柬埔寨的"保护"，承认柬埔寨是法属印度支那联邦中的一个"自治国"。5月底，西哈努克颁布选举法，柬埔寨政党政治的架构基本建立，为举行选举创造了条件。1946年9月举行的制宪会议讨论并通过了《柬埔寨王国宪法》草案。1947年5月6日，西哈努克国王正式宣布实施新宪法，在柬埔寨实行君主立宪和三权分立的政治制度。

1949年11月，柬埔寨与法国在巴黎签署《柬法协定》。这一协定授予柬埔寨更广泛的自主权，但司法、警察、军事、外交和财政等权力仍掌握在法国人手中。

1952年6月，西哈努克向国民宣告，将在3年内取得柬埔寨国家的完全主权。1953年年初，西哈努克发起"争取独立的王家改革运动"，在与法国的谈判中也采取了更加坚决的态度。1953年3月，西哈努克亲自前往法国，为争取柬埔寨独立而与法方进行直接的交涉。他致函法国总统和政府，要求法方尽快解决归还柬埔寨全部权力的问题。迫于国际压力，法国政府答应做出一些让步，但迟迟未予兑现。为了表明决心和意志，西哈努克于5月下旬自我流放到泰国曼谷，并发表了"在完全独立实现之前绝不返回首都金边"的宣言。西哈努克国王争取国家完全独立的立场和态度，推动柬埔寨全国范围内的反法示威运动达到了高潮。

1953年7月3日，法国不得不宣布给予柬埔寨完全的独立与主权。西哈努克国王遂于1953年11月8日返回首都金边。11月9日，隆重的权力移交仪式在金边王宫前举行，标志着法国结束对柬埔寨90年的殖民统治，新的柬埔寨王国就此诞生，西哈努克国王则被国民尊为"独立之父"。

第四节　现代时期

取得独立后，柬埔寨代表团参加了旨在结束法属印度支那冲突的日内瓦会议。1954年7月21日签署的《日内瓦协议》显示国际社会承认了柬埔寨的独立。协议规定所有驻扎在柬埔寨的外国军队必须撤出，柬埔寨须在1955年举行新的大选，并由国际监督委员会确保其公正性。

柬埔寨独立后，西哈努克国王于1955年3月18日宣布退位，由他的父亲诺罗敦·苏拉马里特出任国王，他自己则仅保留亲王称号，以便能够参与政治事务。

西哈努克随即创建了名为"人民社会同盟"的政党，并担任主席，获得柬埔寨社会各界的广泛认同，许多小党派也纷纷加入了其中。在1955年9月举行的大选中，西哈努克组建的新政党以83%的得票率获得压倒性胜利，赢得国民议会所有议席。

西哈努克以其亲民的个性，受到柬埔寨民众，特别是农民的尊崇。他经常到农村地区进行走访，听取民众的意见。同时，他也依照柬埔寨历史上的政治传统，允许各界民众在王宫前举行集会，表达其对国王、首相和政府的意见和不满。

1956年年初，政府提出了柬埔寨经济发展的两年计划，包括法国援助建设金边新机场、建设一条连接柬埔寨首都和西哈努克港的公路，以及增加教育经费预算等。

1960年4月3日，西哈努克的父亲诺罗敦·苏拉马里特国王逝世。6月20日，西哈努克宣誓就任国家元首，成为国家的最高领导人。

人民社会同盟执政的最初几年，柬埔寨的情况可以说是该国历史上所经历的最好时期。当时工业增长率为8%，几乎所有民众都能够吃饱饭，大多数农民拥有自己的耕地，全国各地到处都有就业机会，大米、橡胶和胡椒等原材料的出口收益，足以满足对进口产品的支出需求。来自法国、美国以及中国和苏联的外援，在柬埔寨建立起医院、学校、公路和航空基础设施、包括西哈努克城炼油厂在内的多家工厂以及港口设施和水坝等。柬埔寨王家军队的经费和武器装备得到了美国的援助。医疗卫生系统也取得相当大的进展，疟疾患病率和儿童死亡率显著降低。这一时期，柬埔寨教育进步显著。柬埔寨独立时全国没有一所大学，只有2所高中和7所学院，而且这些学校分布不均，主要集中在大城市。独立后的10年间，许多青少年进入覆盖全国的新学校学习。柬埔寨的每个县城都有一所中学，各省省会都开设了高中。除了金边王家大学以外，柬埔寨全国还开办了7所省立大学。此外，成千上万的文盲也得到了学习文化的机会。因此，西哈努克在柬埔寨的受欢迎程度很高。

然而，在当时东西方两大阵营尖锐对立的冷战大背景下，东南亚地区成为大国对抗的前沿。西哈努克坚持的和平中立的外交政策遭到右派势力的非议。柬社会内部存在的一些深层次问题也逐渐凸显出来。

进入20世纪60年代以后，柬埔寨经济增长率逐步下滑，成为东南亚地区经济增长速度最慢的国家。大批企业，尤其是私营企业，由于缺乏资金而经营困难。

与此同时，柬埔寨与美国、南越、泰国的关系日渐恶化。1963年8月，柬埔寨因南越军队不断越过柬埔寨边界打击越南南方抵抗力量而与西贡当局断绝了外交关系；此后，又因美国不断干涉柬埔寨事务，支持在南越和泰国的反政府势力，而于当年11月19日宣布拒绝接受美国的经济和军事援助。

1964年8月"东京湾事件"爆发，越南战争扩大到北越。1965年5月3日，西哈努克宣布与美国断绝外交关系。

1966年9月，柬埔寨举行第六届国会选举，亲美的朗诺中将出任首相。1967年3月，马德望省发生农民抗税斗争，遭到血腥镇压，西哈努克要求朗诺承担责任，朗诺遂于4月29日辞职。这一事件使西哈努克与朗诺之间的矛盾激化。

为了缓和与亲美势力的矛盾，西哈努克于1969年7月2日宣布恢复与美国的外交关系，但美国并未放弃对其继续施压。8月，柬埔寨组成以朗诺为首相的新内阁，施里玛达出任副首相兼内政、安全、国民教育和宗教大臣。美国的介入使柬埔寨局势发生了根本性变化。

1970年1月，西哈努克前往法国治病，朗诺和施里玛达试图将其推翻。3月18日，朗诺集团通过由他们控制的国民议会宣布废黜西哈努克的国家元首职务，改由国民议会主席郑兴担任，并成立"救国政府"。政变后的第二天，美国即承认了朗诺政权。不久，"救国政府"改组，成立了以朗诺为总理、施里玛达为副总理的内阁，宣布废除君主制，废除王国宪法，解散人民社会联盟。

朗诺集团于1970年10月9日成立了所谓的"高棉共和国"，实行专制统治，引起国内民众的普遍抵制。朗诺于1972年3月10日宣布接管国家元首郑兴的全部权力，自己出任国家元首；3月20日又改组政府，成立由他担任总理、山玉成任首席部长兼外交部部长的新内阁。随后，朗诺集团于4月颁布"高棉共和国"新宪法，于6月3日在金边傀儡政权控制区内举行总统大选，并于同年9月举行国会选举，10月成立参议院，产生了由他担任总统和总理的新政权。在朗诺集团统治时期，柬埔寨经济凋敝，主要靠美国的援助来维持。

"三一八政变"发生时，西哈努克正在莫斯科访问，他随后决定来到北京。1970年3月23日，西哈努克在北京宣布建立"柬埔寨民族团结战线"并任主席。在西哈努克的倡议下，柬埔寨、老挝和越南南北两方领导人于4月24日—25日举行了印度支那最高级会议，又称"印度支那三国四方会议"。会议发表的《联合声明》强烈谴责美国策动柬埔寨朗诺集团发动反对国家元首西哈努克的政变；紧急呼吁印度支那三国人民加强团结，顽强战斗，坚决战胜美帝国主义。

柬埔寨王国民族团结政府于1970年5月5日在北京成立，西哈努克担任国家元首，宾努亲王任首相，乔森潘任副首相兼国防部部长与武装部队总司令，留在柬埔寨国内解放区领导抗美武装斗争。

西哈努克担任柬埔寨王国民族团结政府元首以后，在北京和国际社会组织积极开展外交活动，以争取广泛的国际支持。到柬埔寨解放前夕，已经有62个国家和国际组织承认柬埔寨王国民族团结政府。

与此同时，西哈努克凭借其在柬埔寨民众中的崇高威望赢得了人民对柬埔寨王国民族团结政府和抗美救国抵抗运动的坚决支持。很多民众，特别是农民，响应西哈努克的号召，踊跃投身于这场争取民族解放的斗争。在城市中产阶级中，很多人也认可西哈努克的地位并受其影响为抵抗美国侵略和推翻朗诺集团的统治提供帮助。

面临风起云涌的抵抗运动，朗诺集团的统治很快就处于风雨飘摇的境地之中。在战场上，由于朗诺军队人心涣散，缺乏斗志，因而节节败退。1971年8月20日，朗诺在美国和南越军队的支持下发动"真腊2号"战役，其结果是"金边政权"的精锐部队几乎损失殆尽，从此一蹶不振。到当年年底，柬埔寨人民解放武装力量就已控制了柬埔寨的大半国土。

1973年1月27日，美国在巴黎签署了《关于结束越南战争、恢复和平的协定》，美军撤出中南半岛。同年3月，西哈努克到柬埔寨国内对人民解放武装力量控制的解放区进行视察。

到1974年年末，人民解放武装力量的总兵力已经发展到20万人，其中正规部队达到10万人。"金边政权"摇摇欲坠。

1975年1月1日，柬埔寨人民解放武装力量开始对金边发动战略进攻，在15天内拔除了朗诺军队的26个据点，切断了通向金边的水路交通，使朗诺政权受到致命打击。4月1日，朗诺宣布辞去总统职务，逃离金边。4月17日，柬埔寨人民解放武装力量从5个方向对金边发起总攻，解放了金边。至此，柬埔寨的抗美救国战争最终取得了胜利。

1976年1月5日，柬埔寨颁布《民主柬埔寨宪法》，改国名为民主柬埔寨，全国人民代表大会为国家最高权力机关。3月20日，柬埔寨举行解放后的第一次普选。4月4日，西哈努克宣布退休。4月11日—13日召开的柬埔寨第一次全国人民代表大会任命乔森潘为民主柬埔寨国家主席团主席，波尔布特任政府总理。

1975—1978年，民主柬埔寨政府集中力量进行经济恢复和建设，也取得了一定的成绩。但柬埔寨共产党及其领导下的民主柬埔寨政府罔顾柬埔寨的具体国情，推行了一系列极左政策，造成了极其严重的后果，生产力遭受严重破坏，使国民经济濒于崩溃。

与此同时，柬埔寨共产党与越南共产党的关系日趋恶化，两国间经常发生边界纠纷和冲突。1977年12月31日，柬埔寨与越南断交。此后，越南军队曾多次侵犯柬埔寨，两国间的冲突不断升级。1978年12月25日，越南当局集中了18个师共20多万正规部队，兵分七路向柬埔寨发动大规模进攻。1979年1月7日中午，越军攻占金边，并扶持"柬埔寨救国民族团结阵线"，宣布建立"柬埔寨人民共和国"及政权。

民主柬埔寨军队为保存实力，遂主动转移至西部山区和广大农村，继续坚持以游击战为主的抗越武装斗争。与此同时，民主柬埔寨也积极开展政治和外交斗争，号召国内各阶层人民团结起来，共同抗战，并努力争取国际社会的同情和支持。1981年12月6日，柬埔寨共产党宣布解散。

越军占领金边和扶植起"柬埔寨人民共和国"的行径，引起东盟国家的高度警觉和坚决反对。东盟各国普遍认为，只有依靠西哈努克的政治号召力和民主柬埔寨的军事实力，实现柬埔寨各派抗越力量的大联合才能够保住柬埔寨在联合国席位，进而实现柬埔寨问题的解决。1982年6月22日，乔森潘、宋双和西哈努克在马来西亚吉隆坡共同签署了《民主柬埔寨联合政府成立宣言》。7月9日，西哈努克宣告民主柬埔寨联合政府成立，由西哈努克担任主席，乔森潘担任负责外交事务的副主席，宋双任总理。

柬埔寨人民的抗越斗争得到国际社会，特别是联合国绝大多数成员国的同情和支持。1979年，第三十四届联合国大会通过第22号决议，要求所有外国军队立即撤出柬埔寨。同时，包括联合国在内的国际社会多数成员一直不承认由越南扶持的"柬埔寨人民共和国"，而民主柬埔寨政府一直保有在联合国的合法席位。

当时，国际和地区形势开始发生重大变化，为最终实现柬埔寨问题的和平解决创造了条件。1988年7月，越南单方面宣布至年底从柬埔寨撤军5万人。7月25日，民主柬埔寨三方、越南、"金边政权"、老挝和东盟代表在雅加达举行非正式会议，就越南从柬撤军问题举行谈判。1989年4月，越南宣布将在当年9月底之前从柬埔寨撤出全部军队。

为了促进柬埔寨的和平进程，避免越南撤军后柬国内再度爆发全面内战，联合国于1989年7月30日—8月28日在巴黎举行由安理会五个常任理事国代表、东盟各国外交部部长、越南和柬埔寨四方代表参加的柬埔寨问题国际会议。

1990年9月，柬埔寨四方代表在雅加达宣布成立柬埔寨全国最高委员会作为整个过渡时期柬埔寨唯一的合法机构和权力来源，维护国家的独立、主权和统一。1990年11月，柬埔寨冲突各方签署了《柬埔寨冲突全面政治解决协定》，决定过渡时期由联合国向柬埔寨派遣维持和平的部队，组织在柬埔寨举行大选并组成民族联合政府等事项。

1991年10月23日，柬埔寨问题国际会议在巴黎签署了《柬埔寨和平协定》（通称《巴黎协定》），包括《柬埔寨冲突全面政治解决协定》《关于柬埔寨主权、独立、领土完整及其不可侵犯、中立和国家统一的协定》《柬埔寨恢复与重建宣言》《最后文件》等4个文件，协定自签字之日起生效。

根据《巴黎协定》规定，联合国成立"驻柬埔寨临时权利机构"（后简称"联柬机构"），直接掌握柬外交、国防、财政、公安和宣传等部门，目的是维护柬埔寨过渡时期的和平与稳定，组织、监督和保证柬埔寨能够在和平的条件下举行自由公正的选举。

1992年2月28日，联合国安理会决定向柬埔寨派出15 900名士兵、3 600名警察、2 400名文职人员、450名联合国志愿者，另外还在当地征聘一批工作人员。3月15日，联柬机构主席明石康抵达金边。

1993年1月28日，柬埔寨全国最高委员会和联柬机构在北京举行特别会议，决定于1993年5月23日—25日在联柬机构的组织和监督下举行大选。6月10日，大选结果公布，以拉纳烈领导的奉辛比克党获得了401万张有效选票中的182万张，赢得议会120个席位中的58席，成为柬第一大党。而由韩桑林和洪森领导的人民党获选票153万张，获得51个议席。在西哈努克和联柬机构的多方斡旋下，拉纳烈和洪森最终同意组成由拉纳烈任政府第一首相、洪森任第二首相以及各部设立双部长的两党联合政府。9月21日，柬埔寨国民议会通过新宪法，决定恢复君主立宪制，定国名为"柬埔寨王国"。9月24日，西哈努克签署新宪法，并重新登基为柬埔寨国王。

第五节　当代时期

在柬埔寨王国政府成立、王国宪法颁布实施和西哈努克国王登基后，联柬机构于1993年9月26日正式宣布结束其在柬使命，由拉纳烈任第一首相、洪森任第二首相的柬埔寨王国联合政府开始承担治理国家的全部责任。

当时，柬政府面临的首要任务是尽快实现全国的和平统一，为国家的社会经济发展创造良好的国内环境。11月21日，拉纳烈和乔森潘在曼谷举行会谈，但双方立场分歧难以调和。1994年2月—4月，政府军和民主柬埔寨武装在民主柬埔寨的主要根据地拜林和安隆文一带展开拉锯战，结果难分伯仲。7月，柬国民议会一致通过把民主柬埔寨定为非法组织的提案，民主柬埔寨由此而被取消了《巴黎协定》所赋予其的一切合法地位。1998年12月27日，民主柬埔寨领导人乔森潘、农谢等人向柬王国政府投诚。

与此同时，组成柬埔寨王国联合政府的奉辛比克党和人民党之间的矛盾依然明显，双方在各方面的竞争都十分激烈。1998年7月26日，第二届大选如期举行。此次大选登记选民为540万，投票率高达93%。8月5日，大选初步结果公布：人民党的得票率为41.4%，获64个议席；奉辛比克党得票率为31.6%，获42个议席。

人民党虽然成为新一届国民议会第一大党，但由于未能获得宪法规定的单独组阁的2/3的议席，遂提出组建三党联合政府，11月13日，西哈努克国王在金边主持柬人民党和奉辛比克党领导人会议，两党达成共同组成联合政府的协议。新政府由洪森出任首相，同时将议会由原来的一院制改为两院制，由拉纳烈担任国民议会主席，由上届国民议会主席谢辛担任新设的参议院主席。经过复杂的修宪程序及有关议会和政府其他重要职位分配的反复协商，新一届联合政府最终于1998年11月30日成立。

新联合政府也得到了国际社会的认可。1998年12月8日，联合国恢复了柬埔寨在联合国的合法席位。1999年4月30日，东盟正式接纳柬埔寨成为东盟第十个成员国。2000年，王国政府提出并大力推行社会经济发展的"三角战略"，为国家的稳定和发展勾画出明确蓝图。于是，中断近两年的国际援助逐渐恢复，外资增长速度加快，国家经济秩序得到整顿，经济重建工作有序展开，加强经济立法，健全相关法律法规。在东南亚金融危机的大环境下，第二届政府任期内年均经济增长率仍接近6%。

2003年7月27日，柬埔寨第三次大选顺利举行，已登记选民中有80%参加了投票，1 000多名国际观察员和3万多名本国观察员监督了整个投票过程。人民党获得47.35%的选票，虽然能够在国会中得到过半席位，但仍不足以单独组阁。随后柬埔寨出现了持续了近一年的组阁僵局，直到2004年7月15日，新一届联合政府才正式成立。

此后不久，柬埔寨政坛发生了新的重大变化。2004年10月6日晚，西哈努克国王突然发表告同胞书，宣布由于健康等原因决定退位。首相洪森和国民议会议长拉纳烈亲王等9名王位委员会成员于10月14日在金边王宫举行王位理事会第一次会议，以全票一致确立51岁的诺罗敦·西哈莫尼为柬埔寨王国新国王。2004年10月29日正式举行新国王登基大典，标志着长达63年的西哈努克时代的结束。

2006年3月，拉纳烈宣布辞去国会主席职务，人民党随即推选人民党名誉主席、国会第一副主席韩桑林为新任国会主席。

其间，由人民党主导的柬政府取得了显著的政绩。在基本实现其执掌的上届政府提出的稳定局势、重建经济、融入国际社会的"三角战略"目标的基础上，第三届王国政府提出了以优化行政管理为核心，加快农业发展、加强基础设施建设、吸引更多投资和开发人才资源的"四角战略"，深入推进各项国家重建和发展计划。在王国政府的领导下和稳定良好的国内外环境带动下，柬埔寨发展取得了丰硕成果。经济增长率从1998年的1.5%上升至2007年的9.6%；人均国民收入由1994年的323美元增至2005年的474.22美元；通货膨胀率控制在5%以内；贫困人口在总人口中的比例由1994年的39%下降到2004年的28%；全国的失业率降至4%。但同时，柬埔寨仍面临着诸如过分依赖外资外援、债务负担沉重等许多问题和挑战。

在2008年7月27日举行的柬埔寨第四届国会大选中，柬埔寨人民党赢得国会123个席位中的90个席位，反对党森朗西党获得26个席位，而与人民党联合执政的奉辛比克党则几乎全军覆没，仅获得2个席位。在第四届王国政府执政期间，柬政府继续推行作为其施政纲领重要支柱"四角战略"的第二阶段计划，注重反对腐败行为，推行良好管理和公共行政改革、法律改革、司法系统改革以及军队与武装力量改革的进程等。该政府妥善处理了与泰国关于柏威夏古寺所有权问题、国内反贪腐问题以及柬越边境界碑勘定问题等国内外一些热点问题；促进了柬埔寨传统支柱产业，如成衣制造业、农业和旅游业的发展，加快了经济发展的步伐；在外交方面继续奉行和平、独立、中立的方针，积极发展与中国、美国及东盟国家的关系，并取得了显著成果。

森朗西党和人权党于2012年合并组成救国党。2013年7月28日，柬埔寨举行第五届国会选举，人民党获得全部123个议席中的68席，救国党获得55席。在以省市划分的24个选区中，救国党在首都金边市和干拉省等几个拥有多数议席的选区胜出，在另外5个省与人民党持平，这使柬政坛再次出现两党力量相近的新格局。新政府的组阁也因为反对党的抵制而被迫延迟，到9月下旬才得以建立。这些事件对柬埔寨的社会安定和经济发展产生了直接的影响，

　　救国党的崛起引起了执政党人民党的警觉和反应。人民党政府认为，该党如果在2018年举行的第六届国会选举中不能够继续保持优势，不仅将对柬埔寨的政局稳定产生严重影响，而且也将导致其提出的一系列关于国家社会经济发展的规划难以延续，势必导致柬埔寨未来发展将面临严峻挑战，因此，柬政府决心不遗余力地维护柬埔寨的政治稳定，并迅速将其付诸行动。

　　2018年2月25日，柬埔寨举行了第四届参议院选举，在该届参议院所设的62个议席中，除了根据柬埔寨法律规定由国王指定的2名参议员和国会委任的2名参议员之外，执政党人民党赢得其余所有58个议席。

　　2018年7月29日，在周密的组织和安排下，柬埔寨顺利完成第六届国会全国大选。本次大选共有包括人民党、民主联盟党、奉辛比克党、基层民主党等在内的20个政党参选，角逐125个国会议席。8月15日，柬埔寨选举委员会宣布了大选的正式结果：人民党获得76.85%的选票，赢得议会的全部125个席位，洪森再次连任柬埔寨王国政府首相。

第三章 政治

第一节　国家标志

一、国名

　　柬埔寨的国名全称为"柬埔寨王国"，与诺罗敦·西哈努克国王于1953年11月宣布国家独立时的国名一致。

二、国旗

　　目前柬埔寨国旗使用的是1970年3月18日以前柬埔寨王国国旗的图案，是在1993年第一次大选结束确立恢复君主立宪制后被重新启用的。旗帜以红、蓝、白为主色，由三个平行的横向长方形相连构成，整体呈长方形，长宽比例是3：2。中间是红色宽面，上下均为蓝色长条，线条比例为1：2：1。红色代表民族，象征吉祥和喜庆；蓝色代表王室，象征光明和自由；位于红色宽面正中的是白色的吴哥窟剪影，并镶有金边，象征着柬埔寨古老悠久的国家历史和灿烂光辉的民族文化。

❀ 三、国徽

柬埔寨的国徽图案为菱形，以托盘托举的王剑为中心线，寓意至高无上的王权；两边为完全对称的图案，是由狮子守护着五层华盖[①]，并附以象征着胜利的棕榈树。图案底部的饰带上用柬文写着"柬埔寨王国之国王"的字样，各个部分的图案组成一个富有含意的整体，象征着柬埔寨王国在国王的领导下，是一个统一、完整、团结、幸福的国家。

❀ 四、国歌

现今柬埔寨使用的国歌是在1941年被最初确立的，而后又在1947年再次得到确认。1970年朗诺政变后，采用了新的国歌；原国歌于1975—1976年民主柬埔寨初期曾被重新启用，但只维持了一年之后又被更换。1979年"柬埔寨人民共和国"成立后亦采用了新国歌。直到1993年恢复柬埔寨王国后，新政府决定重新启用1941年版的国歌。这首国歌是以柬埔寨历史名地"诺哥列尔"来命名，由琼奈作词、F.佩吕绍和J.杰克尔作曲，是根据柬埔寨民乐而创作。柬埔寨王国国歌歌词采用高棉古体诗书写，全诗充满对神灵、佛祖和国王的尊崇，对吴哥王朝和昔日繁盛的追忆，启迪柬埔寨人继往开来、永续辉煌。

柬埔寨国歌的歌词大意：

上苍保佑我们的国王，
并赐予他幸福和荣光，
把我们的灵魂和命运来主宰。

---

① 数字"5"在柬埔寨的风俗中是完美、吉祥的象征。

祖先的基业代代相传，
引领自豪古老的王国。

庙宇在林中沉浸梦乡，
回忆吴哥时代的辉煌，
高棉民族如磐石般坚固顽强。
柬埔寨的命运我相信，
我们的王国久经考验。

佛塔上传来悠扬颂曲，
献给光荣神圣的佛教，
让我们忠诚于我祖先的信仰。
上苍不吝啬他的恩泽，
赐予古老高棉的河山。

第二节　宪法

　　柬埔寨实行君主立宪制。1993年5月23日—25日，在联柬机构的主持和监督下，柬埔寨举行了实现和平后的第一次全国大选。1993年9月21日，柬埔寨制宪议会以压倒性多数通过了柬埔寨王国新宪法，9月24日，西哈努克在新宪法上签字，成为柬埔寨王国国王，并任命拉纳烈为第一首相，洪森为第二首相。根据宪法所确立的"国王治理国家但不执政"的原则，柬埔寨王室参政受到限制，王国制的国体和君主立宪制的政体基本得以确立。1999年的宪法修正案进一步限制了王室的权力。

　　2004年10月，西哈努克国王禅位，其子诺罗敦·西哈莫尼登基成为新国王。君主立宪制在柬埔寨得以维护和延续，并为柬埔寨的政体在新时期得到进一步巩固和稳定，以及社会经济的长足发展奠定了基础。

　　柬埔寨现行宪法经前国王西哈努克于1993年9月24日签署生效。1999年3月4日，第二届国会通过宪法修正案，修订后的宪法由原来的14章149条增加至16章158条。根据王国宪法规定，柬埔寨是君主立宪制国家，实行自由民主制、自由市场经济和多元化政策，立法、行政、司法三权分立。2006年3月，宪法对关于议会重大决定的表决规定做出了更改，由原先的2/3绝对多数赞成才能够通过议案，改为"50%+1"的简单多数赞成通过。

第三节　政党

柬埔寨是一个多党制国家，自由度相对较高，历届大选均有多个政党参与选举。其国家主要政党有：

❀ 一、人民党

人民党的前身为成立于1951年6月28日的人民革命党，1991年10月改为现名。现任党主席为洪森，名誉主席为韩桑林。目前人民党为柬埔寨第一大党，党员人数超过400万。1991年，人民党宣布实行自由民主多党制和自由市场经济。1993年大选后，该党顺应形势，同意恢复君主立宪制，与奉辛比克党联合执政。1998年大选获胜后，洪森出任首相。执政期间，他的领导能力、工作能力等得到了党内成员和柬埔寨人民的认可。2018年大选中人民党大获全胜，获得国会全部125个议席，继续领导柬埔寨政府。该党主张对内维护政局稳定，致力于经济发展和脱贫，建立民主法制国家；对外奉行独立、和平、中立和不结盟政策，支持建立国际政治经济新秩序，支持加强南南合作、缩小贫富差距及加强区域合作，维护地区和平与繁荣；重视同周边邻国的友好合作以及与中、日、法等国家发展友好关系，积极改善同美国及其他西方国家的关系。

❀ 二、奉辛比克党

奉辛比克党的前身为"争取柬埔寨独立、中立、和平与合作民族团结阵线"（按法文字母缩写简称为奉辛比克），由柬埔寨国王西哈努克于1981年创建，并任首届党主席。1992年改为现名，由拉纳烈亲王担任党主席，2018年8月，柬埔寨诺罗敦·拉纳烈亲王的长子诺罗敦·扎卡拉瓦出任奉辛比克党代主席。该党信奉西哈努克主义，对内主张政治民主化、经济私有化，维护君主立宪制；对外奉行独立、和平、中立与不结盟外交政策，主张与世界各国和一切友好政党建立和发展友好合作关系，主张以和平方式解决与邻国的边界领土的争端问题。1993年大选奉辛比克党获胜，成为国会第一大党，由党主席拉纳烈出任政府第一首相；1997年7月，人民党与奉辛比克党爆发大规模军事冲突，拉纳烈被罢免了第一首相的职务；1998年大选，奉辛比克党获得43个国会议席和21个参议院议席，退居第二；近年来，随着人民党的不断发展和壮大，奉辛比克党在柬埔寨国内的影响力有所下降，2013年和2018年，奉辛比克党虽参与选举，但均未能获得国会议席。

第四节   议会

柬埔寨实行议会内阁制，国民议会是全国最高权力机构和立法机构。国民议会选举中的获胜党可单独或联合其他政党组阁，对议会负责。《柬埔寨王国宪法》（1993年）第九十八条规定：国民议会有权根据2/3议员的提议，做出罢免内阁成员或解散政府内阁的决定。对王国政府的不信任决议，必须呈交国民议会；具有30名以上议员联名的议案，方可提交国民议会会议讨论。从1999年开始，柬埔寨王国议会从一院制转变成两院制，即议会设有国民议会和参议院。

❧ 一、国民议会

国民议会是柬埔寨的最高权力机构和最高立法机构，也是全国人民的最高代表机关，每届任期五年。《柬埔寨王国宪法》（1993年）规定，国民议会议席不得少于120个，均由全国普选产生，议员可连选连任。议员既是所在选区的代表，也是全体人民的代表，任期为五年，依法享有豁免权。国民议会由一名主席、两名副主席和九个专门委员会（设主席、副主席和秘书各一名）组成。

2018年大选产生的第六届国民议会，由人民党取得全部125个议席，韩桑林连任主席。

❖二、参议院

柬埔寨参议院是柬埔寨王国议会的上院，每届任期六年。根据《柬埔寨王国宪法》第九十九条、一百一十三条规定，其职责是审议柬埔寨国会通过的即将付诸实施的各项法律是否违宪，并有权提出修改意见。参议院主席的礼宾顺序排在国王之后、议会主席和政府首相之前，为国家第二号领导人，在国王因故不能视事或不在国内时代理国家元首。2018年选举产生的第四届参议院共设62个议席，其中58席由非普选投票产生，另由国王指定2名参议员和国民议会委任2名参议员，现由人民党副主席赛冲担任主席。

根据《柬埔寨王国宪法》的规定，所有法案必须经由国民议会、参议院、宪法理事会逐级审议通过并呈交国王签署后方能生效。

第五节　国家元首

根据《柬埔寨王国宪法》的规定，国王是终身制的国家元首、武装力量的最高统帅、国家统一和永存的象征，根据君主立宪制和自由民主多党制原则治理国家。因此，柬埔寨国王虽然不直接参政议政，但具有至高无上的地位。国王在政治、军事、宗教、外交等领域拥有广泛的权力和影响力，理论上有任免首相、高级官员、佛教两派僧王和驻外使节的权力，颁布法律权，解散国民议会的权力和军事动员权等。此外，国王有权宣布大赦，在首相建议并征得国民议会主席同意后有权解散国民议会。国王因故不能理政或不在国内期间，将由参议院主席代理国家元首职务。但国王无权任命皇家后嗣为君主继承人，王位也不能世袭；国王去世、退休或退位后，由首相、佛教两派僧王、参议院和国民议会正副主席共9人组成的王位最高理事会于7日内从安东、诺罗敦和西索瓦三支王族后裔中遴选产生新的国王。柬埔寨王国现任国王是诺罗敦·西哈莫尼，从2014年10月29日登基。他是由柬埔寨王位最高理事会在诺罗敦·西哈努克国王于当年10月6日宣布退位后推选出来的。

第六节　政府

柬埔寨王国政府是柬埔寨最高的行政机构，其任务是根据宪法所制定的基本原则，统一领导全国的行政工作，保证国家法律的有效执行和相关政策的顺利实施。自1993年起至今，柬埔寨共进行过六次大选。2018年7月29日，柬埔寨举行第六届大选。现任首相洪森领导的执政党——人民党赢得大选，得票率为76.84%，并且获得国民议会全部125个议席。

柬埔寨现任的第六届政府于2018年9月正式成立，人民党主席洪森连任首相，另设10位副首相、17位国务大臣、28个部和1个国务秘书处。

第七节　司法机关

柬埔寨的司法体系分为初、中、高三级，柬埔寨在各省和直辖市设初级法院，在首都金边市设有全国唯一的军事法院、上诉法院和最高法院。军事法院处理与军事有关的案件。上诉法院负责审理各省、直辖市法院和军事法院的上诉案件。最高法院是柬埔寨最高审判机构。

柬埔寨国王政府司法部只参与领导法院的行政事务。柬埔寨没有专设检察院，但各级法院分别设有检察官职位，以行使检察职能，国家设有总检察长一职。最高司法委员会是柬埔寨司法系统的管理部门，主要监督和检查各级法院法官、检察官等司法人员的工作。该委员会由国王、最高法院院长和总检察长、上诉法院院长和检察长、金边法院院长和检察长，以及两位法官组成，共计9人。

由于历史原因，柬埔寨自20世纪70—90年代经历了20多年的战争摧残，国家政治、经济的发展和司法体系的建设遭受了毁灭性的打击。目前，柬埔寨的法律体系还不十分健全，司法体系的建设缺乏一定的系统性和联系性，诸多方面的法律法规有待于进一步完善。柬埔寨现行法律囊括了20世纪60年代人民社会同盟时期、"金边政权"时期以及1993年恢复君主立宪制和王国政府成立以来的三个不同历史时期制定的法律法规，而这些制定于不同时期的法律法规都有着各自的历史倾向性和政治背景，且缺乏明确的、具体的法律分工和必要的部门法，在实际执行的过程中往往出现职能重叠或缺乏明确界限的问题。

近年来，随着柬埔寨政局的不断稳定发展，以"大力发展经济"为主要执政方针的王国政府对柬埔寨的司法现状有了更充分的把握和认识，并逐步意识到法律制度建设和司法体系的完善在国家政治、经济发展，尤其是外资引进方面所发挥的重要作用，因而陆续制定和完善了一系列以改善投资环境、发展国家经济为主要目标的法律法规。

目前柬埔寨的各级法律法规主要包括：

宪法：柬埔寨王国的根本大法，是国家的最高法律。

条约及公约：根据《柬埔寨王国宪法》第二十六条的规定，国民议会通过后，国王应签署批准国际条约及公约。国际条约及公约获得批准后，应作为司法决定的依据。

法律：国民议会、参议院通过并经由国王签署颁布实施。

王令：国王依照宪法赋予的权力予以签署颁布。

次法令：内阁会议通过后，首相签署并由主管大臣会签，首相可通过次法令行使其监管权。

部委令（行政条例）：政府组成部门为行使其监管权而颁布。

令：首相的个人决定及部长或省长为行使其监管权所做的决定。

通告：通常由首相作为政府首脑颁布，也可由大臣作为部委官员用于向外界解释或澄清有关法律法规，或是提供相应指导的措施。

地方法规：由各省的省长颁布，仅限于在其所在省份地域内应用。

第四章 军事、国防与安全

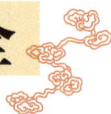

第一节　军事概况

一、军事发展史

柬埔寨历史上曾经是东南亚地区的军事大国。在扶南王国和吴哥王朝时期，柬埔寨都曾依仗强大的军事力量对外开疆拓土。据碑铭记载，当时的王国已经拥有步兵、骑兵、象军、辎重军等多个兵种。强大的军力使其得以控制中南半岛沿海和内陆的商衢要道，积累了大量财富，成为中南半岛上雄霸一时的强国。

随着柬埔寨内外局势的变化，实力逐渐衰微，军力也迅速衰落。1863年签署的《法柬条约》使柬埔寨沦为法国的"保护国"。直到1946年，由于柬埔寨人民独立斗争风起云涌之势难以抵挡，法国才被迫与柬埔寨签订条约，允许柬埔寨拥有自己的武装力量，但实际上这仍然是一支由法国殖民统治当局控制的王家军队。

1953年11月9日，柬埔寨获得独立以后，王家军队成为柬埔寨王国的国家武装力量。1954年日内瓦会议为恢复中南半岛地区和平铺平了道路，柬埔寨在西哈努克的领导下，王家军部队得以发展。经过几次整编和扩充，兵力从1954年的2.7万人增至1970年的4.6万人，使其能够履行有效保护柬埔寨领土完整的义务。当时，柬埔寨被国际社会称为中南半岛上的"和平绿洲"。

柬埔寨局势在1970年3月18日朗诺集团发动政变后发生了巨大变

化，柬埔寨国家元首西哈努克被右翼集团废黜，柬埔寨被全面卷入越南战争，美国飞机在柬埔寨疆土上进行狂轰滥炸，使柬埔寨遭受严重的生命和财产损失。为了应对人民的反抗，金边的柬埔寨共和国职权在大国支持下迅速扩军，军队人数当年即由原来的4.6万扩充至14万，到1974年更是发展到了25万。

"三一八政变"以后，西哈努克在北京成立柬埔寨民族团结阵线，并建立起由他领导的柬埔寨民族解放人民武装力量，开展了艰苦卓绝的救国斗争。1975年4月17日，柬埔寨民族解放人民武装力量攻占金边，民主柬埔寨政府成立，建立民主柬埔寨国民军，保留了前人民武装力量约6.8万的兵力。经过整编后，民主柬埔寨政府建立了海军、空军、炮兵、通信兵等，兵力最多时发展到20万人。

1979年1月，越南入侵柬埔寨，建立"柬埔寨人民共和国"政权，组建"柬埔寨人民革命军"，最初只有2万～3万人，到20世纪80年代末发展到6万人，90年代初又建立了海军和空军，总兵力达到13.5万人。

在联合国的主导下，1991年10月23日，参加柬埔寨问题巴黎国际会议的18个国家的外交部部长以及柬埔寨全国最高委员会的12名成员在《柬埔寨和平协定》上签字。协定规定自协定生效日起，各派武装力量间实施停火；一切外国武装力量应立即撤出柬埔寨等。1993年6月23日，由奉辛比克党、人民党和自由民主佛教党等领导的三派武装力量被并入统一的国家部队——柬埔寨武装部队，这一天也被定为柬埔寨王国的建军节。当年9月24日，西哈努克国王颁布《柬埔寨王国宪法》，柬埔寨武装部队也正式更名为柬埔寨王家军，参与柬埔寨军事派别合并的总人数超过20万。就柬埔寨的人口而言，这一兵力规模显得太大。因此，联合国发起了一项柬埔寨军事改革计划，旨在减少王家军部队的规模，从而把一些国防预算转移到其他急需的社会服务，如医疗保健和教育、消除贫困等方面的工作上。

❧ 二、军队构成

柬埔寨王家军是柬埔寨的国家武装力量。在2006年柬埔寨发布的《国防白皮书》中强调，王家军部队肩负的基本使命是保卫国家及其战略利益；为国家发展做出贡献；维护和平、稳定和社会秩序并参与国际合作。《柬埔寨王国宪法》规定：国王是国家军队的最高司令，但不直接指挥军队。柬埔寨王国的最高军事决策机构为柬埔寨王家军总司令部，柬政府国防部既是王家军总司令部的办事机构，也是军队的最高行政机关。国防部下辖总参谋部，负责全军的作战指挥、后勤供应和技术保障。国防部的直属单位有新闻局、通信局、对外联络局、军事法院和军事检察院等。

柬埔寨王家军由正规军、地方部队和准军事部队组成，其下设陆、海、空三军司令部，还有边防司令部和9个兵种指挥部，柬埔寨全国被划分为5个军区和1个特别军区。总司令通过国防部对所有武装力量实施领导和指挥。

截至2013年，柬埔寨王家军现役正规军总兵力约10万人，地方部队约5万人，每个省有数个独立营至数个独立团，每个县有数个独立连或独立营。准军事部队（又称民兵游击队），总人数约10万人，以连为单位编成，每村10～20人。柬埔寨王家军的军官军衔分为将、校、尉等级别。

柬埔寨实行义务兵役制。2006年10月25日，柬埔寨国会通过《兵役法》草案，规定凡18～30岁柬籍男性公民均有义务服兵役。服役期分别为：陆军5年，海军18个月。民兵每年与正规军一起服役3～6个月。

❦ 三、军队改革

1993年恢复和平后，柬埔寨出现的政治稳定与和平局面为柬埔寨王国政府提供了集中力量进行国家重建和经济发展的良机。柬埔寨制定的国防战略把王家军部队的改革列为实现国家战略目标必不可少的措施之一。柬埔寨王国政府致力于军事改革的目标是重建武装部队，使其无论在和平时期还是战时都能够有效地保卫国家。柬埔寨王家军改革的成果也有助于实现政府提出的"四角战略"的宏伟蓝图。

2000年，柬埔寨王国政府在成功收编民主柬埔寨武装力量余部后宣布内战结束，全国实现和平。当年，柬王国政府发布了《保卫柬埔寨王国：2000年安全与发展》的第一部阐述柬埔寨防务战略的国防白皮书。根据该白皮书的规划，柬埔寨将拥有一支规模更小但更有效的军事力量。为实现这一改革，白皮书让16万人总兵力中的5.5万名军人复员，并对军队进行改组。柬王国政府将王家军部队的20多个部门缩减到12个，对陆军、海军及其他特殊军事单位的组织结构进行了改组。此外，柬王国政府通过国外培训来培养更多的年轻军官，并建立更多的军事基地和兵营，武装部队的改革和复员取得了明显的效果。到2000年，柬埔寨政府财政预算中分给国防和安全（包括内部安全）的预算比例从1994年占GDP的6.7%降至2.5%。

虽然柬埔寨王家军部队的改革已经取得了一些相当令人满意的成果，但仍然面临着许多问题和重大挑战。由于与泰国在海洋和陆地边界问题上的争端日益紧张，柬埔寨对军队深化改革计划的重点不得不转移到包括海上和陆地边界在内的边境防御方面。柬埔寨王国政府在2008年暂时中止了军人复员计划，通过提高军力来应对主要来自泰国的安全威胁，并加强了对边境地区的防御。柬埔寨在沿边界地带修建了战略道路、基地、通信设施和村庄，并为了加强国防力量而购置新的军用装备，各级部队都积极开展军事训练演习，同时还招募了更多的士兵。

第二节　国防与安全

一、国防政策

柬埔寨的国防政策目标基于三个主要的战略因素：柬埔寨王国政府的政治议程、对国家安全威胁的评估以及国家宪法的维护和实施。柬埔寨王国政府的战略利益和目标侧重于国际安全、社会秩序、国家重建和国际合作。

柬埔寨国防部2000年发表的国防白皮书比较系统地阐述了柬埔寨的国防政策。该白皮书指出，由于柬埔寨饱受战乱之苦，政府决定将"确保国家安全、促进经济发展"作为未来较长时期内柬埔寨国防政策的基石。阐明柬埔寨国防外交的根本目标是"远离战争"，为实现这一目标，柬埔寨希望通过建立周边安全体系，淡化与其他国家的矛盾，在与传统盟国保持密切关系的同时，争取大国的支持和援助。2002年11月，柬埔寨国防部发表的《国防战略回顾》以及2006年发表的国防白皮书，也都针对国际安全形势的变化，强调要贯彻国防政策，加强国防重点建设工作，推动军队改革；提出在保证国家安全和发展的同时，积极参与国际事务、开展国际合作的新的国防政策和军队发展目标。

柬埔寨的军事战略是以"灵活而可控的反应"原则为基础的。如2006年的国防白皮书指出，这项战略适应柬埔寨武装部队的改革、建设和提升能力的需要，有利于国内的民族和解以及与邻国保持良好关系，并进一步融入国际社会。

作为世界上最不发达的国家之一，柬埔寨国力较弱，国防预算也比较有限，军费开支不大，并总体保持在相对稳定的水平。2017年柬埔寨的财政预算约50亿美元，军费预算为4.55亿美元。柬政府指出，所增加的国防开支大部分将用于支付军事人员不断增加的养老金和薪金费用。

❧ 二、安全问题

进入21世纪以来，世界和地区的安全局势发生了复杂的变化，这也导致柬埔寨面临着一系列的安全战略选择。柬埔寨政府认为，能够促进相互发展的和平环境与国际合作是东南亚地区和世界发展的主流，爆发使用大规模杀伤性武器的世界大战或地区战争的可能性不大。然而，一些国家之间由于外来干涉、颠覆以及领土、自然资源和国家利益的争端而引发的武装冲突以及部分国家内部由于民族、种族和宗教矛盾、恐怖主义、分裂主义等多种因素造成的动乱却在不断增加，并对包括柬埔寨在内的所有国家的和平与安全产生深刻影响。

柬埔寨政府还认为，解决上述问题是国际社会的共同责任，因为没有任何一个国家或地区能够自行解决这些问题。国防安全问题对国际关系的影响不断上升。因此，柬埔寨的安全和防务战略也必须随着周边、地区和国际形势的变化而调整和修订。

1. 传统安全问题

由于历史原因，柬埔寨与其邻国之间的边界争端长期存在，并一直持续至今。实际上，这些争端大多都是由于殖民时期各宗主国对殖民地各国的陆地和海洋划界不清而造成的，导致相关各国独立后在领土划分方面提出了互相抵触的诉求，并引起一系列的边界争端和冲突。例如，柬埔寨和泰国之间于2008年因柏威夏寺的申遗问题而重新引起边界争端，甚至导致较大规模的流血冲突。此外，由于泰国湾拥有储量丰富的石油和天然气，柬埔寨与泰国在重叠的海上边界争端也被柬埔寨防务部门视为必须予以优先考虑的安全因素。

在柬埔寨政府看来，与泰国之间的领土争端事件对其周边战略环境产生了重大影响。在与泰国发生边界冲突之后，柬国防部门把保障国土和边界安全列为优先事项。柬埔寨军方建立了专司边界安全的区域指挥部，在柬埔寨－泰国边界沿线修建战略公路，改善国防通信系统，建造了上百座军事总部、军营和数以千计的家属住房等建筑物；在全国范围内进行包括实弹演习在内军事训练，并派遣数以百计的部队到国外受训。

但是，柬埔寨政府认为，王家军承担保护边境的使命，不仅是为了使本国免遭外来入侵，同时也是为了维护与邻国之间的和平与稳定。因此，即使在发生冲突后，柬埔寨也努力选择通过依照有关条约和国际法与相关各方进行和平谈判，以寻求解决问题的方式。此外，柬埔寨与越南和老挝之间也努力寻求通过和平谈判来达成边界协定。

2. 非传统安全问题

1993年柬埔寨新王国政府诞生时正值冷战结束初期，被冷战时期的尖锐冲突所掩盖的许多非传统安全方面的问题逐渐凸显出来。特别是由于柬埔寨所处的地缘位置，人员和货物很容易通过其境内在东南亚大陆流动。加之由于长期战乱所遗留的管理缺陷，导致贩运毒品、小武器和人口等各种非法活动相当猖獗，这些对柬埔寨的恢复重建和社会发展构成巨大的潜在安全威胁。因此柬埔寨王国政府成立伊始，就面对着一系列的非传统的安全挑战。柬埔寨把恐怖主义、武器走私、各类自然灾害以及海上安全等作为实现其国家发展目标所面临的主要的现实安全问题来对待，并为此而制定和实施了一系列的具体政策和措施。

（1）打击恐怖主义

尽管柬埔寨目前在其国境内尚未受到大规模、有组织的恐怖主义集团的威胁，但由于东南亚地区是国际恐怖暴力活动的多发地区，因此柬政府对区域恐怖主义活动威胁一直保持着非常谨慎和高度警惕的态度，并将恐怖主义列为其最高跨国安全问题，以避免柬埔寨成为东南亚地区的一些恐怖主义组织的"避风港"。

柬埔寨政府明确表示，决心加入世界各国共同打击国际恐怖主义的斗争。长期以来，柬埔寨政府一直努力加强和提高王家军在预防、威慑和打击恐怖主义方面的能力，以维护东南亚地区的和平、稳定、安全，促进该地区和世界各国及组织之间的反恐合作。为此，柬埔寨建立了专门机构，通过与相关的地区及国际机构的合作，以及时对恐怖暴力活动进行威慑、预防和处置。柬埔寨全国反恐怖主义委员会是该国打击恐怖主义的最高指挥和行动机构，其秘书处则是一个负责与国内外相关机构进行协调的部门。柬埔寨遵守联合国《反恐怖主义公约和议定书》，并于2007年7月20日通过了《反恐怖主义法》。

柬埔寨还于2007年4月通过《反洗钱和打击资助恐怖主义法》，后又于2013年3月公布《2013—2017反洗钱与反恐怖主义融资之国家策略》，旨在遏制通过洗钱为恐怖主义融资的非法活动给国家安全造成的威胁。

柬埔寨积极参与反恐斗争所取得的成绩得到联合国的赞扬。2017年6月发布的一份秘书长报告称："多年来，柬埔寨全国反恐怖主义委员会开展和促成参与了大量国内和国际一级的培训活动，并举办了多次演习，以加强发生恐怖袭击事件时的应急机制。近年来，柬埔寨通过了若干落实国际反恐框架的国内规定，包括《宪法》（1993年）、《武器、爆炸物和弹药管理法》（2005年）、《反恐怖主义法》（2007年）、《刑法》（2007年）、《禁止化学武器、核武器、生物武器和放射性武器法》（2009年）和《国家反恐规划》（2009年）。"

（2）防止武器扩散

《柬埔寨王国宪法》第五十四条规定，柬埔寨严格禁止生产、使用和储存核武器、化学武器、生物武器等大规模杀伤性武器。因此，柬埔寨根据宪法制定了一系列相关法律和条例，包括《武器、爆炸物和弹药管理法》《海关法》《生物安全法》《禁止化学武器、核武器、生物武器和放射性武器法》等。2006年6月，柬埔寨成立了国家禁止化学、生物、放射性及核武器管理局，其核心职能是与其他地区和国际组织以及与禁止大规模杀伤性武器相关的各国际条约的缔约国开展有效合作。

多年来，柬埔寨致力于根据《不扩散核武器条约》（又称《核不扩散条约》）建立防止核武器扩散制度，积极参与各种外交活动，以通过彻底销毁核武器作为维护世界的长久和平的途径。柬埔寨是《核不扩散条约》的签字国，还于2006年批准了《核材料实物保护公约》。2009年，柬埔寨恢复了其在国际原子能机构的成员资格。2012年11月，柬埔寨国民议会批准了两项关于及早通报核事故或放射性紧急情况和核安全的国际公约，以维持和平安全和防止核扩散。在东南亚地区，柬埔寨在成为东盟成员国之前，就于1997年加入《东南亚无核武器区条约》，并在2012年担任东盟主席国期间，成功地说服了五个拥核国家签署该条约议定书。

（3）救灾和人道主义援助

经济全球化不仅给世界各国带来了新的机遇，同时也给全球经济带来了新的挑战。其中，人为和自然造成的灾害频繁发生，业已成为柬埔寨所面临的非传统安全威胁。例如，2018年8月上旬，柬埔寨进入雨季后出现的洪灾在短短数日内就已导致8人死亡，3万多家庭受灾，许多村庄、学校、农田受损。此外，传染性疾病、地雷、战争期间遗留的未爆弹药等都对柬埔寨民众的生命安全构成严重威胁。

为促进国家及地区安全，柬埔寨王国政府和王家武装部队采取了许多措施来应对自然灾害及各种人为因素造成的非传统威胁，及时为受影响的民众提供人道主义援助。柬埔寨制定了相关的法律和政策，如《灾害管理法》，设立了国家灾害管理委员会，以便向受灾民众提供人道主义援助和开展救灾行动。柬埔寨王家武装部队和王家宪兵在人道主义援助和救灾行动中发挥着重要作用，王家军部队一直在努力提升其快速应对各类自然灾害和抢险救人的能力。

（4）海上安全

东南亚地区位于太平洋和印度洋的交汇处和亚洲与大洋洲的连接点，是世界上海洋运输最主要的通道之一。因此，该地区各国也面临着海盗抢劫、海上走私和人口及毒品贩运等各种来自海洋的非传统安全的威胁。柬埔寨濒临泰国湾，也不可避免地受到这些来自海洋的威胁，柬埔寨根据宪法规定和国家战略发展远景的需要，制定了相关的海事政策，并积极参与提出制定世界海洋政策的倡议。柬埔寨是1958年《日内瓦海洋法公约》的缔约国，也是1982年《联合国海洋法公约》的签署国。柬埔寨参加了包括东盟地区论坛、东盟国防部部长会议等在内的26个几乎包括所有形式的海事安全机构和组织。此外，柬埔寨也积极参与泰国湾各国海上执法合作。柬埔寨王家海军在保护柬埔寨的海岸线、岛屿和领海，监测其主要深水港口和主要水道的安全方面发挥了关键作用。2009年4月，柬埔寨全国反恐怖主义委员会还专门设立了一个负责为建立国家海事安全机制进行调研的工作组。

第三节　军事合作

在发展和巩固国防以及共同应对各类传统和非传统威胁的过程中，柬埔寨政府充分认识到开展国际合作的重要性。柬埔寨王家军作为在国防与安全领域开展国际合作的主体，正在逐步走向世界。

作为其国际义务的一部分，王家军部队坚决致力于打击恐怖主义和参加联合国维持和平与人道主义特派团。作为一个发展中国家，柬埔寨需要友好国家的援助，以实施王家军改革和发展方案。柬政府认为，各个友好国家都能够在不同的防务合作领域为提高柬埔寨王家军的军事职业化水平提供帮助。

柬埔寨国防部发表的2013年《防务战略回顾》中，强调柬埔寨王家军部队必须充分利用双边合作机制，以及基于无偏见的政治或意识形态理由和本着共同利益精神而建立的多边机制与安全伙伴国家开展全面合作，以提高王家军部队的专业能力，共同维护区域安全。特别是通过参与维持和平行动（排雷、工程、警务）、反恐怖主义、海上安全、人道主义援助和救灾（医疗卫生和工程建设）等方面的国际合作，提高柬埔寨王国在国际竞争中的声望。此外，王家军部队还通过加强与安全伙伴国家的深入合作，确保持续获得来自国际社会的奖学金及其提供的各项技能培训，以开发人力资源。在国际上努力寻求对国防军的其他支持，如增进军校生交换和情报信息的交流等。通过积极参与国际合作，柬埔寨王家军正在逐渐转变成一支"向外看"的专业武装力量。

❀ 一、双边合作

自2001年9月11日美国遭遇恐怖袭击以来，柬埔寨一直与美国开展反恐方面的合作。双方分享信息和情报，控制可能导致恐怖主义网络的金融交易，柬埔寨还准许美国飞机进入其领空，以协助其执行在东南亚地区打击恐怖主义的任务。美国也给柬埔寨在与其开展的广泛军事合作领域提供了支持，以提高柬埔寨王家军部队在人道主义援助、维和、维护海上安全以及扩大反恐战略方面的能力。自2008年以来，美国在柬埔寨部署代号为"海蜂"的部队，先后与柬埔寨王家武装力量和当地地方政府合作，在11个省完成了超过500万美元的社会服务项目。然而，由于近年来美国对柬埔寨援助政策的改变及其对柬埔寨内部事务的干涉，柬埔寨于2017年1月16日取消了当年与美国举行联合军演的计划；当年4月，柬政府又叫停了被命名为"海蜂"的建设项目。

此外，柬埔寨还同越南、法国、日本等国建立了密切的军事合作关系，这些国家主要向柬埔寨提供包括技术援助、人员培训和武器供应等多方面的军事援助。

❀ 二、多边合作

柬埔寨是东盟成员国，因此，在东盟框架中开展军事、国防和安全合作是其实施国际军事合作的重要方向。柬埔寨认为，通过努力加强与东盟各国开展务实的防卫合作活动，不仅能够提高相互之间的信任，强化彼此之间的合作伙伴关系，同时也能够提高柬埔寨军队的作战能力，以应对将来可能面临的各种安全方面的挑战。

自从加入东盟以来，柬埔寨王国政府一直努力加强与其他成员国在东盟框架内开展各个方面的国防与安全合作，并积极参与东盟组织的各项相关活动。例如，东盟地区论坛作为亚太地区最具包容性和影响力的安全论坛，在增进亚太地区相互信任和营造和谐的地区环境方面发挥了不可或缺的作用。柬埔寨积极参与东盟地区论坛的活动，主张以相互尊重、平等对话、互不干涉内政和互谅互让的精神开展东南亚地区各国间及与区域外国家的安全合作，从而为东盟论坛的发展做出了自己的贡献。此外，柬埔寨也积极参与东盟防长会议等多边合作机制，充分利用各种机制的互补性和各自的相对优势，以促进与东盟各国在安全领域中的协同和协调。柬埔寨还努力运用东盟安全合作机制，寻求解决与其他成员国之间的争端和冲突。

在与东盟的海上安全合作方面，柬埔寨王家海军努力遵循《东盟宪章》精神，在东盟政治安全共同体和东盟防长会议等合作机制的框架内落实其所承担的国际任务，以维持该地区的和平安全。柬埔寨王家海军通过参与东盟的人员培训和加入海上巡逻来提高其与东盟各国开展海上安全合作的能力。此外，柬埔寨也积极参与制定海事安全政策，对旨在促进东盟共同体内的合作和维护区域海洋和平、安全与稳定的任何努力或倡议表示最充分的承诺和支持。

在非传统安全合作方面，柬埔寨一直与东盟成员国、国际社会和非政府组织合作，建立和批准关于人道主义的新概念、程序、准则和有关紧急救灾行动的条例。柬埔寨王家军部队和宪兵也努力按照《东盟宪章》的原则参与涉及救灾的活动。

此外，柬埔寨还与联合国等国际多边合作机制展开密切合作，其中柬埔寨王家军部队在联合国维和行动中所发挥的作用格外引人瞩目。柬埔寨问题的政治解决是在联合国的主导和参与下实现的。因此，当柬埔寨恢复和平，国家重建取得一定成果之后，柬埔寨积极参与联合国的维和行动，努力为世界有关地区的和平行动和建设做出自己的贡献。

柬埔寨王家军部队自2006年以来，一直在联合国框架内积极参与维持和平行动，并已向苏丹、乍得、中非和黎巴嫩等国家派遣维和部队。柬埔寨是东盟各国中在参与联合国维和行动方面占第二位的国家。

经历了数十年的战争，柬埔寨成为一个埋设有数以百万计的地雷和其他爆炸物的国家。柬埔寨王家军部队在清除地雷工作中积累的丰富经验，使其能够在排雷方面为联合国维和行动提供所需要的技术支持，柬埔寨政府也希望帮助其他面临类似问题的发展中国家。2006年，柬埔寨第一次参加联合国维和特派团，派遣工兵部队到苏丹清除地雷。随后，柬埔寨分别派驻乍得、中非和黎巴嫩维和部队的任务，也大都以协助排雷为主。当时，联合国驻金边的协调员曾经指出，柬埔寨参与联合国维和行动，标志着柬埔寨已经迈出从维和部队的受援国转变为有能力部署高技能专家以协助其他国家的救援国的重要一步。

在开展非传统安全的国际合作方面，柬埔寨也努力做出自己的贡献。柬政府积极参加联合国及其他国际组织，签署相关条约和协定，并通过制定国内的相关法律法规，来履行本国所承担的保障国际安全的义务，并得到了国际社会的普遍认可。

在打击恐怖主义方面，柬埔寨批准了与反恐有关的四项国际公约，并签署了关于制止资助恐怖主义的公约。柬埔寨还加入了作为打击恐怖主义重要步骤的其他七项重要国际公约。

三、与中国的合作

1993 年 9 月柬埔寨王国恢复以来，中柬之间的军事与安全合作稳步推进。双方在共同推进两国全面战略合作伙伴关系的框架下，加强两军在各领域的务实合作，持续推动两国、两军关系不断向前发展。柬军方高层多次表示，柬方坚定奉行对华友好政策，衷心感谢中方长期以来对柬国防和军队建设的无私帮助。柬埔寨军队愿不断加强两军全面合作，增加团组互访，深化人员培训和装备技术合作，表示两国两军友好关系要一代代传承下去，共同推动两军关系不断向前发展。

2014 年 5 月，中柬双方签署《中柬国防部合作协议》等文件，中国政府 2014 年对柬埔寨军事援助比以往增加了两倍，援助项目主要集中在人员培训和设备援助，为柬方军事训练人员提供奖学金等方面。2014 年柬方派往中国接受军事训练的人数从往年的 100 多人增加至近400 人，其中包括从 27 名候选人中选出的 5 名优秀飞行员，他们由中方资助到中国接受为期 5 年的飞行培训。2015 年，中国向柬埔寨军方提供了大批军用设备车辆、肩扛式防空导弹及扫雷物资等。2018 年 6月，中方宣布提供 6.45 亿人民币的无偿援助，用于柬埔寨国防领域。

与此同时，中柬两国军队还开展联合军事训练。中柬两军分别于2016 年、2018 年以及 2019 年开展 "金龙" 系列联合军事训练。双方联合举行的三次军事训练活动主题为人道主义救援、减灾、反恐训练，参训人数与设备规模逐渐扩大。2019 年 2 月—3 月，中柬两军在柬埔寨贡布省举行 "金龙-2019" 联合军事训练，这是两国之间的此次联合军事训练，中方参演兵力 252 人，柬方直接参训 382 人。此次联合军事训练围绕反恐和人道主义救援的主题，采取混编合训的方式，进行技能、战术训练，并进行沙盘和实兵推演、实兵实弹演练等科目的演练。此次联合军事训练在人数、规模方面都比之前的两次联合军事训练大得多，开展联合作战能力培养的目标更加突出，武器装备和训练内容也更为丰富。

除了军事合作之外，中柬两国在国内公共安全等方面的合作力度上也有所提升。双方都认为，当前传统和非传统安全问题相互交织，给地区、国家的稳定和发展带来严峻挑战，加强执法安全合作的重要性和必要性日益凸显。双方应共同努力，推动两国执法安全合作朝着更加务实有效的方向发展，不断提升两国执法安全合作水平。2014年6月，双方共同签署了《关于落实〈柬埔寨王国内政部和中华人民共和国公安部合作谅解备忘录〉的行动计划》以及中国公安部向柬埔寨内政部提供警用装备援助的换文等相关合作文件。2015年，中柬双方在中国东盟执法安全合作部长级对话期间达成共识，携手打击恐怖主义、网络犯罪、电信诈骗、毒品犯罪、非法偷渡等各类跨国犯罪活动，共同应对各类风险挑战，增强国际执法安全合作。 2015年12月，中方通过禁毒基金会向柬方援助价值50万元人民币的毒品快速检测设备。为了落实双方共同打击各类犯罪的协议，柬埔寨警方积极打击电信诈骗，先后破获大批诈骗窝点，逮捕涉嫌进行电话诈骗犯罪的犯罪分子，并把多批包括台湾地区犯罪嫌疑人在内的中国籍电信诈骗犯遣返中国。

第五章　文化

第一节　语言文字

　　柬埔寨是个多民族国家，这也使得其居民所使用的语言表现出明显的多样性和丰富性。按照起源，柬埔寨各民族语言所属语系可划分为三类，即南亚语系、汉藏语系和南岛语系。其中，讲南亚语系语言的是高棉族；讲汉藏语系语言的有华人、缅人和泰人；讲南岛语系语言的有占族人、马来人、嘉莱人和拉德人等。由于高棉族在人数上占有绝对优势，且少数民族多受其居住地理位置的限制，高棉族所使用的语言——高棉语则成为现今柬埔寨使用的通用语言，是柬埔寨的官方语言。

　　高棉语即我们平常所说的柬埔寨语，属南亚语系孟-高棉语族。这一语族的得名来源于历史上在东南亚地区很具影响力的两个民族，即孟族和高棉族①。当时的高棉族主要生活在湄公河流域的平原地区，孟族主要定居在现今泰国湄南河流域及缅甸伊洛瓦底江流域的平原地区，而使用该族语言的一些其他民族则主要生活在内陆的山地和森林地区。优越的地理位置和便利的水路交通使得孟族和高棉族的文明发达程度明显高于其他民族，因此人们便根据语音、语义、词法相似的这一基本特点，以这两个具有代表性民族的语言，即孟语和高棉语来命名这一语族——孟-高棉语族。

---

　　①　孟人从16世纪开始失去自己的王国，现主要居住在缅甸，少数居住在泰国。

柬埔寨现今使用的高棉语是在古高棉语的基础上经历了10次重大的文字改革逐渐演变而成的。在这一不断发展创新的过程中，高棉语曾经深受梵语、巴利语和法语等外来语言的影响。

在柬埔寨境内，高棉语分为三大方言区，即以马德望为中心的西部方言区、邻近越南的东部方言区和以金边市为中心的中部方言区。不同方言区所使用的高棉语只是在语音语调和部分用词上有一定差异，但总体上并不影响相互之间的沟通和日常交流。其中，以金边为中心的中部方言区所使用的高棉语是柬国的标准语言。除了高棉文之外，英文和法文也是柬埔寨政府部门通用的工作文字。

第二节　文学

柬埔寨是一个历史悠久的文明古国。根据发展脉络，柬埔寨文学可以划分为古代文学（1世纪扶南王国建立至19世纪中叶柬埔寨沦为法国殖民地）、近代文学（1863年沦为法国殖民地至1953年取得独立）和现代文学（独立后至今）。

一、古代文学

在柬埔寨古代文学的发展过程中，记载方式的多样化是其重要特点之一。由于当时没有纸张，早期的柬埔寨文学作品或写于兽皮上，或雕刻在石碑上，或刻写在贝叶上，我们分别称之为兽皮文学、石碑文学和贝叶文学。

（一）兽皮文学

根据周达观在《真腊风土记》里的记载："寻常文字及官府文书，皆以麂鹿皮等物染黑……用一等粉，如中国白垩之类，搓为小条子，其名为梭，拈于手中，就皮画以成字。"然而，这种写于兽皮上的文字难以抵御自然力的侵蚀，潮湿、风化及虫蚀都很易将其破坏，因此，以此类方式记载的文学作品保存时间极其有限，未能流传至今。

（二）石碑文学

鉴于兽皮文学作品难以长时间保存的缺点，高棉人很快找到了另外一种文学作品的记载方式，即将文字雕刻于石头之上，这就是我们今天所见的"石碑文学"。尽管"石碑文学"在雕刻工艺上难度较大且较为复杂，加之巨幅的碑文作品通常十分笨重，不利于运输，因此，此类文学作品很难得以广泛流传，然而它的确解决了"保存"这一重要问题。流传至今的大量石碑文学作品也为我们了解和研究柬埔寨古代文学和历史提供了相当重要的信息。

（三）贝叶文学

针对石碑文学作品不便运输的问题，另一种新的记载方式的文学——贝叶文学诞生了。作者往往将文学作品刻于贝叶之上，便于携带。但是，将文字刻在贝叶上并非易事，远远比在兽皮上写字和在石头上刻字要费时费力得多，据说一个字至少要两分钟才能刻好。然而不论怎样，贝叶文学的诞生确实为古代柬埔寨文学的广泛传播提供了便利条件。

吴哥王朝统治时期是柬埔寨历史上经济、社会与文化空前繁荣的时期，这一时期的柬埔寨文学也得到了长足的发展。在这一时期，虽然高棉文已逐渐形成，但官方文件和文学作品仍大都使用梵文。文学作品的形式主要是诗歌，载体多为石碑，内容与统治者联系紧密，大多都是赞美国王、修建寺院和赞颂神明。这些诗文具有浓郁的民族特色，韵律严谨，格式整齐，是柬埔寨古典诗歌的典范。

✤ 二、近代文学

19世纪中叶到1953年柬埔寨独立前，是柬埔寨近代文学的发展阶段。1863年，柬埔寨沦为法国的保护国，法国在柬埔寨推行殖民主义政策。在文化方面，法国殖民统治当局一方面严格限制柬埔寨本土文学作品的出版和发行，阻碍柬埔寨文化的发展；另一方面又积极传播西方的思想文化。这一时期，包括法国文化在内的西方文化大量传入柬埔寨，对柬埔寨近代文学的发展产生了广泛而深刻的影响。

✤ 三、现代文学

柬埔寨现代文学时期是从1953年柬埔寨独立直至今。

1953年柬埔寨获得独立，其文学发展也进入了一个新的历史时期。这一时期，柬埔寨文学作品的数量明显增加，形式也更加多样，除了传统的诗歌、小说和戏剧外，还出现了报告文学、文学理论等形式。1970年朗诺发动政变，柬埔寨国内动荡，1975年民主柬埔寨成立。由于柬埔寨国内局势长期陷于动乱，大批知识分子和作家逃亡海外，导致这一时期的文学艺术创作停滞不前，文学作品不多，质量也普遍一般。二十世纪八九十年代，一批海外柬埔寨作家的作品开始进入人们的视线，给人们留下了深刻的印象。

1993年，柬埔寨新王国政府成立，国内局势逐渐稳定，柬埔寨文学再一次拥有了适宜发展的土壤。同年，柬埔寨作家协会得以重建，并以独立的非政府组织的形式开展活动。20世纪90年代以来，柬埔寨的通俗小说获得了长足发展，内容更加贴近现实生活，构思与描写更加精巧、细腻。

进入21世纪以来，柬埔寨通俗文学开始逐渐向现实主义靠拢，这一时期的文学作品深切关注各类社会问题，如抨击腐败的社会风气，不满日益扩大的贫富差距等。《疯狗阿毛》《真相》《太阳依旧升起》都是进入21世纪后的优秀作品。

第三节　艺术

❖ 一、音乐

高棉民族热爱音乐，柬埔寨的音乐传统由来已久，距今有近2 000年的历史。远在文字记载的历史产生前，柬埔寨就已经出现了丰富而复杂的音乐文化。

柬埔寨深受印度文化的影响，在音乐方面直接表现为印度音乐中的竹木琴、口弦等乐器被柬埔寨音乐所吸收。柬埔寨的乐器种类繁多，音乐基本都是二拍子，虽然使用七声音阶，但许多旋律原本来自五声音阶。吴哥王朝是柬埔寨历史上最为辉煌鼎盛的时期，而柬埔寨的音乐文化发展也在这一时期达到了一个顶峰。

柬埔寨乐器种类丰富，弦类乐器有单弦琴、双弦琴、三弦琴、长臂琴、短臂琴、椰壳琴、棕柄琴、葫芦琴、木琴等；吹奏乐器有笛子、双簧管、号角、海螺、芦笙等；打击乐器有竹琴、铁琴、木琴、锣、鼓等。

时至今日，柬埔寨的传统音乐尚存十多种，主要有阿拉乐、婚礼乐（又称高棉乐或幸福乐）、宾柏乐、马何里乐、长臂琴乐等。阿拉乐通常用于祭神酬怪，当有人生病或遇到问题寻求解决之道时，就演奏这种乐曲。婚礼乐既有娱神的作用，在柬埔寨人婚礼之中奏献给主管婚姻的梅巴神灵，也有教化之益，或直接或委婉地给新婚夫妇一些生活上的指导。宾柏乐受印度音乐影响较大，它通常用于拜神、祭祀、还愿、丧葬、悼亡等仪式和王室、佛教活动，以及高棉传统舞蹈、皮影戏和考尔剧等表演之中。马何里乐较为舒缓，起初是古代宫廷乐，近现代以来受到普通大众的欢迎，现在一般用来抒发对生活、自然和人物之间的感情。虽然马何里乐的唱词与宗教信仰无关，但其可以用于宗教仪式，还可以用于宴会和马何里戏剧。长臂琴乐属于独奏音乐，演奏者边弹边唱，以愉悦人心，宣扬美德和正义。

近年来，西方通俗音乐在柬埔寨流行起来，亚洲地区的流行音乐也在柬埔寨国内受到追捧，但传统民间音乐始终是柬埔寨人民最为喜爱的音乐。

❀ 二、舞蹈

柬埔寨的舞蹈与音乐相辅相成、共同发展。柬埔寨舞蹈与它的音乐一样，历史悠久，闻名遐迩。由于柬埔寨与相邻的泰国、缅甸和老挝历史上都曾经受到印度文化的影响，因而在舞蹈方面与印度舞蹈有很多相似之处。

柬埔寨的舞蹈可以分为宫廷舞蹈（皇家舞）和民间舞蹈，宫廷舞蹈也就是通常所说的古典舞蹈。

柬埔寨的宫廷舞蹈起源于印度，已有上千年的历史。它展现的是神灵的故事，通过多变的台步和优美的手势表达人物的喜怒哀乐和奉献、请求、仰慕等内心活动，舞姿优美，动静结合，高贵典雅。宫廷舞蹈在古代柬埔寨享有尊贵地位，是王室繁荣的象征，也是宗教仪式的必要组成部分和各种各样的王室庆典活动中不可或缺的部分。吴哥王朝鼎盛时期，阇耶跋摩七世供养了大量乐师和舞者，仅仅圣剑寺中就有舞女6 000人。吴哥王朝衰亡后，国内局势动荡，战乱频繁，人才流失，传统舞蹈艺术遭到沉重打击，一度濒临灭亡的境地。柬埔寨独立后，传统的舞蹈艺术得到振兴。柬埔寨成立了宫廷舞蹈团，又建立了专门的舞蹈学校。西哈努克时期，柬埔寨王家舞蹈团曾多次在海外演出，在国际上享有盛誉。20 世纪 70—80 年代的柬埔寨动乱时期，宫廷舞蹈再次遭到毁灭性的打击。1993 年柬埔寨王国政府建立后，在各方的不断努力之下，传统的宫廷舞蹈才得以再次焕发生机。这类舞蹈现存数十种，主要节目有《祝福舞》《仙女舞》《神仙欢乐舞》《唐王龙女舞》《扇子舞》等。2003 年 11 月 7 日，柬埔寨宫廷舞蹈被列入联合国教科文组织世界非物质文化遗产名录。

民间舞蹈起源于柬埔寨人的日常生活，表现的内容多与农耕有关，或者与捕鱼、捣米等劳动生活紧密联系。柬埔寨的民间舞蹈因地区不同而风格迥异，但欢快活泼是其共同的特点。

❀ 三、戏剧

柬埔寨戏剧具有悠久的历史，目前柬埔寨还保存着 20 多种传统古典戏剧，著名的有皮影戏、考尔剧等，基本上表演的都是根据印度史诗《罗摩衍那》改写的《罗摩的故事》。

柬埔寨的皮影戏分为大皮影戏、中等（彩色）皮影戏、小皮影戏三种，其中大皮影戏最为著名，已于 2005 年 11 月被列入联合国教科文组织世界非物质文化遗产名录。柬埔寨大皮影戏是一门古老的戏剧艺术，兴起于吴哥王朝时期。它集皮偶制作、敬神拜师仪式、唱词吟诵、动作表演于一体，综合多元宗教信仰观念，演绎本土化的罗摩故事，是一门综合类舞台表演艺术，极具高棉民族特色。中等（彩色）皮影戏皮偶一般比大皮影戏的皮偶要小，整张涂成彩色，通常在白天来表演柬埔寨民间故事和佛本生经故事。小皮影戏的皮偶单张面积很小，一般用来表演民间故事和现代日常喜剧。

考尔剧也是柬埔寨著名的古典剧种，演绎的是本土化的罗摩故事。先前只由男性表演（里面的女性角色也由男性扮演），但现在已有女性演员。

在柬埔寨的传统戏剧中，经常会看到演员戴着青面獠牙的面具，每个面具的制作工艺都很精巧，颜色鲜艳，这形成了柬埔寨具有悠久历史并独具特色的假面文化。柬埔寨面具是依据印度婆罗门教神话故事中的人物脸谱塑造而成，戏剧中的面具脸谱主要分为9类。

❦ 四、建筑和雕塑

　　吴哥建筑群作为柬埔寨古代建筑和雕刻艺术的杰出代表，是世界文明中的一颗闪耀明珠，吸引着一批又一批的游客和学者到访，其建筑规模之宏大、雕刻艺术之精美，使其散发出难以匹敌的魅力。柬埔寨建筑和雕塑技艺的发展主要可以划分为四个阶段：6世纪中叶前的扶南王国时期，6世纪后半叶—8世纪末的前吴哥时期，9—15世纪前期的吴哥时期以及15世纪以后的后吴哥时期。

　　扶南王国时期，柬埔寨的雕刻艺术水平已经发展到一定高度。根据出土的八臂毗湿奴立像、多臂湿婆铜像、持斧罗摩立像以及砂岩制佛头和佛立像等，可以确认这一时期的柬埔寨雕塑受到印度造像艺术的深刻影响，具有明显的印度风格，其风格古朴，雕刻线条相对而言十分柔和，所雕刻的人物大多造型生动、体态丰满、表情朴素，人物雕像底部多有底座。这一时期尚未出现大规模的建筑群，寺庙建筑也大多是直接在山上开凿建成，规模普遍较小，彼此独立存在，相互之间缺乏联系。这类建筑风格被称为"普农多"风格。

　　前吴哥时期主要指从6世纪中叶至9世纪初的真腊时期。这一时期的柬埔寨建筑和雕塑继承了扶南王国印度风格浓厚的特点，其遗迹主要分布在洞里萨湖以东到湄公河下游地区。在这一时期建筑物的遗存中，三坡布雷卡一带的婆罗门教神庙最具代表性。建筑材料以砖瓦为主，石料使用规模小；庙堂建筑最初是厢式单一庙堂样式，后来逐渐发展成高塔形的塔堂建筑。雕塑方面，这一时期出现了大量石雕和青铜佛教造像、女神造像以及诃利诃罗造像。这些雕塑已经明显融入了柬埔寨的本土特色，印度式的侧弯腰造型已然被直立造型所取代，女性雕像较为娇小，男性雕像则更加高大，体态匀称，真腊后期的很多雕像已经不再需要底座支撑。

　　吴哥时期是柬埔寨历史上的鼎盛时期，也是建筑艺术和雕刻艺术发展的巅峰时期。自阇耶跋摩二世起，柬埔寨开始流行修建巨大的寺庙建筑群，出现了高大巍峨的"山形"建筑。到9世纪末，耶输跋摩一世修建吴哥王朝都城，标志着大型建筑时代到来。苏利耶跋摩二世下令修建吴哥寺，使柬埔寨建筑艺术发展达到全盛时期。吴哥王朝时期的寺庙建筑材料主要有砂岩、红土、砖等，建筑形式由高塔形塔堂发展成大回廊的样式，呈现出几何式对称的特点，例如巴肯寺、女王宫等都是这一时期建筑的突出代表。同时，这一时期的建筑上有着各种各样、丰富多彩的浮雕作为装饰，大回廊式建筑的回廊上也有浮雕，浮雕内容多为宗教故事、国王的光辉事迹等。除建筑浮雕以外，这一时期的人物雕像大致形成了柬埔寨独特的民族风格，其造型多为直立式，材料主要采用石头或青铜，细节雕刻更加丰富，例如男女衣褶有形式的区别，使其富有更强的层次感，极具魅力。

后吴哥时期，此时的吴哥王朝经过极盛时期后走向衰落，又屡遭暹罗入侵，柬埔寨的建筑也受其影响开始流行木质结构建筑。1434年迁都金边后，吴哥国王蓬黑阿·亚特在金边修建起华贵秀丽的王宫和富有特色的寺庙等。柬埔寨独立后又修建了庄严而寓意深刻的独立纪念碑。

第六章　社会

第一节　人口与民族

❖ 一、人口

从总体上讲，柬埔寨是一个地广人稀的国家，其人口在中南半岛五国中位列第四。1954 年独立时，柬埔寨全国人口只有约 400 万。根据柬埔寨政府公布的最新人口普查结果，截至 2019 年 3 月 3 日，柬埔寨全国总人口约为 1 528 万，其中男性人口约为 741 万，女性人口约为786 万。首都金边人口约为 212 万。

近年来，柬埔寨的人口发展和分布主要呈现以下特点：

第一，柬埔寨人口在经历了高速增长的阶段后逐渐趋于平缓。1953 年独立以来，柬埔寨保持了较高的人口增长速度。根据 1962 年人口普查的结果，当时柬埔寨全国总人口仅为 570 万，而到 2008 年时，全国总人口已猛增至 1 340 万，是 1962 年的近 2.4 倍。国内人口的过快增长给柬埔寨教育、就业和社会经济发展带来巨大的压力。2004 年 2月，柬埔寨政府颁布第一个国家人口政策，通过呼吁育龄夫妇有计划地生育、自由但负责任地决定生育孩子的数量和间隔时间等政策手段，降低母婴死亡率，减轻人口增长对环境和自然资源的影响，以促进人口增长良性化，确保国家经济持续发展，进一步消除贫困和提高人民生活质量。柬埔寨的人口政策已经取得一定的成果，人口增长率从 1998—2008 年的 1.5%，下降至 2008—2019 年的 1.2%，在一定程度上抑制了人口的过快增长。

第二，柬埔寨人口的地理分布极不均衡。柬埔寨居民主要分布在以首都金边为中心的中部平原地区、洞里萨湖周边区域和西南部经济相对发达的沿海省份，据2008年柬埔寨王国的人口普查报告显示，这三个区域的平均人口密度分别为261人/平方千米、64人/平方千米和56人/平方千米。其中首都金边人口达132.76万人，人口密度为4 516人/平方千米；北部丛林及山地区域人烟较为稀少，平均人口密度仅为22人/平方千米；而位于东部边境地区人迹罕至的蒙多基里省，人口密度仅为2人/平方千米。

第三，柬埔寨人口年龄结构年轻化特征明显。根据柬埔寨王国政府2008年人口普查所发表的年龄结构数据显示，当年15岁以下的人口占总人口的比例为33.7%，尽管比2004年下降了4.9个百分点，但整体仍处于一个较高的水平，65岁以上的人口所占比例有所增长，约占全国总人口的4.3%。

🌸 二、民族

柬埔寨是一个多民族的国家，全国共有20多个民族，高棉族是柬埔寨的主体民族，占全国总人口的80%，少数民族包括占族、普农族、老族、泰族、华人、缅族、马来族和斯丁族等。

第二节　宗教

柬埔寨是佛教国家，《柬埔寨王国宪法》第四十三条明确规定："佛教是柬埔寨国家的宗教（国教）。"在柬埔寨，93%以上的居民信奉佛教，佛教在柬埔寨人民的政治和社会生活中都占有十分重要的位置。

宗教对柬埔寨社会与政治生活产生了深刻的影响。现今柬埔寨人民信奉的佛教属上座部佛教教派，亦称小乘佛教[①]。小乘佛教是在13世纪以后逐渐传入柬埔寨的，并在随后的数百年间，在柬埔寨不断发展壮大，逐步取代了婆罗门教和大乘佛教的地位，成为柬埔寨人民

[①] 一些信奉上座部佛教的国家至今仍然反对使用"小乘"一词，他们称自己信奉的佛教为"上座部"，即上座（教师）的佛教。

笃信的国家宗教。尽管20世纪后期，动乱与战争浩劫使柬埔寨宗教组织及活动遭到极大的破坏，但传统宗教意识已渗透到柬埔寨社会的每一个角落，在人们生活和社会文化中留下了不可磨灭的印记。可以说，高棉人生活的方方面面无不与宗教特别是小乘佛教有着千丝万缕的联系，因此，在柬埔寨王国建立以后，佛教随即恢复了其在国家的政治、经济和社会等各个方面不容忽视的地位和作用。

柬埔寨的小乘佛教分为两大派别，即摩诃尼伽派和达摩育特派，前者是传统的高棉佛教，在柬埔寨处于主导地位，尤其在普通百姓中流传甚广，拥有柬全国90%的佛教信徒和94%的寺庙，总部设在首都金边的乌那隆寺；后者则主要在王室贵族和高级官员中流传，主要分布在柬埔寨的13个地区，以金边最为集中，总部设在首都金边的波东华岱寺。两派都设有全国佛教会。柬埔寨国王是两派佛教会的最高领袖，但其职权只是保护宗教。在传道方面，两派各有自己的宗教领袖——僧王，他们由国王任命，地位极高。两派僧王彼此独立，分管自己属下的僧众。

僧侣在柬埔寨拥有崇高的社会地位，通常被人们视为最有学问、道德修养最深的人。他们不参加生产劳动，不受拘役，不服兵役，也不纳税。在柬埔寨，人们不论在任何场合都要对僧侣表现出极度的尊重，拜访僧侣时，一定要将鞋脱在室外。

在柬埔寨，几乎每个城市或村庄都建有一座或多座佛寺，佛寺大多位于环境较好的地段，或依山傍水，或闹中取静。每座寺庙都建有一两座佛堂，由一名上级僧长任命的住持负责寺内各项事务。佛教寺庙在柬埔寨人民的日常生活中扮演着十分重要的角色，自古以来，佛教寺庙不仅是柬埔寨宗教活动的中心，而且还担负着地方教育和珍藏书籍的职责。僧侣们在寺院中向人们传播佛教思想，同时还负责教人们识字和学习文化，宣传卫生常识和送医送药。与此同时，柬埔寨的寺庙还是文化艺术传播中心，也是大众举行节日庆典、集会议事、学艺娱乐的重要场所。在柬埔寨遭受外国侵略和殖民统治的艰苦时期，僧侣们为高棉本民族传统文化的保存、传承和发扬做出了重要贡献。直到今天，柬埔寨一些偏远地区的孩子们依旧会选择到寺庙里学习文化知识。

柬埔寨的男性佛教徒，上至国王，下至平民，无论地位高低，一生中都要有一段出家为僧的经历，时间可长可短，少则数日，多则几月。如少年出家为僧只需三五天便可还俗，但一般来说，成年男子出家时间往往为3个月，他们也可选择终身为僧。对柬埔寨人而言，剃度受戒是一件十分隆重和神圣的事情，家长们积极鼓励自己的孩子削发为僧，社会上也会将出家当作一件大喜事。在柬埔寨，出家为僧是男性人生的必经阶段。这样的经历一方面是为了报答父母对自己的养育之恩；另一方面也能够以此来提高自身的操行和品德。人们往往会把剃度为僧作为判断一个人品德和修养的重要标准，男性在还俗后求婚、就业都会比较容易。

柬埔寨国王和王室非常重视对佛教的尊奉、保护和弘扬。柬埔寨独立后，人民社会同盟就以民族、宗教、王权作为建国原则，将佛教立为国教。为了弘扬佛法，培养高级的佛学人才，柬埔寨国王于1954年7月1日谕令批准成立的柬埔寨王家佛教大学（也称西哈努克拉查佛教大学），是柬埔寨佛学的高等学府，也是发扬佛教文化和宣传佛教教义的中心之一。

柬埔寨是一个宗教自由的国家。尽管佛教在柬埔寨有着不可动摇的地位，但政府并没有限制其他宗教信仰的传播和发展。特别是在1993年大选后，柬埔寨王国政府将宗教信仰自由明确写入宪法，但禁止各种宗教团体对18岁以下未成年人进行传教活动。目前，除小乘佛教外，柬埔寨的宗教还包括伊斯兰教、天主教和原始宗教等，其中占族人大多信奉伊斯兰教，还有少数城市居民信奉天主教。

第三节　　传统风俗

❀ 一、交往礼仪

柬埔寨人大都是虔诚的佛教信徒，为人谦逊、不张扬，十分重视礼节，见面或告别时一般都要行双手合十礼。行合十礼是很有讲究的，对待不同的对象要掌握好合十后指尖的高度，如平辈朋友相见，应左右合掌，十指并拢，置于胸前，以表示相互亲切友好的问候；子女向父母、孙儿向祖父母、学生向教师行礼时，应将合十的指尖举到眼眉位置，以示尊敬；政府官员下级向上级行礼时，多以举到口部为限。在柬埔寨的农村，人们一般只行合十礼，但现今在城市里，见面握手以示问候的情况也很普遍。

柬埔寨人的姓名以姓在前，名在后。以往，贵族与平民的起名有很大的不同：贵族一般承继父姓，平民一般以父名为姓；贵族起名很有讲究，往往寓意深刻，平民名字多数采用大众化名字或是随便起的，没有什么确切的含义。熟人见面打招呼，通常不称呼姓，只称呼名，并在名字前加一个冠词，以示性别、长幼、尊卑、职务之别。如"达"意为爷爷，"耶伊"意为奶奶，"邦"为哥哥或姐姐（指年长于自己的平辈人），"科姆伊"指侄辈，"召"意为孙儿，"宁"意为姑娘，"洛克"意为先生等。

在柬埔寨，手的使用也被赋予很多寓意，同时也包含着很多禁忌。在柬埔寨人的传统观念中，左手是"不洁"的，他们认为用左手拿东西是不礼貌的表现，因此无论是在过去还是在现在，在柬埔寨人的日常交往中，他们都很少使用左手向老人或其他有一定身份地位的人传递物品。此外，在与柬埔寨人的交往当中，切忌用手触摸他们的头部，因为他们认为头部是神圣的部位，别人不能随意触碰，特别是不能随意抚摸小孩儿的头部，只有老人可以触摸小孩儿的头部，以此传达祝福。

若到柬埔寨当地人家做客，同样也有许多礼节需要注意。柬埔寨农村的房屋多为竹木结构的高脚屋，地板离地面约两米，通过扶梯上下。客人上梯前应先将鞋脱下放在梯下，否则将被认为是不礼貌的，即使当今在非高脚屋的现代公寓楼或排屋，客人也切忌把鞋子带入屋内。

柬埔寨人对于不同的动物也有着不同的崇拜观念，并赋予了它们不同的寓意。比如柬埔寨人认为黄牛和水牛都会受到守护动物神灵的保护，一旦伤害它们，便会受到生病的报应。

柬埔寨人认为，星期六是鬼魂妖魔喜欢的日子，不吉利，因而在这一天办事或外出均要十分小心；一家人如果同住在一间寝室里，则孩子们睡的地方不能高于父母的床铺。此外，柬埔寨人还忌讳把裤子悬挂在别人的头部上方。

❀ 二、喜丧风俗

柬埔寨人对待婚姻十分慎重，宪法也明确做出了本国实行"一夫一妻"制的规定。由于柬埔寨地处热带，该地域的居民发育较早，女子在10～12岁时生理已趋成熟，多数在15～16岁即出嫁。男子20岁便娶妻。因此柬埔寨男女结婚的年龄一般分别在18～25岁和16～22岁。双方父母对子女的婚姻都十分重视，婚礼准备和仪式的举办往往都要严格按照传统习俗进行。即使是自由恋爱的青年男女，在成婚前也要按照习俗由媒人说亲、订婚后才能举行正式仪式。

在柬埔寨，如果一位年轻男性看中了一名女子，那么这位年轻男性的家里人就要托媒人向女方求婚，待女方答应之后，男方须准备丰厚的聘礼，由亲族中的妇女一盘一盘捧着，排成队伍送至女方家。如聘礼被接受，则婚约缔结。距婚期不远时，男方须再送一份礼到女方家中，形式和第一次一样，此次送礼完毕，双方便可择定良辰吉日举办婚礼。

柬埔寨人的传统婚礼是在女方家举行的。事先，男方需托人在女家住宅之旁盖搭一座小型茅棚，四周围以彩布，扎上红花青叶，作为举行婚礼的场所。在举行婚礼前，男女双方通常打扮得漂漂亮亮，在双方父母和证婚人的陪同下，到政府有关部门进行结婚登记，领取结婚证书，而后再按照当地习俗举办婚礼。受"母系制"传统的影响，柬埔寨"女娶男"的风俗依旧存在，一般全部婚礼仪式都是在新娘家举行的，婚后丈夫也会随妻定居，类似中国的招赘。传统的婚礼通常要举行三天：第一天为"入棚日"，即女方家搭盖新郎棚、迎宾棚和饮事棚，让新郎在婚礼前住进新郎棚；第二天为"正日"，包括祭祖仪式、理发仪式等；第三天为"拜堂日"，仪式通常由一位善择良辰吉日的老人主持。

由于受到多种宗教文化因素的影响，柬埔寨人死后的葬法有很多种，如天葬、水葬、火葬和土葬等，但现在主要采用火葬。

柬埔寨人的丧葬仪式相当烦琐。在病人奄奄一息之时，家人就开始请僧侣来家念经。病人断气后，家人立即在床头点燃一对蜡烛，同时敲响大锣，把不幸的消息传给人们；一般家中有人去世后，家人也通常会在房前插一两面鳄鱼旗，表明家中有丧事。在处理死者的遗体时，家人通常把一枚银币放入死者口中，富人则放一只金戒指，并给其面部盖上白布；在用香水洗净尸体后，将其用白布或白绸包裹并放入棺内；富人家往往要大做佛事并在数日后才将死者入葬，穷人死后即进行火葬。

❈ 三、生育习俗

柬埔寨妇女在妊娠期间必须按照古代的民间习俗去做。在柬埔寨，妇女怀孕期间有许多事情被视为禁忌，如孕妇不能吃辣椒，以免胎儿上火；不要穿过紧的衣服，不要伸手去取放在高处的物品，以免影响胎儿的发育。在柬埔寨孕妇禁忌坐在门口或楼梯口，平时起居饮食要有规律，要做些力所能及的家务活，不要睡午觉，晚上不要洗澡，以免孩子长得过大，不能顺利分娩。孕妇平时还要常喝一些姜汤，以防病解毒；如果出现日食或月食，要把盛有石灰的金属盒放在肚子上，为胎儿压惊。

在柬埔寨，孕妇临产前，要事先准备好必备的用具和物品，还要备有送给产婆的礼物以及为新生儿举行命名仪式时用的供品等。在柬埔寨，有的地区在产妇临盆时，还要举行祷告仪式，祈求神灵使产妇顺利分娩。

在柬埔寨，孩子生下后，产妇要烤火3天，如生第一胎则要烤7天，以避免鬼怪来侵害产妇和婴儿。如产妇需要多烤几天火，也可适当延长；按照习俗，婴儿的父亲要将胎儿的胎衣埋在地下或放在树叉上，并选择好方向；当天还要给婴儿举行祝福仪式。此外，还要为婴儿举行招魂仪式。在招魂仪式上，主持人用棉线穿上一枚戒指，然后将棉线系在婴儿的手腕上，表示招呼灵魂及时回归。柬埔寨人认为，人的灵魂有19种，当人熟睡时，灵魂就会飞离人体，到处游荡，如果灵魂离去的时间太久，主人便会得病。因此，柬埔寨人经常举行招魂仪式，对婴儿也不例外。在举行招魂仪式时，亲戚朋友也都应邀前来参加，并根据各自的经济状况，为孩子送些礼物。

以上这些仪式主要盛行在古代柬埔寨，随着时代的发展，带有迷信色彩的习俗逐渐被弃而不用了，现在只是在一些边远的乡村、偏僻的山区，人们仍然沿用古时遗传下来的风俗习惯。

❀ 四、服饰

柬埔寨地处热带，气候炎热，常年高温，因此，柬埔寨人在着装上都比较单薄。高棉族的传统服饰是"纱笼"和"桑朴"，这些服饰样式简单，制作容易。男子上身多着直领多扣短上衣或是圆领汗衫，下身穿纱笼，纱笼实际上就是一种把印有各种美丽图案的布料从两边缝合的服饰，穿着时将其围系腰间，状似裙子；女子上身多着丝质圆领对襟短袖衫，下身穿桑朴，桑朴的制作方法和穿着方式与纱笼相仿，也被称为筒裙。

根据吴哥的浮雕与周达观在《真腊风土记》中的描述，古代高棉人无论男女都袒胸露臂，赤脚，将头发束于头顶，下半身以布围腰。布有两条，里面围小布，即腰布，又名兰谷提，呈带形，环绕在腰间，在前边打结后垂下；外面加围大布，今称为松波或纱笼，是用一条横幅的布缠绕在腰间小布上面，好像半身裙一般。大布、小布合在一起即为一套。穿整套是外出时的打扮，平时在家里只用小布。

柬埔寨人都喜欢穿拖鞋，普通百姓无论男女老少，无论在什么场合都经常穿。政府官员、有社会地位的人、富人则爱穿皮鞋。女子通常赤脚穿凉鞋和高跟鞋。而在农村，人们还是喜欢打赤脚。此外，僧侣和佛教徒认为佛坛和禅房是圣洁之地，除僧侣外任何人都无权穿鞋入内。信徒在进入之前，要把鞋脱在外面的台阶上。进入高脚屋时，人们会将鞋脱下放在楼梯下。在进入设于高脚屋内的佛堂时，僧侣也要脱鞋。

随着社会经济的进步与发展，柬埔寨人的服饰也发生了很大的变化，传统的高棉服饰在城市的公共场所或是日常工作学习中已不多见，取而代之的是衬衣、西裤类工作服装和牛仔裤、T恤类休闲服装，传统的高棉服饰只有在婚礼上或是一些节日庆典中才有机会看到。

在柬埔寨，无论男女老幼，每个人都喜欢随身带一块格子布，有时盘在头顶，有时围在脖颈上，或者挂在肩膀、系在腰间。这种布在柬文中叫作"格罗麻"，中文一般译为"水布"。水布是用棉纱或蚕丝织成的，一般用几种不同颜色的线织成方格图案，有的留出一段线头编成穗状，有的则直接收口。它是高棉民族服饰的标志，也是柬埔寨人最喜欢的"百变巾"，用途多样。它平常用来遮太阳或做装饰，洗脸时当毛巾，购物时当包裹布，炎热时弄湿后缠在头上防暑降温，凉爽时当围巾，睡觉时当被单。柬埔寨妇女善于用头顶东西，即使头上顶着很重的物品，走起路来也轻松自如，这和水布的作用有很大关系。她们把水布折叠成细长条，再盘曲成一个圆形软垫，垫在头和物品之间，起到保持平衡和分散压力的作用。现在，水布还有一个重要的用途，即在柬埔寨人与外国朋友交往时，作为馈赠留念的佳品。

在柬埔寨，还有用服装颜色代表星期的古老风俗。古代柬埔寨人用星宿和颜色表示一周中的每一天，星期日代表太阳，使用红色；星期一代表月亮，使用橙色；星期二代表火星，使用紫色；星期三代表水星，使用绿色；星期四代表木星，使用灰白色；星期五代表金星，使用蓝色；星期六代表土星，使用黑色。人们穿着的衣服也根据这一风俗，每天更换不同颜色，由于白色在柬埔寨象征死亡，因此星期四改穿浅绿色服装。如今在日常生活中，柬埔寨人已经不再严格遵守这样的风俗，只在举行宗教仪式和国家庆典时仍旧保持这种习惯。

第四节　节假日

柬埔寨的节假日种类多、假期长。按照2018年洪森首相签发的《2018年国家公众假期表》，柬埔寨公民一年中因节庆日休假的次数达18次之多，累计可享受27个休假日。柬埔寨的节假日中既有新年、国际劳动节和国际妇女节等世界性的节日，也不乏极具柬埔寨特色的传统节庆日，如柬埔寨新年、国庆日、御耕节、送水节和加顶节等。

❀ 一、柬埔寨新年

柬埔寨新年是该国最盛大的传统节日之一，一般是在每年公历4月的13日—15日或14日—16日，全国放假3天。其间，全国的主要道路两旁都整齐地悬挂着柬埔寨国旗，各地的寺院也都要挂起佛教的五色旗和鳄鱼旗，系上铜铃。虔诚信佛的人们身着节日的盛装，成群结队地来到寺院，参与各种隆重的庆祝活动和传统仪式。

在柬埔寨新年到来之前，人们需要购置年货和新年用品，打扫卫生，把所有的废弃物都扔掉，借此保佑来年吉祥如意、全家安康。人们在新年的前一天悬挂起彩灯，摆起供桌，供上鲜花、水果和香水等祭品，以这样的方式在新年来到之际点燃香烛、供起佛像，迎接仙女下凡赐福。

柬埔寨新年的庆祝活动通常分三天进行，第一天为"守岁"，下午举行迎接新年仪式，晚上张灯结彩，请僧侣诵经祝福；第二天为"辞岁"，上午举行各种庆祝仪式，下午请僧侣诵经，进行沐浴、馈赠礼物等活动；第三天为"新岁"，要举行浴佛仪式，文武百官和各国使节都穿上礼服，进宫向国王、王后拜贺新年。在这三天里，人们不劳动，不杀生，甚至连牲畜都不役使。

柬埔寨人民笃信佛教，因此佛教寺院便成为柬埔寨举行新年庆祝活动的重要场所之一。新年期间，柬埔寨各地佛寺都会挤满虔诚的佛教信徒，这些信徒手提饭盒、水果和香烛，到此斋僧礼佛，聆听僧侣诵经，参与堆沙丘、浴佛等传统的庆祝仪式和活动。寺院还是柬埔寨传统游戏的举办地，新年的时候，天真活泼的孩子们会在此玩跳房子、藏手绢、老鹰抓小鸡等游戏，而男女青年也会借此机会欢聚一堂，拔河、对歌、抛布球、踢藤球和"打昂昆"[①]。

柬埔寨新年期间，居住在城市的人们或是返乡探亲，或是全家结伴出游，往往会出现"城市冷冷清清、乡下热热闹闹"的情景。

二、国庆日

为纪念1953年11月9日脱离法国统治宣告独立，柬埔寨政府将11月9日定为国庆日，又称独立日，亦为建军日。每年此日，柬埔寨国民都会在独立纪念碑前进行庆祝活动，届时国王会亲临点燃圣火，启动为期3天的独立节庆祝活动。

三、御耕节

每年佛历六月下弦初四（一般在公历4、5月）举行的御耕节是柬埔寨的一个十分独特而又隆重的传统节日。根据当地的习惯，在国王主持举行御耕节仪式之前，农民是不可以开犁耕种的。

实际上，御耕典礼是一个象征性的开耕仪式，以前都是由国王亲

---

① "打昂昆"又称"掷安哥子"，是柬埔寨传统的游戏之一。

自扶犁主持，故称"御耕"节。安东国王在位期间（1841—1860），国王的扶犁开耕活动开始由农业大臣代替，农业大臣因而被人们称为"御耕王"。在"御耕王"扶犁耕地的同时，由其夫人扮作仙女"麦霍"跟在犁田队伍后面撒种。1963年，柬埔寨国家元首西哈努克亲自扶犁，参与御耕节庆典，而"麦霍"仙女的角色则由他的女儿担任。

　　柬埔寨是一个传统的农业国，因此，对于柬埔寨人民而言，御耕典礼是极其隆重和神圣的。依照传统习俗，在御耕节仪式举行前，御耕节仪式的圣贤"巴古"要祭奠土地神。现在御耕节的庆祝典礼仪式一般由农业部负责组织安排，在位于国家博物馆以东的王家田举行。届时，国王将亲自驾临观看，文武百官和各国使节也会应邀参加这一盛典。在节前的一个星期，有关部门就开始四处奔忙，物色"神牛"。"神牛"要由被挑选出来的三对健壮的公牛来充当，同时人们需要准备三张耕犁，每对"神牛"拉一张犁。柬埔寨农民使用的犁只有一个手扶柄，而御耕节用的犁为双柄。初二、初三的傍晚，在圣田里举行祭火仪式。为了这一仪式，能工巧匠们在圣田周围搭起5个颜色鲜丽、光彩夺目的圆形亭子，每个亭内供放一尊佛像，每尊佛像前堆一个3层的小土山，在土山顶中央挖一个长、宽、深各22厘米的四方形小坑，坑的四壁涂上鲜牛粪，坑内放9根长约15厘米的干柴。仪式开始，"御耕王"点燃干柴，僧侣诵经祷告，欢乐的人们围绕土山，用吉祥树叶蘸着蜂蜜和油洒入火坑，同时把牛奶或牛油慢慢往里倒，以乞求神灵保佑五谷丰登，国泰民安。

　　仪式进行时，国王或其代表扮演的"御耕王"率领民众首先来到圣田西北角的圆形亭子里向湿婆神像礼拜，"巴古"吹三遍海螺，以示御耕节仪式正式开始。一张犁由"御耕王"扶持，走在中间，前后两张犁分别由两名政府官员扶持。在第三张犁的后面，"麦霍"仙女和一群身穿民族服装的少女把最优良的稻种向左右撒播，口中念念有词，祈祷农业丰收。绕场三圈之后，队伍来到东边供奉毗湿奴神像的亭子，解开"神牛"并在牛身上洒上"圣水"之后将其送至圣田中央的一块空地上。这里并排放着七个银盘，分别盛着稻谷、青豆、玉米、芝麻、鲜草、水和酒。随后任由"神牛"自由进食，并以其进食的情况来预卜来年的收成和吉凶。据说，如果"神牛"吃稻谷、青豆、玉米、芝麻，就预兆着风调雨顺、五谷丰登，哪种粮食被吃得多，便预示着那种庄稼会大获丰收，吃得少则收成少；"神牛"吃鲜草，预示着谷米欠收，甚至发生饥荒；"神牛"喝水，预兆发生水灾；"神牛"喝酒，则预兆会发生战争和杀戮。

❧ 四、送水节

每年佛历的十二月十四至十六日（一般在公历11月），柬埔寨全国人民放假3天，以庆祝自己的传统节日——送水节（亦称龙舟节）。

送水节是柬埔寨最重要的传统节日之一，人们每年都要在首都金边举行连续三天的节庆活动，第一天是龙舟赛的开幕式和初赛；第二天的白天继续进行龙舟比赛，晚上举行拜月、吃扁米和放水灯等活动；第三天是最热闹的一天，龙舟赛的决赛和颁奖仪式都集中在这一天。

对于送水节的由来，有许多说法，其中一种认为，送水节是柬埔寨人民为了感恩水资源的恩赐而举办的。每年公历5月，柬埔寨进入雨季。水位不断上涨的湄公河水沿着洞里萨河倒灌入东南亚最大的淡水湖洞里萨湖，使湖面迅速扩大10倍，大量鱼虾在湖中的浸水树林中繁殖起来，使洞里萨湖成为一个天然鱼仓；同时，雨水给农民播种、插秧创造了必要的条件，农民开始紧张地在农田里劳作。到了公历11月，柬埔寨进入旱季，洞里萨湖水开始回流入湄公河，最后注入大海。这时，洞里萨湖里的鱼已经长大，柬埔寨进入捕鱼季节；同时，水稻也已成熟，农民准备开镰收割。为了感谢河水给人民带来的巨大利益，古代柬埔寨人民就有了举办送水节的传统习惯。人们恭恭敬敬地把给他们带来丰收的河水送归大海，迎接收获季节的到来，并在洞里萨河两岸举行欢送水神的河水落潮祭拜仪式及各种节庆活动，以自己独特的方式表达对给予其恩惠的河水的感激和送别之情，并且希望病魔和灾难也能随河水一起远去，给人们留下幸福和安康。

还有另外一种说法认为，12世纪的吴哥王朝时期是柬埔寨最繁荣昌盛的时期。1177—1181年，柬埔寨国王阇耶跋摩七世亲自率领水军出战，打败了入侵柬埔寨国土的占婆王国的军队，大获全胜，凯旋还朝。在柬埔寨举世闻名的吴哥古迹巴戎寺和班迭芝马寺的浮雕中，便有阇耶跋摩七世国王屹立船头，手持弓箭和大棒，英勇指挥战船向敌人冲锋的图案。从那时起，为了纪念水军的伟大胜利，柬埔寨人每年在打败敌人的那一天举行龙舟赛。

送水节当天在王宫广场前的湄公河上举行的龙舟赛是柬埔寨送水节期间最为热闹的庆祝活动，来自柬埔寨全国各地的划船能手都会在此时大显身手；到了晚上，国王主持点灯船的仪式，形状各异、色彩绚丽的灯船从王宫前的水面驶过，礼花齐放、焰火满天，令人大饱眼福；午夜时分，民众聚集到佛寺中举行"拜月"仪式，以祈求来年风调雨顺，五谷丰登。人们还用香蕉叶包上糯米，再在上面插上蜡烛做成"水灯"，然后来到湄公河两岸，点燃蜡烛，把水灯送入河中，让它们顺水漂流。

❀ 五、加顶节

加顶节是柬埔寨佛教信徒最隆重的节日之一，时间为佛历十月二十八日至十一月二十八日，整整持续一个月。此时恰逢僧侣们雨季斋期结束，人们利用这一个月的时间，排着长队，以"游行"的方式向僧侣们赠送袈裟、蚊帐和碗筷等物品。

柬埔寨一些社会名流和有钱人会在自己家举行一个佛教仪式，由亲朋好友募捐并购买大量的物品，放进一顶轿子，选择一所自己熟悉且经济条件相对比较困难的寺院作为捐献对象，随后以隆重的游行仪式把这些物品送到寺院中去。到佛寺门口时，人们要先绕寺3周才能进入，烧香拜佛后再将礼物送予寺院住持。僧侣在接受礼物后便诵经祝福，然后信徒向佛寺僧侣举行赠送仪式。佛寺委员会通常会安排斋饭招待来客。接着善男信女们会在佛寺内举行各种游戏活动，大家玩得兴高采烈，特别是年轻人，一直会玩到深夜才尽兴而归。

根据佛教传统规定，一所佛寺每年在为期一个月的加顶节期间只能举办一天的加顶节仪式，以接受善信的布施和捐献。

第五节　饮食习惯

柬埔寨民间广泛流传着一句俗语，"有水就有鱼"，是其渔产丰富的真实写照。因此，鱼类就成了柬埔寨人餐桌上必不可少的美味佳肴，蒸、煮、煎、炸，或是烤制后挤上几滴酸酸甜甜的柠檬汁，或是做成美味的鱼干、鱼露、鱼酱，再配以香喷喷的白米饭，足以让人垂涎欲滴，大饱口福。与海鱼相比，柬埔寨人更喜欢吃淡水鱼。在他们的眼中，雨季的活鱼更为肥硕和鲜美。

柬埔寨的传统主食是米饭。优越的地理位置和气候资源使柬埔寨成为世界上著名的水稻产地之一，加之其国内纵横交错的水系和大湖资源为鱼类的生长提供了得天独厚的自然条件，柬埔寨因而被称为"鱼米之乡"。柬埔寨人经常食用的蔬菜品种主要有空心菜、卷心菜、莲藕、豇豆、茄子、冬瓜、苦瓜和黄瓜等，其菜肴的烹制方法与大多数东南亚国家类似，人们喜欢在烹调时添加各种各样的佐料或香料，鱼露、酱油、蒜蓉、辣椒、薄荷、柠檬、胡椒、香茅和鱼腥草等都是柬埔寨人餐桌上常见的配料。

柬埔寨人多信奉佛教，忌杀生，所以不多食动物肉，而喜食素菜，但逢年过节，他们的餐桌上还是有鱼有肉的，菜肴十分丰富。他们偏爱辣、甜、酸的味道，辣椒、葱、姜、大蒜是不可缺少的调料。他们的饮酒习惯比较普遍，连水果亦可作下酒物。

传统上，柬埔寨人将席子铺在地上或是木质的凉床上，然后摆上饭菜，一家人盘腿而坐，用手抓食，或是将饭菜包在事先准备好的生菜叶里，蘸上佐料来吃。柬埔寨人对左右手的用途是有着严格区分的，认为右手纯净，左手污秽，因此进食只能用右手，递给他人物品，尤其是吃的东西时一定要用右手或者双手，否则就可能会遇到被对方拒绝的尴尬场景。如今，柬埔寨的一些农村地区依然保留着传统的饮食习惯，但随着社会的进步与发展以及外来文化影响的不断加深，现在许多柬埔寨人也开始使用刀、叉等餐具，也有越来越多的柬埔寨人开始使用筷子进餐。

第六节　教育

传统的柬埔寨教育是在寺院里进行的，由僧侣担任老师，而教育的内容也仅限于佛教教义的传授和以巴利语诵读经文。1863年，柬埔寨沦为法国殖民地后，以法国教育模式为基础的西方现代教育体系逐渐在柬埔寨萌芽，但法国殖民统治者强行将法语定为柬埔寨的官方语言，让法语成为柬埔寨社会中占据主导地位的语言，同时在柬埔寨实行奴化教育政策，规定法国当局在柬创办的小学和中学里的学生以学习法文为主，且只开法国历史课，不开设柬埔寨历史、地理等课程，这些举措并没有给柬埔寨本国的教育事业带来创新和发展。

1953年取得独立后，柬埔寨开始进入现代教育的新阶段。1953—1969年，西哈努克在执政的十几年中一直致力于民族教育事业的发展，通过课程设置的改革和新教材的编写，建立起了比较完整、系统的现代教育体系，努力清除法国殖民教育遗留的影响，恢复本民族文化与教育。1958年1月，柬埔寨国家教育最高委员会正式成立，西哈努克出任主席一职，进一步推动了柬埔寨教育事业的发展。1960年，金边王家大学的前身——高棉王家大学正式创办，开创了柬埔寨高等教育历史的先河。到1969年，柬埔寨的小学已由1954年年底的2 731所增至5 857所，在校学生达到102.5万人；中学数量也由12所猛增至180所，是1954年的15倍。

1993年，第一届王国联合政府的成立揭开了柬埔寨教育事业发展的新篇章，使柬埔寨教育重新步入了高速发展的上升期。政局稳定、经济复苏的新局面不但给教育事业带来了更多财政投入和民间投资，也引来了更多的政府关注和政策支持。2001—2005年，柬埔寨政府在全国范围内开展扫盲运动，至2009年，成人总体识字率（占15岁以上人口百分比）已经上升到73.9%，相较于1998年的67.3%有了很大提升。《柬埔寨2006—2010年国家发展计划》明确地指出：保证青年人都有接受教育的机会，不分社会地位、地域、种族和宗教信仰，要实现小学的入学率为100%，中学的入学率为75%；15~24岁的人口识字率达到95%。另外，柬埔寨王国政府提出的"四角战略"也对大力发展教育事业做出了明确的规定，其内容中涉及国家发展的"第四个四角战略"就专门对教育质量的提高进行了明确阐述，提出了"全民教育"的方针和保障九年制义务教育的目标，并从国家政策的层面大力支持教育发展，努力增加教育经费，寻求外国援助，继续推行教程改革，同时促进扫盲和系统外教育工作的开展。

2007年10月19日，柬埔寨国会通过了《教育法》草案，内容涵盖基础教育、高等教育、职业技能教育、正规与非正规教育等各个级别、各种形式的教育领域，为规范柬埔寨的教育管理、推动其教育体制改革提供了法律保障。

在各方面的努力下，柬埔寨教育的恢复与发展十分迅速，根据柬埔寨教育部2007—2008年的统计，柬埔寨全国已设立各级学校9 431所（不包括高等教育），其中学前教育1 634所，小学6 476所，中学1 321所（315所高中和1 006所初中），学生总数达到3 289 286人。截至2014年，柬埔寨共有2 772所幼儿园，入园儿童138 038名；共有6 476所小学，小学生人数达2 326 152名；共有1 321所中学，中学生人数达898 594名。

汉语在柬埔寨的广泛使用和该国的汉语教育普及分不开。华人移民柬埔寨的历史悠久，随着当地华人数量的不断增加，19世纪中后期开始出现了比较系统的汉语教育。汉语教育起初只是以私塾教育的形式接收华侨子女读书，学生数量也十分有限。到20世纪初，随着柬埔寨华人数量的不断增多，私塾教育已经不能满足当地华人子女读书的需求，加上侨社、侨媒等各方面条件的发展逐渐成熟，以汉语学校为主要形式的汉语教育应运而生。

2009年8月12日，在中国国家汉语国际推广办公室暨孔子学院总部和柬埔寨王家研究院的共同努力之下，双方签署了《中国孔子学院总部与柬埔寨王家研究院关于合作设立王家研究院孔子学院的协议》，同年12月22日，柬埔寨第一家孔子学院揭牌，从而为柬埔寨汉语教育的发展历史翻开了崭新的一页。

柬埔寨王家研究院孔子学院成立以后，在推广汉语教学和中国文化、促进中柬双边关系发展等诸多方面都取得了突破性的成绩。

第七节　　医疗卫生

柬埔寨独立前，其医疗卫生事业比较落后，直到1945年，全国仅有一人获得过医学学士学位。1953年独立后，柬埔寨的医疗卫生事业正式起步。柬埔寨王国政府成立公共卫生部，建立起一所医校、一所护士学校以及柬王家医学院，培养柬埔寨本土的医学人才和医务人员，以改善国内的医疗卫生现状。正是由于这些学校、医学院的建立，柬埔寨在1958年培养出国内的第一批医生，国内医生严重不足的状况开始得到改善。

　　然而，1970年朗诺发动政变后，柬埔寨国内战乱，局势动荡，使起步不久但逐渐走上正轨的医疗卫生事业遭受到毁灭性打击。

　　1993年，新的柬埔寨王国政府成立，国内局势趋于稳定，政府也非常重视医疗卫生事业的恢复与发展。20世纪90年代以来，柬政府对医疗体系进行了改革。从2003年开始，柬政府把医疗卫生体系的发展视作柬埔寨发展的重要一环，将提高卫生服务水平正式纳入施政纲领。此后，柬政府又通过了"2008—2015年国家卫生战略计划"和"健康资助战略计划2008—2015"，强调人民的身体健康在长期减贫事业中的重要作用，突显民众健康对经济社会发展所具有的重要意义。2010年，柬埔寨的公共医疗支出约为2.35亿美元，占GDP的2.1%，其中政府投入占比11%。目前，柬埔寨医疗卫生事业成果显著，全国范围内各种等级的医院有近百所，农村地区医疗卫生建设有所发展，建立了初级卫生保健服务体系；柬埔寨国民平均寿命显著提高，婴儿死亡率大幅下降，获得改善卫生设施的人口占总人口的比例也快速上升。在国际援助的支持下，柬埔寨在艾滋病、禽流感、肺结核、登革热和疟疾等疾病的防治方面也表现优异，获得了国际社会的广泛认可。

第八节　社会保障

　　目前，柬埔寨已经建立起一套较为全面的社会保障制度，其主要是由一些基金及社会性的扶助项目、基础的救济工程所组成的。针对不同群体，柬埔寨制定了较为独特的保障体系，例如公务员社会保险基金、退役军人国家基金以及私营部门从业人员的社会保障基金等。随着社会经济的发展和人民生活需求的提升，柬埔寨的社会保障体系也在不断发展完善，内容更加丰富。除了上述针对不同群体的基金外，还有为贫困人群、弱势群体提供的社会救助项目、社会安全项目和公共安全项目等。只要符合条件，无须缴纳费用就可以加入社会保障网络，并通过公共工程项目、社会补贴和现金支付等各种形式保障贫困和弱势人群的基本生活。未达到贫困标准的人员，则需要缴纳一定的保险金才能够参加。至于公务员、国营部门的正式员工等行政体制内的人员，虽然在加入社保时需要缴纳一定费用，但享有的却是更为全面的保障体系，涵盖养老、医疗保险以及失业保障等。

为了更好地推进社会保障体系建立，扩大社会保障范围，提高社会保障水平，柬埔寨在1993年9月21日颁布实施的《柬埔寨王国宪法》中对公民权利和社会保障做出了明确的规定；1998年正式施行的《劳动法》为在私营部门中工作的工人以及从业者提供了比较充分的法律保护；2002年柬埔寨正式通过的《社会保障法》，对正式部门的工人所享有的权利做出了详尽规定。此外，柬埔寨制定了各种与社会保障相关的法律法规，如针对公务员群体的《保护公务员权利法》，针对退伍士兵的《战争退役军人法》和《军队士兵养老法》，针对残疾人群体的《国家残疾人法》，以及为普通大众服务的《保险法》等。这些法律的种类丰富、覆盖面广，为促进柬埔寨社会保障制度的进步与发展提供了法律保障。柬埔寨在2008年建立了国家公务人员社会保障基金，截至2013年已经覆盖了175 000名公务员。截至2010年年底，柬埔寨国家社会保障基金已有超过1 500家企业以及522 685名参保工人注册登记，占柬埔寨总从业人员的7.5%。其中，2010年比2009年增长了50%，增幅相当大。2012年参保人数达到70万，充分显示了柬埔寨国家社会保险基金覆盖成果显著。

第九节　新闻出版

目前，柬埔寨有杂志社101家，注册报社400家。柬埔寨的报社以私人经营为主，许多报社规模较小，报纸发行量不大。较有影响的柬文报纸有《柬埔寨之光报》（日报）、《人民报》（人民党党报，日报）和《和平岛报》（日报）等，英文、柬文报纸有《柬埔寨日报》和《柬埔寨时报》（周报），英文报纸有《金边邮报》（双周报）。发行量较大的中文报纸有《华商日报》《星洲日报》《柬华日报》等，其中于1993年12月17日创刊的《华商日报》是较早恢复的柬埔寨华文报纸，也是率先采用彩色印刷的报纸，销路较好。

柬埔寨目前有16家电台，其中官方电台5家，FM 96和FM 103电台属国家所有，每天分别播音19个小时和18个小时。另外还有许多外国广播电台都开办柬埔寨语广播节目，如中国国际广播电台等。柬埔寨比较主要的电台有巴戎广播电台、DAP广播电台、仙女广播电台和柬埔寨国家广播电台等。

柬埔寨共有11家全国性电视台，14家地方性电视台。主要电视台有：柬埔寨国家电视台（以播放柬埔寨语节目为主）、仙女台第11频道（民营的人民党电视台）、第9频道（民营）、第5频道（军队开办）、首都第3频道（地方政府开办）、巴戎广播电台（民营，每日有中文新闻报道）、CTN电视台、KNN电视台、NTA电视台和SEA电视台。另外，还有柬埔寨有线电视公司、金边有线电视公司和微波无线电视公司三家主要的电视公司。

成立于1980年的柬新社为柬埔寨唯一的官方通讯社。

柬埔寨新闻部是柬埔寨新闻出版行业的主管部门，负责监督报刊、杂志以及其他各类印刷、电子出版物的出版发行，同时负责审批出版物和音像制品进出口、商业印刷厂和印刷制品商的建立、终止及相关业务的开展。

第七章　外交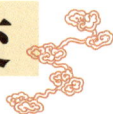

第一节　对外政策

柬埔寨从1953年11月独立至今，其外交政策随着柬埔寨的政治发展而发生变化。

在西哈努克领导的柬埔寨王国时期，奉行以独立、和平、中立为基础的外交政策。1955年3月，西哈努克在访问印度期间，宣布接受尼赫鲁总理的中立主义。在1955年4月的万隆会议上，西哈努克正式确立了他的中立原则，这使其在外交舞台上崭露头角，成为执行和平中立政策的政治家。

1955年9月，西哈努克在人民社会同盟第一届国民代表大会上确立了以和平中立外交思想为基础的外交政策，其具体内容：坚持中立，不允许任何国家在柬埔寨建立军事基地，不同外国签订任何军事条约，不参加任何国际军事组织，不要求也不接受东南亚集体防务条约组织的"保护"，不允许任何国家把柬埔寨作为军事转运站；但柬埔寨可接受与中立原则不相抵触的外国援助，不同任何不平等相待的国家合作，等等。

1957年8月，柬埔寨第三届国民议会通过了关于执行和平中立政策的法令，西哈努克所倡导的和平中立政策就以法律的形式确定下来，并成为柬埔寨外交政策的核心。

然而，在冷战时期的大背景下，西哈努克的中立政策自一提出就经受到巨大考验。西哈努克在总结柬埔寨历史经验并结合当时的地区格局的基础上也不断调整他的和平中立思想，并经历了一个由不偏不倚的消极中立到坚持原则性和灵活性相结合的积极中立的过程。西哈努克的和平中立外交反对干涉、侵略柬埔寨的外来势力，关心本国的安全和民族利益，而且还在国际事务中伸张正义、主持公道，主张反对一切殖民主义，支持民主进步事业，维护和发展世界和平。

柬埔寨于1993年颁布的《柬埔寨王国宪法》明确规定："柬埔寨是独立、主权、和平、永久中立、不结盟国家。"此后，柬埔寨王国历届政府均以此为指导，积极推行灵活、务实、开放和多元化的外交战略，努力融入国际社会，争取外援来发展本国经济。如1998年柬第二届联合政府成立后，洪森首相在其施政纲领中宣告，柬埔寨奉行中立、不结盟和睦邻政策，致力于同本地区国家发展和平友好合作关系，相互尊重独立和主权，互不干涉内政。在此基础上，柬埔寨将努力发展与毗邻国家的友好关系；促进与东盟国家发展双边和多边合作关系，以期使东南亚成为和平、稳定、合作和繁荣的地区；推动发展与世界各国的友好合作关系。

整体来看，柬埔寨王国政府长期坚持其中立、和平、合作和不结盟的对外政策，在平等、尊重各自的独立、主权和领土完整的基础上，与世界各国、国际组织、地区或次区域组织建立友好的合作关系。柬埔寨努力争取和世界各国一起积极平等参与解决所面临的重大国际问题，如打击恐怖主义和跨国犯罪、保护环境等，以维护和巩固次区域、地区及世界的和平、稳定、安全、合作和发展。与此同时，柬埔寨积极参与和实施东盟一体化的进程，以促进本国和地区的经济及社会发展。柬埔寨还主张以和平方式解决与所有国家交往中的问题。主张通过建立在宪法、国内法、国际法和其他相关资料基础上的谈判，寻求解决与邻国之间的边界等历史遗留问题。

截至2019年3月，柬埔寨已经与世界上172个国家建立外交关系，在60个国家设立使馆和领事馆。和平中立外交政策的实施和坚持，为柬埔寨的政治稳定和社会经济发展创造了比较有利的国际环境。

第二节　与部分大国的关系

❀ 一、与美国的关系

第二次世界大战结束以后，美国努力扩大其在东南亚的势力范围。1950年2月，美国在当时还属于法属印度支那联邦成员的柬埔寨首都金边设立公使馆，正式与柬埔寨建立了官方联系。

1953年11月柬埔寨获得独立后，柬美两国于1954年10月将其外交关系升格为大使级。随后，柬美两国经过谈判，先后达成经济援助和军事援助协议，大量来自美国的援助源源不断地流入柬埔寨，两国关系也由此而步入了一个比较密切的时期。

但是，西哈努克倡导和推行的和平、中立和不结盟的外交政策并不符合美国对柬政策的战略目标。"东南亚条约组织"于1955年2月在泰国曼谷正式成立后，西哈努克拒绝加入。

1956年2月，柬埔寨宣布拒绝接受东南亚条约组织的"保护"，以维持国家的独立和中立。1956年7月，西哈努克与南斯拉夫总统铁托、阿拉伯联合共和国总统纳赛尔、印度尼西亚总统苏加诺和印度总理尼赫鲁共同签署了《不结盟运动宣言》，成为不结盟运动的缔造者之一。

1958年8月，柬埔寨王国与中华人民共和国建立正式外交关系。美国随即宣布召回驻金边大使，并决定大幅削减对柬埔寨的经济援助。美国的举措引起西哈努克首相和柬埔寨人民的强烈不满。1963年11月20日，柬埔寨王国政府照会美国政府，宣布拒绝美国的一切援助，并限定美国于1964年1月15日之前撤出其驻柬的所有军事、经济和文化机构及人员。1965年，美国空军于5月1日轰炸柬埔寨柴桢省与越南交界的鹦鹉嘴地区，炸死炸伤几十名柬埔寨人。西哈努克在对美国的侵略行径忍无可忍的情况下，于1965年5月3日正式宣布断绝与美国的外交关系。

美国政府于1969年4月16日表示承认柬埔寨王国在它目前边界内的主权、中立和领土完整；柬埔寨则于同年6月10日宣布与美国复交，并互派代办。但美国利用其重返柬埔寨的契机，进一步加紧扶植柬埔寨的亲美右派势力。

1970年3月18日，西哈努克被受到美国支持的朗诺集团推翻。美国扶植的金边朗诺政权则几乎完全依靠美国的援助维持统治。据统计，朗诺政权时期，美国共计给予朗诺政权11.8亿美元的军事援助和5.3亿美元的经济援助。

1975年4月17日，朗诺政权被推翻。美国不仅中断对柬援助，对民主柬埔寨政府进行封锁，还经常派军舰和飞机入侵柬埔寨的领海和领空。

1979年年初越南出兵占领金边后，美国从冷战的大格局出发，坚决反对越南入侵柬埔寨，并在联合国投票赞成维护民主柬埔寨的合法席位，支持东盟提出的关于柬埔寨局势的决议草案。1992年1月4日，布什总统宣布解除美国自1975年以来实施的对柬埔寨贸易禁令。同时，在制定解决柬埔寨问题的框架协定、组建联合国驻柬临时权力机构以及组织大选和柬埔寨重建等问题上，美国也持合作态度，对推进政治解决柬埔寨问题的进程发挥了一定的作用。

1993年5月，柬埔寨大选结果揭晓后，美国政府立即宣布承认。在以拉纳烈为第一首相、洪森为第二首相的联合政府成立后，美国积极寻求与其建立密切的联系。

柬埔寨王国政府成立后，坚持实行中立、和平、合作和不结盟的对外政策，在平等、尊重各自的独立、主权和领土完整的基础上与世界各国、国际组织、地区或次区域组织建立友好的合作关系。因此，对美国也实行和平友好政策，并希望得到美国在经济和安全方面的支持和援助。美国对新建立的柬埔寨王国的政策则仍然立足于扩大和加强美国在东南亚地区的利益和影响力，因此，其对柬外交政策经常根据其需要而进行调整。

洪森和人民党主导的柬政府继续保持和平中立的外交政策，并不符合美国的战略利益。为了制衡柬埔寨王国政府，美国大力在柬埔寨培养一个亲西方而且有能力的反对派政党。因此，自从森朗西退出奉辛比克党另建森朗西党之后，美国通过一些非政府组织对其进行大力支持和援助。这些组织为森朗西党培训党员，制定大选战略，并在该党与美国政要之间牵线搭桥，希冀其通过大选掌握柬埔寨的领导权。

  由人民党领导的柬埔寨王国政府也积极寻求增强与美国关系的契机。"9·11"事件后，柬政府认为这是一个改善柬美关系的良机，决定以实际行动积极支持美国的反恐行动。美国对柬埔寨的反恐立场做出了积极回应，帮助柬埔寨警方捕获"柬埔寨自由军"头目春亚塞，并于2001年11月2日将柬埔寨从毒品走私和转运国的名单中剔除。

  柬埔寨方面还充分利用与美国关系的改善积极寻求其提供援助，以促进本国经济的发展。2002年6月，柬商业大臣占蒲拉西访问美国，争取美国增加对柬投资、扩大柬服装出口美国的配额、支持柬加入世界贸易组织等。同年底，美国根据柬埔寨劳工条件改善的实际情况，同意在2003年给柬埔寨新增18%的纺织服装产品配额。此外，美国还为柬加强对边境口岸的管理和过境人员的监控提供援助和人员培训等。

  随着双方政治关系的改善，柬美两国的经贸关系也获得良好发展。2006年7月14日，柬埔寨商业大臣占蒲拉西与美国贸易副代表巴蒂亚签署了《美国-柬埔寨贸易与投资框架协议》，为解决柬美双边贸易问题提供了一个良好平台，有利于促进两国间的贸易与投资。

  与此同时，柬美两国之间的军事与安全也迈上了新台阶。自2006年起，柬美两国开始谨慎地恢复军事接触。2009年，柬埔寨在美国华盛顿驻美国使馆设立了武官处，旨在加强柬美间的军事联系并开展国际合作。

  2012年，柬埔寨再度担任东盟主席国，为柬美双方之间的高层频繁接触提供了契机。同年7月，美国国务卿希拉里参加东盟-美国峰会并顺访柬埔寨，还与包括柬埔寨在内的湄公河下游5国共同举办了"下湄公河国家峰会"。同年11月，美国总统奥巴马访问柬埔寨并参加东亚峰会。这是美国总统在历史上首次访问柬埔寨。

  自2015年起，随着人民党与救国党之间斗争的加剧，美国也加大了对柬埔寨反对党——救国党的关注力度。到访柬埔寨的美国政客在常规的政府会见后，往往都会与救国党的相关人士进行会晤和座谈。美国的这些举动引起柬埔寨执政党人民党的极度不满。

  然而，2015年柬埔寨和美国的军事交往继续深化。11月15日，美国海军舰艇"保卫者号"和自由级濒海战斗舰"沃斯堡号"到访柬埔寨西哈努克港，双方海军举行了海上战备与训练联合演习，一起就巡航海上治安交流经验，以增进两国海军关系。

但是，柬埔寨国内政治局势的演变还是对柬美关系不断造成冲击。2016 年 5 月 30 日，救国党主席金索卡被法院拘传，该党通过开展游行收集到 17 万名公民的指印和 18 捆请愿书送交金边王宫国王秘书处，请求诺罗敦·西哈莫尼国王敦促柬政府释放被扣留的救国党维权者和停止抓捕金索卡行动。美国驻柬埔寨大使馆发言人于当天通过发邮件表示，美国政府正在认真观察发生在金边市的政治事件。美国政府呼吁人民党和救国党克制，确保民众的集会自由权利，这引起柬方的不满。此外，美国对柬埔寨的外交政策的干涉也引起柬方的反对。2016 年 1 月，美国国务卿克里在对柬埔寨进行为期两天的正式访问期间与柬埔寨副首相兼外交与国际合作部部长贺南洪会晤时，将南海问题列为双边会谈中最重要的议题之一。克里提出，柬埔寨在 2012 年作为东盟轮值主席国时没有就南海问题发表东盟联合声明，而贺南洪则对克里干涉柬埔寨外交政策的言论深感不快。此外，克里在当天上午分别与洪森及贺南洪会晤后，又在当日中午与救国党高层进行了短时间会谈。美国对柬埔寨救国党的过分关注和对柬外交政策的直接干涉引起了执政党人民党的强烈反应，柬埔寨与美国的关系更趋微妙。

2017 年，两国就陈年旧债[①]、军事合作和救国党被解散等问题而产生了严重分歧。柬政府不满美国对其内政的干涉，于 2017 年年初单方面取消了连续举行 6 年的"吴哥哨兵"柬美联合军演。2017 年 4 月，柬政府终止了一项已经连续实施 9 年的美国海军军事援助项目。2017 年 11 月救国党被解散后，美国反应强烈，决定停止向柬埔寨国家选举委员会提供援助。而柬政府首相洪森则公开回应称，柬埔寨王国政府不会为获取援助而向美国低头。最终，美国在过去 25 年中向柬埔寨提供了近 10 亿美元援助之后，取消或压缩了包括军事援助在内的几个援助方案。进入 2018 年，随着柬埔寨大选的临近，柬美矛盾更为突出。当年 7 月 29 日国会选举后，美国认为"这场选举既不自由也不公平，未能反映柬埔寨人民的意愿"。选举排除了柬埔寨主要反对党，是《柬

①　2017 年 3 月，美国坚持要求柬埔寨偿还 40 多年前由当时亲美的柬埔寨"高棉共和国"政府曾向美国农业部借款 2.74 亿美元购买美国农产品的巨额债务。按照美方算法，目前这笔债务连本带息已高达 5 亿美元。此举引发柬方愤怒。

埔寨王国宪法》所规定的民主制度的最重要挫折，美国政府因此而"感到遗憾"，并将考虑采取进一步措施，包括落实2017年12月6日宣布的扩大签证限制的措施。白宫还呼吁柬埔寨政府采取实际行动，促进民族和解、允许独立媒体和民间社会组织不受阻碍地工作，尤其是立刻释放金索卡和其他政治犯，并解除对反对党政治家的禁令。但是，洪森首相对美国的要求采取了强硬立场，坚决抵制美国对柬内政的干涉。出于对其在东南亚地区的战略考量，美国政府仍然采取了继续与柬埔寨保持关系以吸引其逐步改变的政策。2018年9月17日，特朗普总统在接受柬埔寨新任驻美国大使递交国书时表示：美国对柬埔寨取得的经济迅速增长感到很惊讶，而作为柬埔寨发展最重要合作伙伴国家之一的美国也为其感到自豪。柬埔寨人民党发言人速恩山也随即于19日表示，赞赏美国总统表明的乐意与柬埔寨新一届王国政府保持合作的正确立场。

实际上，在2015年柬美开始出现新一轮关于民主和人权问题的磨擦以来，两国间的经贸关系并未受到太大影响。2016年，美国在卫生、教育、食品安全、环境、治理和未爆炸弹药排雷等领域的对柬援助总额超过8 350万美元。2017年，柬美双边贸易额为26.1亿美元；2018年则首次突破30亿美元，达到33.1亿美元，增长了27%。其中，柬埔寨对美国出口额达28.8亿美元，进口额为4.26亿美元。美国是柬埔寨第二大出口国。柬埔寨出口到美国的大部分商品是纺织品与鞋类。目前，美国公司在柬埔寨共有52个项目，其中制造业与工业投资2.74亿美元。

二、与法国的关系

柬埔寨与法国之间有着特殊的历史关系。在摆脱法国长达90年的殖民统治后，柬埔寨一直与这个昔日的宗主国保持着比较密切的交往。1954年日内瓦会议后，柬埔寨的独立得到国际公认，法国被迫从柬埔寨撤出军队。但此后法国在政治、文化和军事领域对柬埔寨仍有较大影响。法籍教师和专家在柬埔寨的教育和行政管理中仍发挥了重要作用，柬埔寨王家军队也由法国军事代表团代为训练。

从20世纪50年代中期至60年代中期，法国是柬埔寨的最大援助国。法国无偿援助柬埔寨的经济项目涉及医院、学校、制鞋厂、牛奶厂等，合营企业有橡胶厂和西哈努克港炼油厂。法国还向柬埔寨提供了36.5亿瑞尔的贷款，用于援建西哈努克港（即磅逊港）、西哈努克港淡水厂和发电站、金边军民两用机场、金边—西哈努克港的铁路等重要基础设施。在此期间，法国继续把持着对柬殖民时期的橡胶园和重要企业的控制权。例如，法国在柬埔寨的投资在1963年增加到50亿瑞尔，其中橡胶业就占了45亿瑞尔，说明柬埔寨的经济命脉基本上仍被法国所掌握。此外，法国还为柬埔寨提供了大量军事援助并向柬方派遣大批顾问人员，如1963年法国向柬埔寨派出了600多名专家、教师和工程技术人员。但从20世纪60年代中期开始，由于美国在中南半岛的战争升级等原因，法国对柬埔寨的援助急剧减少。1969年9月，法国总统戴高乐访问柬埔寨期间，在联合公报中表示尊重柬埔寨的中立外交政策，承认柬埔寨在目前边界内领土完整，并承诺要继续加强与柬方的联系。1970年，法国派往柬埔寨的专家、教师和工程技术人员增至2 000多名。

朗诺集团1970年3月政变成功后，法国承认"金边政权"，与之保持了外交关系。但法国政府同时继续维持着与西哈努克的个人关系，与西哈努克领导的柬埔寨王国民族团结政府也有往来，同意柬埔寨民族团结战线在巴黎设立办事处。

民主柬埔寨1975年成立后，法国与柬埔寨基本上断绝了往来。1979年初越南占领金边后，法国既不承认由越南扶植的"金边政权"，也未同民主柬埔寨联合政府建立外交关系。但在联合国历届大会上，法国均要求越南从柬埔寨撤军，并给予抗越力量援助。随着柬埔寨抗越战争形势的发展，作为联合国安理会常任理事国的法国对柬埔寨问题的关注程度不断提升，为政治解决柬埔寨问题积极进行多方斡旋。柬埔寨对法国在和平解决柬问题上的作用也寄予厚望。1988年9月，西哈努克在参加第四十三届联合国大会期间向法国总统密特朗提出，希望能够在法国召开有关柬埔寨问题的国际会议，得到法方的积极回应。由于历史和现实原因，选择在法国召开讨论柬埔寨问题的国际会议，也比较容易被有关各方所接受。1989年7月30日—8月30日，首次柬埔寨问题国际会议在巴黎召开，法国和印度尼西亚担任巴黎会议共同主席，为恢复柬埔寨和平进行积极斡旋。联合国安理会1990年第668号决议指出，这次"柬埔寨问题巴黎会议取得了进展，就达成全面政治解决方案详细拟出了涉及各方面的必需要点",并认可法国及相关各国所发挥的重要作用。1991年10月,第二次柬埔寨问题国际会议在巴黎召开,与会各方签署了柬埔寨问题的最终解决方案——《巴黎和平协定》。

随着冷战结束,法国对中南半岛的关注程度不断提高。因此,在签署关于柬埔寨问题的《巴黎和平协定》后,法国多方促进相关协议的落实。在联合国柬埔寨过渡当局的行动陷入僵局之际,法国总统密特朗于1993年2月9日—16日先后访问越南和柬埔寨。此行的主要目的之一就是推动柬埔寨和平协议的执行。密特朗总统于2月11日抵达柬埔寨首都金边,并在访柬期间多次呼吁柬埔寨人团结在西哈努克国王周围,为实现国家的和平、稳定和发展而努力。可以说,法国为柬埔寨问题的政治解决做出了重要贡献,这也是柬埔寨重视发展与法国关系的重要原因之一。

1993年柬埔寨王国新政府成立后,柬法关系得到持续平稳发展。由于历史关系和法国在和平解决柬问题方面所发挥的作用,法国积极参与柬埔寨国家重建与经济发展事业,并派遣军事专家帮助培训柬埔寨王家军队。在此期间,柬埔寨联合政府第一首相拉纳烈多次访问法国。1997年"七月事件"爆发后,拉纳烈也一度流亡法国。在此期间,法国十分关注柬埔寨国内局势的变化,积极采取促和政策。当年10月,柬埔寨联合政府第一首相翁霍和第二首相洪森对法国进行了非正式访问,与法国外交部部长韦德里纳就柬埔寨局势交换了意见。

1998年柬埔寨第二届国会选举后,法国总统希拉克与总理若斯潘于当年9月分别致函西哈努克国王和洪森首相,对大选结果表示肯定,并表达继续发展两国关系的愿望。柬埔寨第二届王国政府成立后,与法国之间的高层互访逐渐增多。1999年6月,洪森首相对法国进行工作访问。10月,法国国家事务部部长夏尔·若斯林访柬,表示将帮助柬埔寨改革行政机构,并继续在教育、卫生等领域向柬提供援助。

进入21世纪以后,法国进一步加强其与东南亚国家的联系,逐渐加大对柬埔寨的援助力度,援助领域涉及文化教育、宗教、法律、警察宪兵培训、农业、卫生等。2000年年初,金边市市长谢索帕拉访问巴黎,法方表示有意投资改善金边的环境和基础设施。3月,柬埔寨参议院第一副主席梳越·基万莫尼拉访问法国。4月，法国参议院主席克里斯蒂安·彭塞勒访柬，双方签署了援助协议，法方将向柬方提供550万美元的援助。5月，柬埔寨外交与国际合作大臣贺南洪与到访的法国国际合作部部长若斯林共同主持柬法合作联合委员会第三次会议，双方签订了《柬法合作伙伴框架协议》，并就双方在农村发展、农业及卫生领域的合作协议举行了换文仪式。同年7月，法国军舰"阿贡尼号"对柬进行友好访问。柬法两国于同月签署投资协议，柬方保证法方投资者享有与柬方经商者相同的待遇。

2001年1月，柬法签署经济援助协议，法国向柬埔寨提供435万欧元的援助，以帮助柬修建从暹粒市至吴哥的公路和其他项目。同年2月，柬法签署协议，法方承诺将在未来3年内向柬方提供800万法郎的文化科技援助。同年5月，柬外交大臣贺南洪再次访问法国。同年9月，法国运输部部长克洛德访柬，承诺法国将在土地规划、交通运输等方面向柬埔寨提供援助。双方还签署了协议，法国承诺将投资2 500万美元扩建暹粒机场。

2002年2月，法国外交部秘书长韩金访问柬埔寨。同年4月，法国海军"帕拉里尔号"军舰访问西哈努克港。同年5月，法国国际电台在西哈努克港建立调频转播站。

2005年9月，洪森首相对法国进行为期3天的正式访问，并与希拉克总统会晤。双方就审判红色高棉领导人的事宜达成共识，法国将帮助柬埔寨改善行政治理、法治建设、人员培训和健康卫生水平。2005年，法国向柬埔寨提供了2 000多万欧元的援助。两国还签署了2006—2010年双边合作协议，法国承诺将根据该协议为柬提供总额达1.2亿欧元的援助。

2006年11月20日—24日，柬埔寨国王西哈莫尼继位后首度出访法国，与法国总统希拉克、总理德维尔潘以及国民议会议长、参议院议长进行会谈。西哈莫尼国王表示，法国是柬埔寨最大的捐助国之一，当年对柬的援助承诺额为3 200万欧元，希望进一步加强双边的合作。他还专程前往法国远东学院访问，高度评价其为柬埔寨历史遗迹的修复，以及在柬埔寨考古学、语言学研究等方面做出的贡献，并为远东学院为西哈努克国王设立的纪念牌揭幕。

法国政府特别重视对柬埔寨橡胶树种植业的援助，从1999—2007

年通过法国开发署向柬埔寨家庭式橡胶树种植业提供了540万欧元的援助，以帮助柬埔寨农民获得技术与贷款。2007年7月4日，柬埔寨财经部国务秘书翁本莫尼与法国开发署署长签署协议，法国将向柬提供价值8 000万欧元的无偿援助，用于帮助柬埔寨农民发展综合农业和家庭式橡胶树种植业。

2009年7月，洪森首相应邀访问法国并出席法国国庆阅兵式。访问期间，洪森与法国政府达成协议，把泰国湾柬泰重叠海域第三区块的石油勘探权交给法国石油巨头道达尔公司。

2010年10月1日，柬埔寨外交部部长贺南洪访问巴黎，与法国签署了《柬法双边合作指导文件》。法国在该文件中承诺，将帮助柬埔寨在2020年达到中等收入国家的水平。当年，法国从柬埔寨进口了1.11亿欧元的商品，其中主要是纺织品、鞋类和大米。

2011年3月，新任法国驻柬大使克里斯汀·坎南拜会金边市市长高竹德玛，双方就法国政府援助的多项金边市发展项目进行了交流。这些项目包括2020年发展大蓝图的研究和规划、巴黎–金边市去中央化合作计划、公共运输计划可行性研究、贫穷社区供水计划等。同年7月2日—3日，法国总理菲永对柬埔寨进行正式访问，这是1993年新柬埔寨王国建立以来法国总理的首次访柬，并有国会议员和商界领袖组成的代表团随行。洪森与菲永举行了会谈，双方表达进一步深化两国各领域传统合作关系的共同意愿。菲永表示，法国将继续向柬埔寨提供援助，鼓励法国企业到柬投资，尤其是加强在柬农业领域的投资，扩大对柬农产品的进口。洪森希望法国在人才资源开发、司法改革等方面继续向柬埔寨提供援助。两国还签订一系列合作协议。菲永还和柬埔寨国王西哈莫尼一起参加了庆祝吴哥著名的巴方寺修缮工程的完工仪式。

继菲永总理访问柬埔寨之后，法柬两国的高层交往更趋密切。2013年2月3日，法国总理埃罗应柬埔寨政府的邀请，代表法国参加已故国王西哈努克的火葬仪式并对柬进行正式访问。埃罗总理对柬方的邀请极为重视，认为法国是"唯一被邀请参加这个仪式的西方国家"，体现了法柬两国之间"密切和可信赖的联系"。西哈莫尼国王和洪森首相会见埃罗总理，双方重申两国间的政治、经济、历史和文化联系，强调将继续加强双边关系。访柬期间，埃罗总理还前往金边的卡尔梅特医院，参观了由非政府组织"希望之链"建设、将于当年7月投入服务的神经医学中心。2013年，法柬两国之间的贸易额达2.96亿欧元，其中法国对柬出口额仅620万欧元，柬方在双边贸易中获得了巨额顺差。

2015年10月，柬埔寨首相洪森应邀访问法国，他在与法国总统奥朗德的会谈中高度评价法国对柬埔寨发展的援助，并感谢法国政府为他提供有关柬埔寨边界的官方地图，为柬处理与邻国的历史遗留问题提供了法律依据。法方同意扩大两国之间的贸易规模，在财政和人力资源方面向柬提供技术支持，以助其落实2015—2025年工业发展规划。法国总统还高度评价柬埔寨在联合国维和行动中发挥的积极作用，并感谢柬埔寨支持法国打击"伊斯兰国"运动的反恐斗争。柬埔寨政府和法国政府还于2015年10月26日签署了《柬埔寨王国政府与法兰西共和国政府引渡条约》以及多项合作协议，其中包括向改善暹粒市饮用水服务项目提供900万欧元，为柬发展教育和技术及职业培训发展提供1 400万欧元资助，为扩建戈公省和磅湛省及桔井省电网工程融资7 000万欧元的协议。双方还在文化交流和博物馆建设方面开展合作达成协议。

总体来看，柬埔寨与法国的合作虽然有时也会受到政治问题的影响，如法国政府也曾在柬政府解散救国党并逮捕其主席后表示关切，并呼吁柬埔寨当局再次尊重民主和言论自由，停止打压反对派，但双方的经贸关系始终正常进行。法国的援助为柬埔寨在2016年被世界银行列入中低收入国家行列做出了贡献。柬埔寨经济环境的不断改善，促使法国的一些大型跨国企业集团，如道达尔、雅高等，以及许多中小企业都加大了对柬的投资力度，进一步促进了法柬两国之间的经贸交流。2017年法国和柬埔寨之间贸易额达到10亿欧元，比上一年增长了8.6%，比3年前翻了一番。柬埔寨主要从法国进口食品和药品，近年来还增加了电器和电子产品，总额达1.02亿欧元；对法国的出口则以纺织品为主，金额高达9.2亿欧元，三年内平均持续增长48%。此外，法国第二大银行——法国大众银行于2017年3月初在柬埔寨首都金边开设分行，成为首家在柬埔寨设立分支机构的欧洲银行，其主要业务是向中小企业提供融资服务。柬埔寨与法国在教育、科技和文化方面的合作格外紧密。2018年，有将近12.5万柬埔寨人在学习法语。

此外，双方还在历史文化遗产保护领域开展卓有成效的合作。

❀ 三、与日本的关系

柬埔寨与日本之间有着长久的历史关系。第二次世界大战中，日本军队曾经占领在法国统治下的柬埔寨。1953年3月，西哈努克国王为了争取日本对其争取柬埔寨实现完全独立斗争的支持访问了东京，从而成为第二次世界大战后第一位访问日本的亚洲君王。两国也在当年建立起正式外交关系。1954年，柬埔寨在其于1952年签署的对日和平条约的基础上，放弃了要求日本对第二次世界大战期间造成的损害进行赔偿的权利。此后，柬埔寨和日本的关系持续发展，而经济合作在两国关系中长期处于最重要的地位。

1955年12月，西哈努克再度访问日本时两国签署友好条约，日本政府同意在3年内给予柬埔寨15亿日元的无偿援助，但该援助计划拖了7年才勉强完成。1957年，日本首相岸信介首次对柬埔寨进行正式访问，确定了加强双边关系和日本扩大对柬援助的政策。1958年3月，日柬两国签署经济技术协助协定，日本先后向柬埔寨提供了约4亿瑞尔的贷款和价值80万瑞尔的设备，主要用于金边港、水净华大桥、金边地下水道工程等基础设施建设，资助柬发展玉米种植，以及无偿援建马德望农牧机械中心、医疗中心和畜牧中心等。日本还和柬埔寨合资，建立了高棉热带作物公司和柬埔寨森林发展公司。1960年2月，日柬签署双边贸易协定，但由于日本长期处于顺差，柬政府决定自1964年8月1日起停止进口日本商品，直到次年2月两国重新签订贸易协定才恢复进口日本商品。

20世纪70年代初，由于柬埔寨国内局势动荡，柬日经济合作也受到严重影响，许多援助和合作项目被迫停止或中断。越南于1978年入侵柬埔寨后，日本支持民主柬埔寨联合政府的抗越救国斗争，日本在联合国历届大会上都对保留民主柬埔寨的合法席位和要求越南从柬埔寨撤军的决议投赞成票。日本的一些非政府机构向柬方提供药品、粮食等人道主义援助。在国际社会寻求政治解决柬埔寨问题的过程中，日本政府支持西哈努克同"金边政权"洪森在巴黎会晤，积极推动和平谈判的进程。1991年《巴黎和平协定》签订后，日本大力参与柬埔寨的重建工作，并担任柬埔寨重建国际委员会主席。在美国于1992年

1月取消对柬政府的经济制裁后，日本也随即恢复对柬埔寨的官方援助。

1993年柬埔寨王国政府成立以后，日本向柬方提供大量经济援助，以支持其国家重建与经济发展。日本政府对柬埔寨经济援助主要为技术援助、无偿资金援助和日元贷款等方式，而尤其以无偿资金援助为主，大大减轻了柬政府的财政负担。日本成为柬埔寨最大的捐助国。日本对柬援助涉及公路桥梁、水电基础设施及农业、农村发展、医疗保健、教育、人才培训、环保、古迹保护和司法等领域。

1998年5月，柬埔寨举行第二届全国大选，日本政府提供了1 000万美元的援助，并为大选派遣了30名观察员。2000年1月，日本首相小渊惠三访问柬埔寨，这是自1957年岸信介首相访柬后日本首相的首次访柬。小渊惠三拜会了西哈努克国王、参议院主席谢辛和国会主席拉纳烈等柬方领导人。他在与柬首相洪森会谈时表示，日本将继续支持柬政府为巩固国内和平和促进经济发展做出的新努力；继续为柬基础设施建设、军政改革以及扫雷等提供援助。他承诺分别向柬提供280万美元和1 900万美元的非项目援助，用于排雷与安顿地雷受害者的生活。同年5月14日，小渊惠三首相因中风去世，洪森首相于16日亲率政府高官前往日驻柬使馆吊唁；6月9日，洪森首相又亲自前往日本参加小渊惠三的葬礼并会见日本新首相森喜朗，确认双方将继续展开紧密合作。

2001年6月，第五次援助柬埔寨国际会议在东京召开，日本承诺向柬埔寨提供1.18亿美元的援助。同年11月，日本通过亚洲开发银行向柬埔寨提供了1 200万美元的援助，用于修建柬埔寨西北部的水利设施。同年12月6日，日本又向柬埔寨提供了价值1 610万美元的无偿援助。2002年1月，日本厚生省大臣盐川正十郎访问柬埔寨，代表日本政府表示：日本将继续每年向柬埔寨提供1亿美元的无偿援助；每隔3年，日本还将向柬埔寨提供4 000万美元的贷款。2002年2月，柬国会主席拉纳烈应日本国会邀请对日本进行了正式友好访问。同年6月，日本政府向柬埔寨政府提供1 286万美元的无偿援助，用于扫雷、打井和开办文化机构。

2003年是柬埔寨与日本建交50周年，金边、暹粒和磅湛三省市同时举办了"柬–日文化交流月"活动。同年，柬埔寨举行第三届大选后组阁不顺，国家陷入长期的政治僵局，洪森的"看守政府"面临外国援助中断的危机。日本政府继续向柬埔寨提供援助，维持与柬政府的关系。2004年8月，日本向柬埔寨提供大约2 500万美元的无偿援助，用于帮助柬埔寨政府执行第四阶段排雷计划、修复柬埔寨医学院大楼和降低柬埔寨儿童死亡率。2004年9月，柬日两国签署协议，日本向柬埔寨提供共达44亿日元，约合4 000万美元的优惠贷款与无偿援助。其中，贷款主要用于西哈努克港的扩建，以落实2003年决定的对柬援助计划；此外，日本还提供价值为45万美元的无偿援助帮助柬政府购买新型印刷机械设备，以便为柬国内的学生提供课本。

2006年，日本虽因本国经济形势不振而削减了30%的对外援助，但其对柬援助并未减少，依然是柬埔寨最大的援助国。在当年举行的第十次援助柬埔寨国际会议上，日本承诺向柬埔寨提供1.3亿美元的援助。至此，日本在以往10次援助柬埔寨国际会议上总共向柬埔寨提供了将近16亿美元的援助，主要用于柬埔寨国内的基础设施建设和文化教育等方面。

2007年6月，在洪森首相访日期间，双方签署了投资保护协定，促使日本企业对柬投资和扩大两国贸易，为两国间的经济合作开拓了新领域。同时，日本首相安倍晋三还承诺投资7 000万美元修建柬境内湄公河上的乃良大桥。

2009年6月15日，柬埔寨外交与国际合作大臣贺南洪与日本驻柬大使筱原胜弘签署协议，日本向柬提供共计约2 143万美元的无偿援助，主要用于实施磅士卑省罗良芷水库修复项目、金边小学三期项目等。同年7月30日，日本又向柬提供约3 305万美元的无偿援助，以实施柬埔寨国家1号公路修复、西哈努克港渔业发展中心建设和磅湛省棉末县清洁水供应等项目。同年8月，柬日代表再度签署了日本向柬提供8 200万美元援助的协议。与此同时，在柬日投资保护协定的推动下，日本对柬投资规模也逐渐扩大，截至2009年，共有57家日本公司在柬埔寨投资。

2010年5月，柬埔寨国王西哈莫尼对日本进行了为期5天的访问，旨在加强日本与柬埔寨之间的双边关系。这是西哈莫尼国王继位后对日本的首次访问，日本天皇夫妇和皇太子在东京皇宫会见了西哈莫尼国王，表示要继续加强两国之间的关系。同年6月11日，日本驻柬大使馆发表新闻公报表示，日本将于2010—2012年，每年向柬埔寨提供1.31亿美元的援助，用于落实千年发展目标（包括教育、卫生、清洁水等）、实施基础设施项目以及司法援助、应对气候变化等方面的项目。

此外，日本还大力推动与柬在教育、旅游等方面的合作。日本政府为柬埔寨留学生设置奖学金，截至2010年6月，已向柬埔寨学生提供了199个留日奖学金名额和2 700万美元的奖学金援助。根据柬埔寨旅游部公布的数据显示，2010年前11个月，日本前往柬埔寨的游客人数猛增，同比增幅超过40%，成为柬埔寨第四大外国游客来源国。此外，日本积极推动对红色高棉的审判，分担了应由联合国负责筹措的经费的一半左右，共计2 160万美元，是为审判红色高棉特别法庭出资最多的国家。截至2012年年底，日本已向柬埔寨提供各项援助共计22.42亿美元。

2013年是柬埔寨与日本建交60周年，柬日之间的全面合作得到显著增强。柬埔寨首相洪森与日本首相安倍晋三于当年12月在东京举行会谈，一致同意把两国合作关系提升为"全面战略合作伙伴关系"，以进一步推动两国在各领域的合作。同时，双方还签署关于公路及医院建设、吴哥古迹修复以及推动柬埔寨国防部和日本防卫省之间开展军事合作与交流等方面的合作文件。此外，日本开发机构还计划于2014年斥资10亿美元在柬埔寨暹粒省兴建旅游经济特区，占地面积174公顷，以进一步促进柬旅游业的发展和柬日在该领域的合作。

2014年9月，日本开通了首条直飞柬埔寨的商业航线，为更多的日本游客和投资者前往柬埔寨提供便利。

2016年年底，柬埔寨外交与国际合作大臣布拉索昆在会见日本驻柬大使堀之内秀久时，双方都承诺把两国全面战略合作伙伴关系提升至"深广战略伙伴关系"。

2017年8月，日本首相安倍晋三在东京与到访的柬埔寨首相洪森会谈时，承诺将继续为柬埔寨的发展提供援助，使之能够实现2030年成为中高收入国家的目标。会谈结束后，双方签署了关于日本为改善金边市排水系统提供3 500万美元无偿援助和为西哈努克港集装箱新码头建设项目提供2.09亿美元优惠贷款的协议。

2018年4月8日，在两国建交65年之际，柬首相洪森会见日本外相河野太郎，双方高度评价两国间的合作，表达继续加强双边贸易和经济关系的共同愿望。日方承诺将继续支持柬埔寨发展电力、港口以及经济特区建设和加强人力资源开发，以帮助柬埔寨实现在2030年成为中高收入国家的目标。柬埔寨和日本之间的贸易额在2018年1月—9月显著增长，柬埔寨对日出口11.8亿美元，增长23.5%；进口约2.93亿美元，增长12.7%。柬埔寨出口到日本的商品主要是服装、鞋类及少量电子元件，如手机电池。从日本进口的主要为机械、汽车和电子产品，以及牛肉、钢铁和药品。柬政府希望通过加强与日本的贸易关系改变其出口市场由欧盟和美国主导的局面，实现多样化。

　　经过柬日两国的共同努力，双方之间的合作取得显著成果，日本在柬埔寨的影响力也显著增强。1992—2017年，日本已向柬埔寨提供总额为30亿多美元的无偿援助和总数为13亿多美元的优惠贷款，为柬埔寨的各项基础设施得到逐步完善做出了一定的贡献。从2018年4月—2019年3月，日本又向柬埔寨提供约4.3亿美元援助，其中包括1 942万美元无偿援助和1.15亿美元优惠贷款，以帮助柬政府继续实施"四角战略"第四阶段目标。柬埔寨已成为日本投资者最具吸引力的目的地之一，据统计，2010—2017年日本对柬的累计投资总额约为15亿美元，截至2017年12月，日本在柬的投资项目达115个，为柬埔寨提供了3.6万个就业岗位。柬日两国之间的人员交流规模也不断扩大。到2017年，已有1 100多名柬埔寨学生在日本完成高等教育。截至当年6月，超过5 700名柬埔寨人参加了由日本组织的技术实习培训。自1992年以来，日本的非政府组织和志愿者为柬埔寨的社会经济和文化教育发展做出了贡献。截至2017年10月，共有3 518名日本人在柬埔寨国内常住，同时有超过6 000名柬埔寨人在日本工作。2018年年初，柬埔寨与日本爱媛县的工会协会签署协议，每年派遣约1 000名柬埔寨学员到该县工作。由于每年约有20万日本游客前往暹粒旅游，有19家日本公司和约400名日本公民常驻该市，日本外务省还在暹粒开设了领事办公室。

第三节　与邻国的关系

一、与越南的关系

柬埔寨的东部与越南山水相连，两国边界线长达930千米。两国间的关系历史久远且复杂，有着很深的历史积怨。从第二次世界大战结束至今，柬越之间既有过合作和友谊，也发生过激烈的对抗。

柬埔寨在1953年独立之初和南越政权的关系密切，而与胡志明领导的越南民主共和国却无甚交往。但由于西哈努克推行并坚持和平中立与不结盟的外交政策，在某域外大国的指使下，南越吴庭艳政权不断向柬埔寨施压，多次在边境地区挑衅甚至入侵柬埔寨领土，并参与颠覆柬埔寨王国政府的活动，以迫使柬方放弃和平中立政策，因而导致双方关系不断恶化，双方最终于1963年8月断绝了外交关系。

与此同时，柬埔寨王国政府从20世纪50年代中期开始与越南民主共和国接触。1959年8月，越南民主共和国派遣贸易小组长驻金边，后来小组升格为代表团。1965年3月，越南民主共和国派代表参加了由西哈努克倡议在金边举行的印度支那人民代表大会。由于同样面临大国的巨大威胁，两国之间产生了强烈的合作愿望。西哈努克在大会上公开向世界宣布支持越南爱国者，双边关系迅速发展。

随着越南战争的升级，柬埔寨为北越和越南南方民族解放阵线的抵抗运动提供了不少便利，默许其把靠近柬越边境的柬埔寨领土，特别是深入南越领土的鹦鹉嘴地区作为后勤供给地和庇护所，后来甚至发展成为越南南方民族解放阵线的总指挥部所在地和后方战略基地。1965年5月柬埔寨与美国断交后，柬埔寨为越南南北交通运输和中国对越南南方民族解放阵线的战略援助提供了许多方便。美国从1966年起加强了海上封锁，迫使北越在越老、越柬边境的老挝和柬埔寨一侧修筑了一条贯通南北的秘密通道——"胡志明小道"。1967年6月，西哈努克致函越南总理范文同，宣布柬埔寨政府承认越南民主共和国，并建议双方建立外交关系，柬埔寨王国与越南民主共和国随后于6月15日正式建交。此后，在西哈努克的努力下，经过艰难的谈判，越南民主共和国政府和越南南方民族解放阵线曾多次发表正式声明，宣布承认和保证尊重柬埔寨在现有边界内的领土完整；柬埔寨王国政府则继续对越南的抗美救国战争给予道义上和物质上的帮助。1969年5月14日，柬埔寨王国政府宣布承认越南南方共和临时革命政府。

1970年3月朗诺集团发动政变后，越南继续支持西哈努克。1970年5月5日柬埔寨王国民族团结政府宣告成立，越南民主共和国和越南南方临时革命政府即于次日分别致电西哈努克表示祝贺，并宣布承认西哈努克领导的柬埔寨王国民族团结政府，不承认朗诺政权。1970年5月和1971年1月，西哈努克和其夫人曾两次应邀访问越南。

1975年中南半岛战争结束，柬埔寨共产党和越南共产党在各自的国家建立了社会主义政权。然而，两国之间的矛盾却开始凸显并不断加剧。

影响两国关系的因素，首先是领土和边界问题。越南历史上的封建王朝长期执行"南进"方略。法国殖民统治中南半岛时期，为了维系其统治和调整与法属印度支那联邦接壤国家的关系，曾多次对越、老、柬三国之间的边界线进行调整。1975年4月30日，越军攻占西贡后，遂于6月派兵占领威岛，并拒绝从战争期间向柬埔寨借用的基地撤军，导致两国经常发生边境冲突。1976年，两国举行边界谈判，越方要求按其主张重新划定边界，遭到民主柬埔寨政府的强烈反对和坚决拒绝。其次是在柬埔寨大量存在的越南侨民问题。战争期间就已存在的越南侨民问题战后愈显突出。再次，越南在南北统一后，试图建立由其主导的所谓"印度支那联邦"，以实行越柬一体的经济政策和外交政策。越方的要求遭到民主柬埔寨政府的拒绝。1977年12月25日，越军大举入侵柬埔寨东部和西南地区，深入柬埔寨领土达数十千米，民主柬埔寨宣布对越南进行全面战争。12月31日，民主柬埔寨断绝了与越南的外交关系，越南遂决心以武力推翻民主柬埔寨政权。1978年1月，越军以5个师的兵力，再度进犯柬埔寨东北地区，双方军队伤亡惨重。从同年8月开始，越军加大了对柬埔寨的进攻力度，并于10月进入紧急戒备状态，准备对柬发动全面进攻。同年12月3日，在越南的庇护下，逃亡越南的民主柬埔寨反对派成立了"柬埔寨救国民族团结阵线"。同年12月25日，越南出兵近20万大规模入侵柬埔寨，于翌年1月7日攻占柬埔寨首都金边，进而占领了柬埔寨全国的主要城镇和交通要道，并扶植韩桑林等人建立了"金边政权"。

但是，由民主柬埔寨、西哈努克派和宋双派三方组成的抗越力量并不屈服，与长期驻守在柬境内的18万越南侵略军进行了长达13年的顽强武装斗争。随着国际形势的发展尤其是苏联对外政策的变化，加上国内经济濒临崩溃，越南政府意识到不可能实现其打垮抗越力量、建立印度支那联邦的目标。20世纪80年代末期，越南不得不大幅度调整其内外政策，同意从柬撤军，并开始对政治解决柬埔寨问题持合作态度。1989年8月26日，越南正式宣布从柬埔寨撤军，并接受联合国的监督与核查。1991年年初，绝大部分的驻柬越南军队撤出柬埔寨。在当年6月举行的越南共产党七大表示，将在平等与相互尊重独立、主权及政党利益的基础上发展与柬埔寨的关系。同年10月，越南参加签署《柬埔寨冲突全面政治解决协定》，从而最终结束了长达13年的越柬战争。

1992年1月，越南外交部部长阮孟琴访柬，与西哈努克签署联合公报，柬越关系由此迈入一个新的历史时期。

1993年5月柬埔寨大选结果揭晓后，越南表示欢迎和支持，并坚决反对原"金边政权"副总理夏卡朋和内政部长辛松等人分裂柬东北6省的叛乱活动。新政府成立初期，柬越双方的接触并不多，其原因是柬埔寨人民党与越南共产党之间存在着特殊关系。为了避免柬国内其他政党以此为借口攻击洪森及人民党，越南有意减少与柬埔寨政府尤其是人民党的交往，并且基本上不与柬方开展军事和安全领域的交流与合作。1994年1月，越南在柬埔寨的马德望市开设总领事馆。

1998年11月，柬埔寨新政府成立，洪森成为唯一的首相。洪森随即于12月赴河内参加东盟第六次首脑会议，并应越南总理潘文凯的邀请对越南进行正式访问。随着洪森地位的进一步稳固、柬中关系的改善以及柬埔寨加入东盟，柬越两国的公开往来明显增多。

1999年5月和7月，柬埔寨国会主席拉纳烈和参议院议长谢辛先后率团访问越南，双方就两国立法机构间的合作签了备忘录。同年6月，越南共产党中央总书记黎可漂应西哈努克国王的邀请对柬进行正式访问。双方发表的《柬越联合声明》确立了21世纪发展两国关系的指导方针，强调将进一步发展两国间的永久睦邻友好关系，相互尊重独立、主权和领土完整，互不干涉内政，不使用武力和以武力相威胁，不允许利用一方领土从事反对另一方的活动。双方在声明中还一致同意采取有效措施制止一切旨在破坏两国传统友好关系的阴谋，通过和平谈判的方式解决两国历史遗留的边界问题和越侨问题。这份联合声明成为指导两国关系发展的准则。自此，柬越关系步入平稳发展的轨道。

进入21世纪以后，柬越两国关系进一步发展，高层互访频繁，取得了很多具体成果。2000年，越南国会主席农德孟、副总理阮晋勇、外交部部长阮怡年、卫生部部长杜源峰等分别访柬，其中在阮晋勇访柬期间，双方签署了在农业渔业科技和卫生领域的合作协议，以及《关于在柬埔寨寻找、挖掘和送还从抗法到抗美时期和从1979—1989年在柬阵亡的越南军人遗骸的协议》。柬副首相韶肯、联合国防大臣西里拉也对越南进行了访问。

2001年11月，应西哈努克国王的邀请，越南国家主席陈德良对柬进行国事访问，双方签署了《促进和保护投资协议》以及有关两国边界地区贸易及商务服务的协议，并发表了《双边合作框架联合声明》。陈德良还代表越南政府承诺向柬埔寨赠送2 000吨大米和2 000米布料。

2002年5月，韶肯副首相兼内政大臣率柬内政部代表团访问越南，与越南内政部门进行年度磋商。同年6月，柬越两国就解决越南部分难民滞留柬埔寨问题的谈判取得重大进展，首批50名越南难民获准离柬赴美。同年8月和12月，越南国防部部长范文茶、外交部部长阮怡年分别访柬。同年8月1日，柬埔寨正式开通了与越南接壤的两处陆地口岸，即柴桢省的巴韦口岸与干丹省的克奥三瑙口岸，为两国间的通商贸易提供了便利。

2005年3月，越南共产党中央委员会总书记农德孟对柬埔寨进行国事访问，双方发表了联合公报，认为这次访问开启了21世纪柬越两国团结友好合作的新纪元。双方决心以1999年和2001年两国发表的联合声明为基础，巩固和发展两国友好合作关系，共同促进两国在广泛领域的合作。同年10月，柬埔寨洪森首相访问越南，双方签署了1985年边界条约的补充协定以及有关公路建设、文化教育合作等一系列协议。

2006年12月，越南总理阮晋勇率领越南政府高级代表团对柬埔寨进行国事访问。这是阮晋勇出任总理后首次访柬。双方一致表示将进一步加强两国友好合作关系，并就投资矿产开采、种植橡胶树以及在柬埔寨东北部建设水电站等问题进行了磋商。

2009年12月，越南共产党中央委员会总书记农德孟访柬。同月，洪森首相访问越南，与越南总理阮晋勇共同主持越南对柬埔寨的投资促进会议。两国各职能部门领导人在会议上签署了合作勘探和开采柬埔寨蒙多基里省铝土矿的工作纪要；越南投资与开发银行向越南和柬埔寨若干企业提供信用贷款的协议；越南宣布成立驻柬投资协会；向越南对柬埔寨在粮食加工、肥料生产、橡胶树种植等方面的投资项目颁发外国投资许可证。两国间达成的合作协议总额约为60亿美元。

2011年9月，越南国会主席阮生雄访问柬埔寨，并与柬埔寨参议院议长谢辛共同主持了由越南工商会与柬埔寨有关方面联合举办的柬越企业论坛，约400家企业代表出席了该论坛。阮生雄建议，在柬投资的越南企业应与柬埔寨企业建立紧密的合作机制，力争成为越柬合作关系中的主力。

2012年是柬越建交45周年，双方将该年定为"2012柬越友好年"，并举行了一系列活动。两国高层领导人进行互访，共同规划两国未来的合作方向。洪森首相于当年6月访问越南，和越南总理阮晋勇在坚江省河仙市共同主持第三届越柬投资会议，并签署《2011年越柬投资促进和保护协定补充议定书》。9月24日，柬埔寨国王诺罗敦·西哈莫尼应越南国家主席张晋创的邀请抵达河内，进行为期3天的国事访问。双方对两国近年来全面合作关系的良好发展表示满意，表示今后将深化这一关系，造福两国人民，为世界和地区的和平、稳定、合作与发展做出积极贡献。2012年，柬越双边贸易额达33.1亿美元，同比增长17%。截至当年6月，越南对柬埔寨投资总额近24亿美元，仅次于中国，居第二位。柬埔寨王家军司令和国防大臣也分别于这一年对越南进行军事访问并商谈未来双边合作的重点领域，拟加强双方在人力资源培训、搜救、边境管理、边界各省军事机关的合作、海上联合巡逻等方面的合作。

2013年12月底，洪森在人民党大选获胜，他再次连任首相后把越南作为首个外访国，充分显示其对柬越关系的高度重视。访越期间，双方签署了9个合作文件。当年柬越双边贸易总额达到35亿美元；截至该年年底，越南累计对柬投资126个项目，注册资金超过30亿美元。

2014年1月，越南总理阮晋勇访问柬埔寨，双方表示愿继续深化两国在各个领域的合作。同年9月25日，柬埔寨国防部国务秘书与到访的越南人民军总政治局主任吴春历上将举行会谈，双方一致同意进一步加强和巩固两国军队和人民间的团结友好全面合作关系；继续开展两国高层领导已签署的国防领域协议框架内的合作活动；继续合作开展在柬埔寨各场战争中牺牲的越南专家和志愿军烈士遗骸搜寻工作。

2015年，柬越合作领域进一步扩大。1月16日，柬埔寨副首相兼内政部大臣韶肯和越南共产党中央政治局委员、公安部部长陈大光在金边举行会谈，双方签署《2015年柬埔寨内政部和越南公安部合作计划》，以深化双方在公共安全领域的合作关系。合作计划包括加强公共安全领域合作，把两国边境地区建设成为和平、友好、稳定与繁荣的地区；加强打击跨境犯罪合作，确保两国社会稳定和安宁；增进两国公共安全部门官员互访、越南为柬公共安全领域的人才培训提供技术支持，等等。3月初，由越南援建的柬埔寨坦克、装甲车修理厂在柬埔寨马德望省落成并投入运营。该修理厂投入运营后，将有助于柬埔寨逐步克服军事武器和设备维护、修理工作中的困难，提升柬埔寨王家军队的训练和战备能力。同月23日，由越南援建的工兵学校办公楼在磅湛省落成，该学校是柬埔寨首个能够为柬埔寨王家军工兵司令部培训正规军的军官和技术兵的学校。由此可见，越南对柬埔寨的军事与安全合作与援助的规模也在不断扩大。

2016年，柬埔寨与越南在经济和贸易领域开展的合作取得新进展。当年10月26日，柬越在河内签署《双边贸易强化安排协议》，规定两国在2016年和2017年互免多种商品的进口税。其中，柬埔寨对越南的29种商品予以免税待遇，主要为乳制品、烘焙食品、厨房用具、水管、钢铁和钢条等；越南则对柬埔寨的39种商品免税，其中包括每年从柬进口的30万吨大米和3 000吨烟叶以及家禽、烘焙食品、酸柑、纸箱和包装袋等进口商品。

2017年是柬越建交50周年。当年7月20日—22日，越南共产党中央委员会总书记阮富仲应柬埔寨国王西哈莫尼的邀请，对柬埔寨进行为期3天的国事访问。阮富仲访柬期间，同柬埔寨国王西哈莫尼举行了会晤，会见了柬埔寨首相洪森，并与参议院主席赛冲和国会主席韩桑林举行了会谈。他还与柬参议院主席赛冲共同主持了在西哈努克省举行的柬越友谊纪念碑落成仪式。随着两国间关系的日益密切，柬越两国的各类贸易量也稳步上升。2017年，柬越双边贸易额达到38亿美元，同比增长28%。其中，柬埔寨对越南农产品的进口量明显增加。柬越边境口岸是柬埔寨与三个邻国所开设的边境口岸中数量最多的口岸，为越南农产品通过陆路口岸进入柬埔寨提供了很大便利。

2018年，柬越关系继续深化和发展。当年柬越之间的双边贸易额达46.8亿美元，同比增长23.2%，为双方确定的2020年实现双向贸易额50亿美元的目标打下良好的基础。在投资方面，截至2018年年底，越对柬投资项目约为210个，投资总额约30.3亿美元，投资对象大多为农林业领域的项目；而柬对越投资活动也呈现出积极发展的势头，柬对越投资项目共19个，协议金额为6 342万美元。双方之间的人员交流规模也不断扩大。2018年，柬埔寨接待的越南游客量约为80万人次，仅次于中国游客人数；柬埔寨赴越南的游客量也上升至约20.3万人次，成为越南较大的国际游客来源地。每天越南航空公司执行河内或胡志明市至金边或暹粒的航班就有6～10个班次，为促进越南与柬埔寨旅游对接提供了坚实保障。2018年12月6日，应越南政府总理阮春福邀请，柬埔寨首相洪森开始对越南进行为期3天的正式友好访问。其此行旨在增进柬越两国友谊，进一步推动两国各个领域合作关系迈向新的台阶。据报道，洪森此次出访越南，取得可喜成果。柬越双方达成共识，加紧在2019年内完成设立界碑的工作，把两国边境地区建设成为和平与发展的地区。两国政府还决心加强边境贸易，以推动双边贸易额在短期内达到50亿美元的目标。

2019年2月25日，应柬埔寨国王西哈莫尼的邀请，越南共产党中央总书记、国家主席阮富仲开始对柬埔寨进行国事访问。这是阮富仲自担任国家主席以来首次对柬埔寨进行国事访问，体现越南重视巩固、加强与柬埔寨的友好合作关系。访柬期间，阮富仲和西哈莫尼在金边王宫举行会谈。两国首脑强调，将继续增进两国、两个民族的互信，共同促进长期稳定的全面合作，以推动双边关系深入有效发展、实现互利共赢，为国际和地区的和平、稳定、合作与发展做出贡献。双方表示，希望此访有助于制定到2030年和其后若干年两国全面合作项目。访问期间，双方还重申两国国防安全合作的重要性，同时承诺遵循东盟各国关系基本原则，通过和平方式解决两国之间的所有分歧。

随着柬埔寨和越南关系的加强，两国之间长期存在的一些问题的解决也取得进展。例如，柬埔寨和越南之间一直存在着边境领土争端。1985年柬金边政府曾经与越南签署了关于国家边界划分的条约。但自1993年在柬埔寨王国联合政府建立后，柬国内一些党派和政治势力对该条约关于两国边界线的划分持有异议，以致各派政治势力之间，以及柬越关系方面时常出现摩擦，成为影响柬越关系的重大障碍。对此，洪森首相主张用和平方式解决边界问题，并反对清算历史旧账。2000年3月、8月和11月，柬越两国就边界问题举行了三轮谈判，并于当年11月4日在河内签署柬越边界协议备忘录，在边界问题的解决上取得重大突破。2003年3月3日，柬越两国签署协议，决定无限期延期落实1982年签署的柬越边境条约，以维持两国边界现状。2005年10月10日，柬埔寨首相洪森与越南总理潘文凯在河内签署关于两国边界条约的补充协定，规定柬越双方将根据1963—1969年地图确定两国边界，并于2008年年底前对总长1270千米的柬越陆地边界完成勘定和树立界碑的工作。2009年9月27日，柬越双方在柬越边境的巴维-木牌地区举行首块界碑的立碑仪式，柬埔寨首相洪森和越南总理阮晋勇出席。然而，由于复杂的国内外因素，两国间的划界立碑工作始终无法顺利完成。2015年6月28日，出身于柬埔寨最大反对党救国党的国会议员瑞凯林带领约300名民众来到与越南相邻的柴桢省磅罗县，声称要对柬越边境的情况进行视察，受到越南边民和武装军警阻拦，双方发生严重的肢体冲突，致使多人受伤。在这样的情况下，柬越双方在政府层面都试图淡化矛盾，决定成立联合工作组进行调查，力图以和平方式解决纠纷。此后，柬越陆地边境联合委员会多次举行专门会议，以协商解决剩余的边界问题。到2016年10月，柬越边界的勘界立碑工作已经完成了83%。为了避免柬民众丧失土地和住房，柬政府提出将其他领土与越南进行交换，以让柬民众能够在原地继续生活，交换领土的省包括柴桢省、腊塔纳基里省、蒙多基里省等与越南接壤的省份。柬越关系的改善，不仅维护了两国边境地区的安宁，也为两国间开展各领域合作创造了有利的氛围。2018年12月，柬埔寨首相洪森访问越南，与越方达成抓紧在2019年内完成设立界碑工作的共识，把两国的边境地区建设成为和平与发展的地区。

❧ 二、与老挝的关系

柬埔寨和老挝是有着538千米共同边界线的邻国，两国之间的关系有着悠久的历史渊源。在古代的扶南和真腊时期，柬埔寨和老挝曾经同属一个国家，14世纪中叶，老挝历史上一度称雄于中南半岛的澜沧王国，就是在柬埔寨吴哥国王的帮助下建立起来的。进入近代后，两国均沦为法国殖民地，成为法属印度支那联邦的成员。1954年日内瓦协议的签署，使两国的独立同时获得了国际社会的认可。这些共同的经历对两国独立后关系的发展产生了重要的影响。

柬埔寨王国与老挝王国于1957年8月14日建立正式的外交关系。在20世纪50年代，西哈努克的和平中立外交思想曾经对老挝首相梭发那·富马亲王产生了较大影响。富马被亲美的右翼势力推翻后，一度流亡柬埔寨，富马要求老挝中立化的斗争继续得到了西哈努克的大力支持。从20世纪60年代中期开始，老挝与美国的关系持续发展；而随着柬美关系渐趋紧张，柬老关系也逐渐冷淡。1970年朗诺集团发动政变后，老挝政府宣布承认朗诺政权，并与其建立外交关系。

1975年柬埔寨和老挝革命成功后，两国关系进入了一个新的发展阶段。1975年10月，民主柬埔寨副总理英萨利率政府代表团赴万象参加老挝独立30周年纪念活动，受到老挝苏发努冯主席和凯山·丰威汉副主席的接见。同年12月2日，老挝人民革命党改国名为老挝人民民主共和国，建立起新的国家体制和政治制度。老挝外交部部长奔·西巴色遂于当月访问民主柬埔寨，双方发表了联合公报。1976年1月，西巴色再次访问民主柬埔寨，双方宣布正式建立外交关系，并着手发展双方的合作关系。

1977年2月，民主柬埔寨和老挝政府签署《柬老航空协定》，并于当年8月正式开通金边与万象之间的航线。但是，1977年7月老挝与越南签订《友好合作条约》后，与越南关系不断恶化的民主柬埔寨政府与老挝关系发生了微妙的变化。1977年12月，老挝国家主席苏发努冯访问民主柬埔寨，民主柬埔寨表示绝不允许外国军队利用柬领土反对老挝，希望老挝政府也能够采取同样立场。但苏发努冯对此未做表态，引起民主柬埔寨方面的强烈不满。

1978年年底，越南大举出兵入侵柬埔寨后，民主柬埔寨和已与越南建立"特殊关系"的老挝之间的关系也随之恶化。

1979年1月9日，由越南扶植建立的"柬埔寨人民共和国"（即"金边政权"）宣布成立，老挝政府当天即宣布承认"金边政权"，并立即派出新任大使。此后，老挝一直与"金边政权"保持着极其密切的政治、经济关系。老挝、越南和"金边政权"每年都要举行两次外交部部长会议，就国际局势、地区问题及三国间的相互关系问题进行磋商，以此作为三国采取协调一致行动的重要机制。在国际场合，老挝也和越南站在一起，反对联合国有关柬埔寨问题的历次决议。1979年3月，老挝主席苏发努冯访问金边，双方签订了为期5年的《经济、文化、科学和技术协定》。同年8月，"金边政权"主席韩桑林回访老挝。

1981年5月，凯山·丰威汉率领老挝人民革命党代表团出席了柬埔寨人民革命党第四次党代会。同年12月8日，凯山·丰威汉致电韩桑林，祝贺他当选为柬埔寨人民革命党总书记。

1983年2月，韩桑林政权参加了在万象举行的中南半岛三国最高级会议和中南半岛外交部部长会议，会后发表了关于越南在柬埔寨驻志愿军的声明，旨在使越南在柬驻军合法化。

1984年1月，老挝苏发努冯主席再次率老挝党政代表团访柬，出席"金边政权"建立5周年庆祝活动。

1988年10月，当时的"金边政权"总理洪森访问老挝，与凯山·丰威汉就两国的政治、经济、外交和国防合作等问题举行了会谈。

1990年12月，柬埔寨人民革命党总书记韩桑林应邀赴万象参加老挝建国15周年国庆典礼，并授予老挝国防部部长坎代·西敦潘等9位老挝党、政、军高级官员柬埔寨最高荣誉勋章。

1991年3月，韩桑林和洪森率团赴万象参加老挝人民革命党的第五次党代会，会见了凯山等老挝主要党政领导。但随着柬埔寨和平进程的逐步推进，"金边政权"与老挝政府间的关系也出现了变化，双方的往来明显减少。老挝政府支持全面政治解决柬埔寨问题的《巴黎协定》的签署，支持联合国在柬埔寨的维和行动。

1993年柬埔寨第一届王国政府成立后调整了对老挝的政策，两国逐渐建立起了正常的国家关系。

1994年，柬埔寨国会主席兼柬埔寨人民党主席谢辛访问老挝。

1995年，西哈努克国王访老，与老党主席坎代和总理西沙瓦进行了会谈。同年，柬老两国外交部部长举行会晤，双方一致同意加强边境旅游、教育及文化等领域的合作。

1998年柬埔寨第二届联合政府成立，特别是柬埔寨于1999年成为东盟成员国后，柬老两国关系有了进一步的发展。

1999年10月，柬埔寨首相洪森访问老挝，双方签署了引渡条约、陆路运输协定和电力合作协议。同年12月，两国合作联合委员会第四次会议在金边举行，两国同意在经济社会等各个领域开展全面合作。由于柬埔寨和老挝对1904年由法国殖民当局单方面划定的两国边界都有异议，柬老合作联合委员会决定启动边界谈判。

2000年4月，老挝总理西沙瓦·乔本潘访问柬埔寨，两国签署了教育合作协议、文化合作协议和新闻合作协议。同年，柬老两国正式签署边界协议，并决定在2004年之前完成勘界和树立界碑任务。

2001年1月，在老挝万象举行的两国合作联合委员会第五次会议上，双方又签署了政治和安全合作协议、经济技术合作协议、社会文化合作协议、环境合作协议和两国首都合作协议。同年8月，老挝新总理本扬·沃拉吉对柬埔寨进行了为期3天的正式访问，双方发表了联合公报，强调互相尊重主权和领土完整，互不干涉内政；以和平方式解决两国争端；两国将保持政府、国会、参议院和军方之间的高层接触；两国将扩大文化、教育领域的交流；两国将在扩大大湄公河次区域合作和发展东盟地区经济方面进行密切磋商；两国一致同意在打击毒品及跨国犯罪方面加强合作。双方还就陆路交通和旅游方面的合作问题进行了商讨，老方称已修好连接柬埔寨桔井省和上丁省的公路，希望能整合柬、老、缅三国的旅游资源。此外，沃拉吉总理还向柬埔寨领导人表示，支持柬埔寨于2002年11月主办第八届东盟首脑会议，并承诺将给予必要的帮助。

2002年5月，柬埔寨人民党主席、参议院主席谢辛再次访问老挝。同年6月和9月，老挝国会主席沙曼·维亚吉和老挝副总理兼国家计委主任通伦·西苏里先后访柬。同年11月，柬埔寨国会主席拉纳烈访问老挝。

2003年12月，柬埔寨和老挝边境委员会开始勘察柬埔寨腊塔纳基里省和老挝阿速坡省之间的边界，以完成柬、老125号界碑至柬、越、老交界处全长55千米的全部边界勘测和界碑设立工作。柬老两国还将对悬而未决的边界点重新进行勘测，以便获取更为详细、准确的相关数据，以实现最终顺利解决两国边界问题的目标。

2004年5月，洪森首相访问老挝，双方就结束两国剩余边境的划界等问题进行了商讨，签署了对持有护照的国民互免签证以及增加边境口岸的协议和教育合作协议。

2006年11月，老挝国会主席通辛·坦马冯访问柬埔寨。他在会见柬埔寨领导人时表示，老柬两国国会应在解决两国边界问题上发挥促进作用，并表示老方要向柬方吸取促进国家经济增长的成功经验。

2007年12月，柬埔寨公共工程与运输大臣和老挝公共工程与运输部部长在暹粒市共同签署《柬老两国陆路运输协议》，旨在使柬老两国间的货物运输能够实现畅通无阻。老挝没有海港，因此希望在签署该协议后能够使来自第三国的货物通过西哈努克港快速运至其境内。

2009年11月，老挝总理波松率领老挝政府代表团对柬埔寨进行正式访问，双方表示将继续为对方国家的留学生提供助学金，以促进两国在教育和人才培养领域的交流与合作。双方还签署了柬老两国边界协议。

2011年3月，老挝总理通辛·坦马冯访问柬埔寨，双方讨论了两国边境勘界等问题，并希望进一步加强各领域传统友好合作。通辛·坦马冯表示，老挝愿为缓解柬泰边境紧张局势做出努力。当时，两国已完成约88%的边界勘测和界碑设立工作。

2012年9月，柬埔寨国会主席韩桑林访问老挝。2013年2月，老挝总理通辛·坦马冯赴柬埔寨出席西哈努克国王葬礼。当年9月柬埔寨组成新一届政府后，柬埔寨首相洪森于2014年2月6日起对老挝进行为期两天的正式访问。这是洪森连任首相后对老挝进行的首次正式访问，目的是进一步加强与老挝在所有领域的友好关系和经济合作。访问老挝期间，洪森分别拜会老挝国家主席朱马利和国会主席巴妮·亚托杜，并与老挝总理通辛·坦马冯举行会谈。两国领导人共同见证了两国间就教育、卫生、安全、文化、司法合作以及金边与万象结为姐妹城市等7项文件和协议的签署，有力地推动了双边关系的发展。

2017年1月10日，柬埔寨上丁省德拉本克烈和老挝巴塞省农诺肯地区之间新建设的国际口岸检查站正式开放，洪森首相和通伦总理共同出席主持仪式。双方认为，新国际口岸检查站的启动，将进一步推动和巩固两国关系。同时，该口岸不仅连接柬老两国，也是与其他湄公河流域国家的接口，为商品流通和游客运输提供便利，将带动沿两国边界地区经济的发展。

虽然柬埔寨和老挝为公平合理解决两国之间由于历史原因遗留的边界问题做出了巨大的努力，但在问题得到最终解决之前，仍然会给两国关系造成一定的影响。2017年8月11日，柬埔寨首相洪森指责老挝在2017年4月派遣30名军人进驻柬埔寨北部上丁省，并发出最后通牒，要求老挝在8月17日前必须撤军，否则柬方将采取军事行动。当晚，柬埔寨地面部队和火箭发射车连夜赶赴柬老边境地区部署。但是，两国领导人最终仍然以大局为重，力争和平解决这场争端。8月12日，柬首相洪森即前往万象与老挝总理通伦就边界纠纷开展紧急谈判，并达成双方立即撤回各自所有士兵的共识，避免了一场由于历史遗留的边界问题而可能导致的军事冲突。

2018年12月5日，柬埔寨首相洪森应邀访问万象，与老挝总理通伦举行会谈，双方同意共同努力加深双边关系、解决边界争议。双方同意继续共同努力，落实有关边界争议解决方式的协议，重申将遵循之前的三点共识，即双方不向争议地区派兵；双方民众不在争议地区居住或谋生；双方将在争议地区联合巡逻。两国将指派有关各部门共同实现上述共识。会谈后，两国还签署了一系列有关双方在政治、教育、文化和电力贸易等领域开展合作的文件。在柬老关系保持稳定的基础上，两国的经济联系也得到加强，双边贸易交易额从2017年的1 000万美元猛增至2018年的2 400万美元。

❧ 三、与泰国的关系

泰国是柬埔寨的西部邻国，两国领土接壤，边界线长约800千米。从柬埔寨吴哥王朝开始，柬泰两国之间就一直存在控制与反控制的斗争，泰国相对而言占据上风。柬埔寨1953年独立后，泰国立即与其建立了外交关系，但两国关系一直不太稳定。

由于历史原因，柬泰两国一直为位于两国边境地区的柏威夏古寺的主权归属问题争执不下。1958年8月，柬泰就柏威夏古寺问题的谈判破裂，两国关系趋于紧张。同年11月24日，柬埔寨宣布暂时中止与泰国的外交关系。在联合国的协调下，两国于1959年2月6日复交，但由于双方间的争端未获解决，影响两国关系隐患并未消除。

1959 年 10 月 6 日，柬埔寨将柏威夏古寺争端提交海牙国际法庭裁决。但此后不久，柬泰矛盾再度激化。由于泰国支持山玉成领导的"自由高棉"发动反对西哈努克政府的活动，柬埔寨于 1961 年 10 月 23 日再次宣布与泰国断交，两国关系跌至谷底。1962 年 6 月 15 日，海牙国际法庭判定柬埔寨对柏威夏古寺拥有主权，泰国拒不接受，甚至于 1966 年 4 月 3 日派兵攻打驻守在柏威夏古寺的柬埔寨军队。后来印度和法国在柬泰之间进行过斡旋，两国一度进行了复交谈判，但没有取得进展。1970 年 3 月朗诺集团发动政变，成功推翻西哈努克后，泰国即于 5 月 28 日宣布与柬埔寨复交，6 月两国就互派大使。7 月朗诺访问泰国，泰方表示愿意提供一切可能的军事援助。同年 10 月底，柬泰两国签署了关于恢复金边至曼谷的铁路交通运输协定。1972 年 1 月，两国又签署了"边界安全协定"，允许双方军队越界围剿人民武装力量。

1975 年 4 月 17 日柬埔寨共产党武装力量解放金边后，泰国政府于次日宣布承认民主柬埔寨政府。同年 10 月，民主柬埔寨政府副总理英萨利访问泰国，双方发表联合公报，宣布恢复外交关系，并决定在两国互派大使前，先设立边境联络处，暂时负责处理双边关系事宜。同年 11 月，泰国外交部部长回访柬埔寨，双方就相互尊重主权和现有边界、开展平等贸易以及成立柬泰政治经济联络委员会等问题达成一致。

1976 年 6 月，泰国克立政府外交部部长披猜访柬，双方就建立大使馆和解决边境纠纷等问题交换了意见。但此后两国关系又随着泰国政局的变化而动荡不已。同年 10 月泰国他宁政府上台后，柬泰关系再度恶化，边境冲突不断，直到 1977 年 10 月江萨上台后才有所缓和。

1978 年 1 月，柬泰双方同意互派大使。同年 5 月，英萨利再度访问泰国，两国同意在 1975 年联合公报的基础上发展双边关系，加强两国之间的贸易与农业技术合作，并决定恢复边境联络处，以防止再次发生边境冲突。

1979 年年初，越南军队占领柬埔寨后，韩桑林建立"金边政权"，直接威胁到泰国的安全。因此，泰国对柬埔寨问题高度关注，坚决反对越南对柬埔寨的入侵和占领，拒绝与"金边政权"来往，并继续承认民主柬埔寨政府的合法地位。泰国政府多次重申柬埔寨问题是影响本地区和平、安全与稳定的问题，外国军队必须完全、彻底地撤离柬埔寨，柬埔寨内部事务应由柬埔寨人民自己解决。因此，泰国积极促成柬埔寨抗越三方的合作，向抗越武装力量提供了大量的物质援助，泰国一度成为抗越武装力量的大后方和获取外来军事援助的通道。同时，泰国政府还本着人道主义精神，收容和安置了20多万柬埔寨难民，并协助联合国难民署将部分难民转往第三国。在国际舞台上，泰国与其他东盟国家以及中国、美国一起，推动联合国安理会逐年通过谴责越南侵略柬埔寨、要求越南撤军的决议，要求保留民主柬埔寨在联合国的合法席位，并多次承办关于柬埔寨问题的国际会议以及柬埔寨国内有关各方的会晤。

到20世纪80年代末，随着柬埔寨和平进程的加快，泰国政府对柬的政策出现了一些微妙变化。1988年7月，泰国差猜政府提出了将中南半岛由战场变为商场的口号，开始与"金边政权"接触。泰政府邀请洪森访问泰国，同时鼓励泰国商人与"金边政权"发展非官方贸易。为此，"金边政权"专门设立了经济特区，制定了一系列鼓励泰国商人来特区投资的优惠政策，柬泰非官方经贸关系随之获得快速发展。

1991年3月，泰国军人临时政府成立后，对柬政策又进行了调整，主张通过政治途径公平、合理地解决柬埔寨问题。泰国军人临时政府更加强调要平等对待柬埔寨的四方，并在其间居中调解。1991年6月和12月，泰国两次作为东道主，在帕塔雅主持召开关于政治解决柬埔寨问题的柬埔寨全国最高委员会会议。柬埔寨全国最高委员会返回金边后，泰国随即在金边设立了办事处，继续保持与有关各方的联系。泰国为推进柬埔寨的和平进程所做出的贡献，客观上加快了解决柬埔寨问题的和平进程。

1991年10月，关于柬埔寨问题的《巴黎协定》签订后，泰国积极支持联合国在柬埔寨的维和行动和柬埔寨的重建工作，协助遣返滞留柬泰边境的柬埔寨难民。

1993年柬埔寨联合政府成立后，泰国一方面立即与柬新政府建立了正式的外交关系，另一方面仍与红色高棉继续保持着联系。

1994年民主柬埔寨被宣布为非法组织后，泰国仍然对其加以庇护。泰国政府的这种两面政策引起了柬埔寨政府的严重不满。

1997年7月，柬埔寨人民党与奉辛比克党发生武装冲突，奉党将领涅本才在与人民党武力交锋失败后逃到柬泰边境，在泰国政府的支持下组织武装抵抗，导致柬泰关系一度呈紧张状态。直到1998年柬埔寨王国第二届政府成立后，柬泰两国领导人开始以务实的态度致力于改善和发展两国关系，柬泰关系逐渐趋于平缓。

进入21世纪以来，柬泰双边往来与合作得到进一步加强。但在政治、外交领域，柬泰关系总体上呈现出复杂多变的态势。2000年6月，泰国总理川·立派对柬埔寨进行正式友好访问，双方签署了《联合打击非法跨境贩运走私协议》《归还被盗机动车辆协议》《关于陆地边界调查与勘定的谅解备忘录》，解决了长期困扰两国关系的难题。泰国政府还表示将进一步发展两国的贸易，也支持柬埔寨早日加入世界贸易组织。同月，柬埔寨和泰国还就合作开发泰国湾争议海域的油气资源达成了共识。同年7月，泰国旅游局局长访柬，双方决定以"两个王国，一个目的地"为旗号，加强两国在交通、旅游宣传等方面的合作。

2001年6月，泰国总理他信对柬埔寨进行正式访问，就加强、深化两国在多领域的合作达成了一系列共识。双方签署了《经济合作框架协议》《领海大陆架重叠区域谅解备忘录》《电信合作协定》等文件，并发表新闻公报。当年10月，泰国总理他信又对柬埔寨进行工作访问，并接受了西哈努克国王授予的"最高友好合作勋章"。同年11月，柬首相洪森对泰国进行正式访问，双方签署了《外交护照互免签证协议》，并表示争取在2003年年底前解决两国边界问题。访泰期间，洪森还接受了泰国国王普密蓬授予的"最高白象大绶带骑士勋章"和泰国兰甘亨大学授予的名誉博士学位。但同年年底，两国在柬埔寨北部边境的柏威夏古寺附近发生对峙，虽未酿成流血冲突，但也表明两国之间的深层次矛盾依然存在。

2002年3月，柬泰边境委员会在泰国帕塔雅举行第三次会议，柬边境委员会的两主席柬埔寨国防部联合大臣迪班和西索瓦·西里拉、王家军总司令兼边委会副主席盖金延和泰国边委会主席差瓦立及泰国军队最高总司令蒙空等出席会议。双方一致表示愿意在边境地区扫雷和打击贩毒、假钞和非法伐木等边境犯罪方面加强合作。同年8月15日，柬埔寨开通了位于柬北部与泰国接壤的奥多棉吉省的奥斯马口岸，以扩大两国间的边贸往来。同年12月，柬外交大臣贺南洪访问泰国，出席柬泰双边合作委员会第四次会议，柬埔寨向泰方提出了解决两国边界问题的新建议。泰方同意向柬提供软贷款，帮助维修柬48号公路。

2003年5月31日，柬泰两国政府首次联合内阁会议在柬埔寨的暹粒举行，两国政府首脑洪森和他信与会，就进一步加强两国在各个领域的友好合作、共同打击恐怖活动和跨国犯罪、加强两国边境贸易和边境安全等共同关心的问题交换了意见。同时，两国负责经济、安全、文教与旅游、社会发展与卫生、科技与环保部门的部长分成5个小组举行对口会议，就进一步加强两国在相关领域的交流与合作进行了深入讨论。双方在会上签署了4个合作文件。2003年，柬泰两国制定了2003—2008年的短期、中期和长期合作计划，旨在扩大双方的经济贸易关系。根据该计划，两国拟挑选一些城市结为友好城市，增开3个边境口岸，并在柬埔寨的戈公省、拜林省和班迭棉吉省的波贝市合作建立加工区，加工柬埔寨产品以供出口泰国。

2004年5月，柬埔寨旅游部与泰国旅游机构在金边共同举办"柬埔寨沿海地区旅游开发规划研讨会"，会议主要讨论了关于在柬埔寨沿海地区特别是在西哈努克旅游区和戈公省开发生态旅游区的计划。

2007年12月17日，柬埔寨和泰国签署协议，对到两国旅游的外国游客发放相同签证，实行"一证游两国"，促进两国旅游合作。

2009年，柬泰高层互访频繁。泰国总理阿披实和国会主席猜·奇触于当年6月和7月分别访问柬埔寨，柬埔寨国会主席韩桑林则于8月访问了泰国。

2010年9月，柬埔寨首相洪森与泰国总理阿披实在出席在美国举行的东盟–美国领导人峰会和在比利时举行的亚欧首脑会议期间举行会见。根据泰国商业部的统计数据显示，2010年柬泰双边贸易额达到25.5亿美元，比上年增长54%，其中泰国对柬埔寨出口额高达23.4亿美元。泰国依然是柬埔寨第一大贸易伙伴。

2011年8月，泰国总理英拉上台后，柬泰两国关系持续改善。9月，泰国总理英拉对柬埔寨进行访问，两国间的政治、经济及其他交流合作关系越来越紧密；双方各部门、各领域往来也非常频繁。

2012年4月，泰国总理英拉赴柬埔寨出席东盟峰会。当年12月，第八次柬泰合作联合委员会会议商定，双方继续落实好边境地区的合作与管控、在边境地区联合排雷等事项。当年，双方还解决了非法滞泰柬籍劳工问题，从 12 月中旬起全部清查遣散共 16.56 万柬埔寨劳工。为了推动旅游和贸易的发展，从 2012 年 12 月 27 日起，柬埔寨和泰国开始实施东盟五国合作机制框架下的"单一签证"制度，作为"伊洛瓦底江、湄南河及湄公河经济合作战略"框架项目的先期部分。柬泰两国的贸易额大幅度提升，2012 年双边贸易额达到 38 亿美元，同比增长了 40%，占柬埔寨对外贸易总额的 28%。

但是，柬埔寨与泰国之间的历史遗留问题，尤其是关于柏威夏古寺的争端十分复杂，由此而产生的纠纷甚至冲突时常对两国关系产生严重的冲击。2008 年，由于柬埔寨向联合国教科文组织申请将柏威夏古寺列为世界文化遗产，引起两国之间的争议。2012 年 7 月 18 日，泰国和柬埔寨同时从柏威夏古寺争议地区撤出部分军队，并派驻警察部队以维持当地秩序。除此之外，柬泰还一致同意新辟两个新口岸，其中包括柏威夏古寺口岸，扩大两国贸易往来。2013 年 11 月 11 日，海牙国际法庭就 1962 年的裁决做出厘清，宣判柏威夏古寺周围土地的主权归属柬埔寨，柬泰两国都表示接受国际法院的裁决，使柏威夏古寺地区的局势趋于稳定。

随着柏威夏古寺争端的缓和以及双边政治外交关系回暖，泰国计划扩大对柬投资，加强两国贸易合作，从 2013 年开始计划将两国贸易及投资额每年增加 30%，或在 3 年内增加两倍的目标，共建东盟经济共同体。柬埔寨将暹粒省、马德望省和首都金边市等三个省市定为泰国对柬埔寨贸易投资重点地区。2013 年，柬泰双边贸易额达到 45 亿美元。为了促进边境经济合作，双方还签署了关于正式启动斯登波关口基建项目的协议。

2014 年，柬泰双边贸易额达到了 50 亿美元。

2015 年是柬泰两国建交 65 周年，双方举行了一系列交流活动。当年 12 月，柬埔寨首相洪森访问泰国，这是他近 12 年来首次到泰国进行访问，此行除了彰显泰柬两国建交 65 周年的情谊，洪森也希望借"东盟经济共同体"即将成立之际，向泰国投资客招商，推动柬埔寨的经济成长。洪森首相于 12 月 18 日和泰国总理巴育举行会谈，就推动两国边境地区发展、农业合作、贸易投资促进活动、在地区与国际论坛上加强协作配合等问题进行讨论，并决定继续共同拓展两国在农业、能源，特别是两国旅游业的合作。12 月 19 日，洪森首相和巴育总理还共同主持泰柬联合内阁会议，重点讨论加强政治、经济、文化、社会等两国共同关心的核心领域的措施，发表了联合内阁会议的联合声明；两国相关部门签署了发展泰国萨科省与柬埔寨班迭棉吉省边境管制机构备忘录、建设友谊桥和交通道路的谅解备忘录、劳务合作谅解备忘录以及接收劳动者协议等四项重要文件。

泰国的经济专家们普遍认为，泰柬两国贸易投资关系在东盟共同体于2015年年底建成之后将获得蓬勃发展，后来的事实也证明了这一点。

2016年，两国间的贸易额近56亿美元，2017年则高达61.648 7亿美元，同比增长10%。2018年，柬泰两国双边贸易额达到83.889亿美元，比上年增长了35.5%，其中泰国对柬埔寨出口额约76亿美元，而柬埔寨对泰国出口额约7.68亿美元。柬埔寨出口到泰国的主要产品是农产品，如玉米、木薯、豆类等。柬埔寨从泰国进口的商品主要有机械、电器、燃油、建材、日用品、食品、化妆品等。目前，柬泰两国政府已定下在2020年使双边贸易总额达到150亿美元的目标。

第四节　与国际和地区组织的关系

一、与联合国的关系

1955年12月15日，柬埔寨王国成为联合国的成员国。此后，柬埔寨与联合国保持极为密切的联系。联合国组织的湄公河委员会曾经向柬埔寨提供贷款1 800万美元，用于修建柏特诺水库。

柬埔寨与联合国关系最密切的时期，当属从20世纪70年代末至90年代上半叶，在那一时期，联合国为柬埔寨问题的政治解决及战后重建做出了不懈努力。在此期间，联合国及其安理会先后通过了数十个关于柬埔寨问题的决议，并且在柬埔寨进行了第二次世界大战后最大规模的一次维和行动，为此支付了20多亿美元的经费，为在柬恢复和平、建立独立和中立的新柬埔寨做出了历史性的贡献。

1979年年初，越军攻占金边后，联合国大会随即通过决议，谴责越南的行为违反联合国宪章的宗旨，要求越南立即从柬埔寨撤军，并继续承认和保留民主柬埔寨在联合国的席位。1982年7月，民主柬埔寨联合政府成立后，联合国大会又以绝对多数承认其为柬埔寨的唯一合法政府。为推动政治解决柬埔寨问题，联合国安理会进行了多次磋商，先后通过了数十个关于柬埔寨问题的决议，为政治解决柬问题进行多方斡旋。1990年8月28日，联合国安理会一致确定了《全面政治解决柬埔寨问题的框架文件》，对解决柬埔寨冲突关键问题的原则、方向及实施办法等做出明确规定，从而为解决柬埔寨冲突奠定了基础。1991年10月23日，参加柬埔寨问题巴黎国际会议的18个国家的外交部部长及柬埔寨全国最高委员会的12名成员正式签署了关于全面解决柬埔寨冲突以及恢复和重建柬埔寨的《巴黎和平协定》。该协定被国际社会誉为"战后合作程度最高的文件"。

为了保证历经数十年内战的柬埔寨能够举行自由和公正的选举及制定新宪法，使国家恢复正常秩序以重建和平，联合国安理会于1992年2月28日决定向柬埔寨派出"联合国驻柬过渡时期权力机构"，对该国的外交、国防、财政、治安和信息等各个方面行使"监督"权或"观察控制"权。联柬机构还负责保障人权、促使外国军队撤离、解散与收编柬埔寨国内各派武装、没收武器和军用物资、保持军事安全、维持法律秩序、遣返和安置难民、协助扫雷、修复重要基础设施、协助经济重建等繁重任务。联柬机构由日本人明石康担任主席，澳大利亚中将约翰·桑德森担任军事事务负责人。联柬机构的设立得到许多联合国成员国的支持，派遣军事观察员、警察或部队士兵的国家共有45个，使其成为联合国自第二次世界大战以来最大规模的一次维和行动。在联柬机构的监督下，除了民主柬埔寨方面拒绝合作以外，柬埔寨其他三方裁减了各自70%的军队并收缴了武器。1993年5月23日—25日，在联柬机构的主持和监督下，柬埔寨成功举行了大选。11月15日，驻柬维和部队全部撤离柬埔寨。

柬埔寨王国联合政府建立后，联合国仍对柬埔寨局势的演变和发展给予高度关注。1997年7月，柬王国联合政府第一首相拉纳烈被赶下台后，由于质疑洪森政权的合法性，第五十二届联合国大会（简称"联大"）于当年9月决定暂停柬埔寨的成员国资格，直到1998年12月初柬埔寨新一届联合政府成立后，第五十三届联大才同意恢复其在联合国的合法席位。

　　联合国也是审判民主柬埔寨前领导人的主要推动者之一。洪森一方面表示随时可以同联合国就审红问题进行会谈，同时，坚持审判法庭必须设在柬埔寨。柬政府发言人声称，如果联合国不派法律专家参加对民主柬埔寨前领导人的审判，柬埔寨就将单方面在国际社会寻找法律专家，直至自行组织审判。2000年3月，联合国秘书长安南派遣联合国副秘书长汉斯为特使访问柬埔寨，并与洪森会谈，双方达成了一定的默契。联合国特使认为，应在柬埔寨议会通过一项必须符合双方达成协议的法律后，再由联合国和柬埔寨签署谅解备忘录。2002年年初，由于联合国坚持按照自己的标准和要求审判民主柬埔寨前领导人，而柬政府表示拒绝，联合国随即宣布退出与柬政府的谈判。直到2002年年底，联合国才决定重开谈判，并在具体问题上做出了一定的让步。

　　2003年3月17日，柬政府与联合国秘书处就成立"审红"特别法庭合作审判民主柬埔寨前领导人事宜达成了一致协议。5月13日，联合国大会以协商一致的方式通过了该协议。这份协议同意"审红"特别法庭依据柬埔寨法律体系建立，主要依据柬法律进行起诉，柬法官占多数；联合国原来提出的建立完全由联合国主导的"审红"国际法庭的计划未能实现。这一协议的签订也标志着"审红"进程朝着实质性的启动迈出了重要一步。2004年10月4日，柬埔寨国民议会以107票赞成、0票反对的绝对多数票通过了一项设立由联合国支持的特别法庭的立法，从而为审判前红色高棉政府领导人扫清了最后法律障碍。2006年7月3日，审判前红色高棉领导人的柬埔寨特别法庭正式投入运作，柬埔寨本国和国际法官和检察官宣誓就职。该法庭预定三年内完成全部审判工作，但实际上却持续多年。2018年11月16日，民主柬埔寨前领导人92岁的农谢和87岁的乔森潘被特别法庭判决犯有种族灭绝罪。实际上，他们已经于2014年8月7日被特别法庭判处无期徒刑，此次判决，是为了明确他们所犯罪行的性质。

　　柬埔寨恢复和平以来，联合国在经济、文化、医疗卫生等领域给予其不同形式的多方面援助。2005年3月7日，柬埔寨经济与财政大臣吉春与联合国常驻柬协调人达克拉签署《关于2006—2010年联合国向柬政府提供发展援助的框架协议》，该协议是柬政府与联合国10年合作计划的组成部分。2005年7月25日，柬政府与联合国教科文组织签署关于保护柬埔寨吴哥城巴戎寺和王家芭蕾舞的两项协议。根据这两项协议，柬政府和联合国教科文组织将利用国际援助对巴戎寺进行维修，并对古老的柬埔寨王家芭蕾舞进行保护。

2010年2月，联合国专家开始对柬埔寨知识产权展开实况调查，旨在协助柬埔寨遵守世界贸易组织关于知识产权法律的规定。2010年9月25日，柬埔寨工业矿产与能源部、柬埔寨私营单位与联合国工业发展组织在金边召开研讨会，讨论加强柬埔寨贸易能力湄公河项目落实情况。同年11月，柬埔寨柏威夏机构与联合国教科文组织旗下的文化遗产保护与修复研究中心签署了保护柏威夏古寺的合作协议。

2011年8月，联合国人口活动基金会派驻柬新任代表表示，人口活动基金会将继续同柬埔寨王国政府加强长期合作，推动柬埔寨人口、母婴健康、两性平等方面的事业发展。2011年9月19日，柬埔寨国家防治艾滋病委员会与联合国机构签署一项协议，确定由联合国向柬埔寨提供3 780万美元，帮助柬埔寨实施2011—2015年的防治艾滋病五年计划。

随着国内政局日趋稳定和国家经济状况的不断改善，柬埔寨也积极投身联合国维和行动及人道主义援助行动，以回馈联合国对柬的支持和援助。2005年3月，柬埔寨应联合国要求向苏丹派遣了15名军官，担任停火观察员。2006年4月，柬派出130多名王家军工程部队官兵前往苏丹执行联合国组织的排雷任务，这也是柬首次参与联合国维和行动，显示出柬埔寨有能力和义务参与国际人道主义行动，并积极争取在地区和国际事务中发挥日益重要的作用。截至2008年，柬埔寨已派出三批扫雷部队，共有457名官兵参与联合国在苏丹的维和行动，在苏丹完成的扫雷面积约为5 754万平方米。2009年，柬埔寨派遣了120人的维和部队分赴中非和乍得参加军事运输检查活动。2010年7月，柬埔寨首次举办代号为"吴哥哨兵-2010"的多国维和军野外演习，这是柬王家军参与联合国维和行动的一部分，旨在加强与相关国家军队间的交流与合作，进一步提高其参与联合国各项维和行动的能力。

然而，在民主和人权问题上，柬埔寨与联合国经常存有分歧。2007年5月，联合国秘书长柬埔寨人权问题特别代表亚什·加伊在访柬期间声称对柬埔寨持续出现侵犯人权而有罪不罚的现象表示关注。

2010年3月，联合国驻柬协调员布罗德里克就柬埔寨反腐败法案发表声明，称柬政府自2006年起就未向民间团体等利益相关者公开过一份该法案，要求其允许公众对该法案展开更多讨论，以保障民众利益，并使该法律符合国际标准。柬埔寨外交部对布罗德里克的声明进行了反驳，认为他的做法未得到联合国总部授权，也超出了联合国驻柬机构的职权范围。2010年10月，洪森在会见来访的联合国秘书长潘基文时，要求撤换现任联合国人权事务高级专员办公室驻金边代表比素，因为他此前曾多次在人权问题上批评柬政府。2011年，联合国人权事务特使苏贝迪在日内瓦的年会上发表了柬埔寨人权状况报告，认为柬埔寨的《非政府组织法草案》限制了非政府组织在该国的合法行动，敦促柬埔寨当局重新考量该草案。

2013年柬埔寨大选后出现的动乱，也引起联合国机构的关注。当年12月，反对党在金边举行大规模示威，柬政府表示示威是非法行为，称反对派在"煽动无政府状态"。2014年1月初，示威者和警方在金边发生冲突，联合国柬埔寨人权状况特别报告员苏贝迪遂前往柬埔寨，并与洪森首相会晤，他敦促柬埔寨主要政党"消除不信任并立即返回谈判桌"，并在必要时请出第三方证人或调解者。

2017年11月16日，柬埔寨最高法院解散主要反对党"柬埔寨救国党"后，联合国人权高级专员即于翌日发表声明，对柬埔寨最高法院解散主要反对党的决定深表关切。

在2018年7月柬埔寨大选前夕，联合国秘书长古特雷斯发表声明，呼吁柬落实"包容和多元的政治进程"，指出这一进程"对于维护柬埔寨巩固和平的努力依然至关重要"。古特雷斯在声明中号召柬埔寨各政党采取措施"缓和紧张气氛，减少政治态度极端化现象"，呼吁政府"维护国际人权标准，尤其需要保障民间社会和政治党派能够行使各自的民主权利"。

2018年11月，柬埔寨人权状况特别报告员罗纳·史密斯在结束对柬为期11天的访问后表示，对柬埔寨最近的全国选举和民主空间缩小表达关切，与此同时，她也欢迎柬政府对建立加强公众对法律和政策决定的参与机制所做出努力，欢迎柬内政部废除了2017年10月颁布的一项限制民间社会组织开展活动的指令，并敦促柬政府"确保这一新的指令在各级得到适当执行"。

柬埔寨政府对联合国官员的批评的回应持比较谨慎的态度，努力保持与联合国各机构的合作，以便为本国社会经济的发展获得更多的国际支持。例如，2018年7月10日，联合国开发署经济师里察森马绍尔与柬埔寨商务部部长举行会谈，联合国将与柬政府合作制定策略，将木薯业发展成柬埔寨的黄金作物，并使柬成为全球主要木薯加工业中心及木薯产品供货商。双方将联合制定推动柬埔寨木薯业商业化、支持加工厂商、吸引外资，以及提高产业竞争力的合作计划。

❦ 二、与东盟的关系

东南亚地区的印度尼西亚、菲律宾、新加坡、泰国和马来西亚于1967年8月6日—8日在曼谷举行部长会议，签署《曼谷宣言》，宣告东南亚国家联盟的诞生。

当时，柬埔寨坚持奉行独立、和平、永久中立和不结盟的外交政策，反对外国侵略和干涉；主张在和平共处五项原则的基础上，同所有国家建立和发展友好关系；主张相互尊重国家主权，通过和平谈判解决与邻国的边界问题及国与国之间的争端。由于支持中南半岛人民反美斗争，西哈努克婉拒了东盟的邀请。1970年3月18日，柬右派发动政变废黜了西哈努克，越南战争扩大到柬埔寨和老挝，东南亚地区局势出现重大变化。1970年4月23日，东盟出面提出召开关于柬埔寨问题的区域性会议，并邀请柬埔寨朗诺政变当局的外交部部长参加了当年5月16日—17日在雅加达召开的东盟五国和澳大利亚、新西兰、日本、南朝鲜及南越当局参加的外交部部长级会议。会议提出再度召开关于解决中南半岛地区冲突的国际会议，恢复国际监督委员会在柬埔寨工作的建议。

民主柬埔寨建立后，对内实行极左政策，对外采取闭关锁国政策，它同东盟及其成员国之间的关系基本上没有得到发展。为了应对东南亚地区，特别是中南半岛出现的新形势，东盟各成员国决定进一步加强合作。1976年2月23日—24日，东盟五国首脑在印度尼西亚巴厘岛举行第一次东盟首脑会议，签署东南亚友好合作条约和东南亚国家联盟协调一致宣言。此后，东盟各国加强了政治、经济和军事领域的合作，并采取了切实可行的经济发展战略，推动经济迅速增长，逐步成为一个有一定影响的区域性组织。而这一进程的持续和发展，与柬埔寨局势有着相当密切的联系。

1978年年底，越南入侵并占领柬埔寨，这对东盟各国，特别是对泰国的安全构成重大威胁，东盟开始在柬埔寨问题上展现出其重要的地位和作用。1979年1月12日—13日，东盟各国的外交部部长在曼谷举行特别会议讨论柬埔寨局势，协调对柬埔寨问题的立场。会议决定以东盟的名义发表声明，强烈谴责越南对柬埔寨的侵略，要求其迅速从柬埔寨撤军。东盟拒绝承认"金边政权"。东盟于1979年8月20日向联合国秘书长提出要求将柬埔寨问题列入第三十四届联大会议议程，此后直至1991年第四十六届联大，东盟都对联合国大会通过的要求越南从柬埔寨撤军的所有决议表示支持。同时，东盟为促成柬埔寨爱国抗越武装的联合也做出了重要贡献。在东盟及其他相关国家的积极斡旋下，三方于1982年6月组成民主柬埔寨联合政府。

1990年1月，联合国安理会五个常任理事国就推动柬埔寨问题实现政治解决开始进行磋商。1991年10月，《柬埔寨和平协定》在巴黎签署，标志着延续13年之久的柬埔寨问题终于得到全面、公正、合理的政治解决。1993年柬埔寨王国第一届联合政府成立，柬与东盟的关系进入了一个全新的阶段。

柬埔寨王国新政府成立以后，一直努力寻求以一个独立自主国家的身份加入东盟这一重要的地区合作组织，以摆脱被各种国际或地区力量所左右的状态，并使东盟成员国对其战后重建提供帮助。另一方面，冷战结束以后，东盟也把建立包括东南亚地区所有国家在内的"大东盟"的目标提上了议事日程。1995年7月在文莱召开的第二十八届东盟外交部部长会议上正式接受越南加入东盟后，东盟就老挝、柬埔寨和缅甸三国在2000年前加入东盟达成共识。

1995年12月，在泰国曼谷东盟第五届首脑会议上，柬埔寨被升格为东盟观察员国，并和当时东盟7个成员国以及老挝和缅甸的国家领导人共同签署了东南亚无核区条约。1996年7月，于雅加达举行的东盟第二十九届外交部部长会议批准了老挝和柬埔寨提出的于1997年东盟成立30周年之际加入东盟的要求。但1997年7月5日在金边发生的军事冲突，7月10日在马来西亚吉隆坡举行的东盟外交部部长特别会议决定推迟接纳柬埔寨为东盟新成员。

1998年11月，柬埔寨王国第二届联合政府成立；12月，前民主柬埔寨领导人乔森潘、农谢宣布归顺政府，从而使柬埔寨的民族和解事业取得重大进展，也为柬埔寨加入东盟创造了必要的条件。1999年4月，东盟在越南河内举行特别仪式，正式接纳柬埔寨为东盟组织的第十个成员国。至此，一个包括东南亚地区全部10个国家在内、总面积为450多万平方千米的"大东盟"最终形成。

柬埔寨加入东盟后积极参与东盟政治合作机制的各项工作和经济一体化进程，坚持成员国协商一致和不干涉原则，主张加强合作，缩小新老成员差距，重视发展同东盟国家的友好合作关系。尤其值得一提的是，柬埔寨利用它与朝鲜的传统关系，在2000年7月使朝鲜成为东盟地区论坛的正式成员。

从考虑加入东盟的最初时期，柬埔寨领导人已经把不干涉内政作为基本原则，既不通过东盟干预他国事务，也坚决反对他国通过东盟干涉本国内政；秉承协商一致的"东盟方式"，处理可能遇到的各项事关重大而各成员国之间意见又有所分歧的事务；把加入东盟作为发展柬埔寨的社会经济以及落实其外交方针和政策的重要平台。柬埔寨加入东盟以来的历史，也充分证明柬埔寨政府始终坚持执行了当初的既定方针。

柬埔寨成为东盟成员之后，一直把东盟看作是其重新获得在东南亚地区的地位以及增进其国家利益机会的战略窗口。柬埔寨自加入东盟以来，在政治安全、经济贸易以及社会发展等各方面都获得了许多利益。

首先，柬埔寨加入东盟，使其获得了利用这一区域合作组织为其搭建的政治平台，在地区和国际事务中充分展示其形象和发挥其作用的机会。其中最有说服力的例子当是2002年柬埔寨按照东盟的相关规定，成功举办了当年11月在柬埔寨首都金边举行的第八届东盟首脑会议和东盟组织的其他系列峰会，包括东盟与中日韩（10+3）例行会议、东盟与印度峰会等。2002年的东盟首脑会议不但规模超过历届，而且标志着东盟和整个东亚合作进入了一个重要新阶段。加入东盟也为柬埔寨随后加入更多的国际机构和组织发挥了重要作用。例如，2004年柬埔寨成为世界贸易组织的第一百四十八个正式成员国，从而结束了该国从1994年以来申请加入世贸组织的漫长历程，这也和柬埔寨加入东盟后所获得的支持与从中汲取的经验密切相关。此外，柬埔寨在东盟地区论坛、大湄公河次区域经济合作等次区域合作机制中也充分发挥作用，并积极推动柬老越经济三角区、柬老泰经济三角区和柬老缅越四国经济合作。总之，柬埔寨入东盟后为东南亚和亚太地区的和平稳定、安全互信及社会发展做出了自己的贡献，并得到东盟和国际社会的广泛认可。2018年10月12日，东盟总部宣布由前柬埔寨总理府副国务秘书康富担任东盟副秘书长一职，负责东盟社会文化共同体工作，任期为2018年至2021年。东盟的声明中还指出，选择康富的目的是为了让他在"专注于打造东盟身份、建设关爱和共享社会"的东盟社会文化共同体工作中发挥"领导作用"。

其次，柬埔寨加入东盟，为其获得国家和人民的安全保障创造了良好的条件。例如，即使与其他东盟成员国之间出现矛盾、摩擦甚至冲突，也都能够以东盟成员国的身份，通过东盟这一平台，依据东南亚友好合作条约所规定的各国之间"互不干涉内政；和平解决分歧或争端；反对诉诸武力或以武力相威胁"的原则，通过和平方式来加以解决。这使柬埔寨得以逐步改善和加强了和邻国，特别是与柬埔寨之间存在较多历史遗留问题的越南和泰国的关系。此外，由于加入东盟，东盟组织通过提供专家分享信息，为柬埔寨在流行病的预防、检疫、控制和治疗方面提供了许多卓有成效的帮助，成功地防止或控制了禽流感、猪流感等流行性疾病在柬埔寨的发生和蔓延。此外，东盟还通过该组织所制定的合作框架，帮助柬埔寨有效地开展对于诸如贩卖人口、贩毒和恋童癖等多种跨国犯罪行为的打击和预防，保障了柬埔寨民众的人身安全。

再次，通过加入东盟，柬埔寨提高了经济发展水平。柬埔寨加入东盟以后，获得了由该组织提供的经济社会发展方面的援助，包括物资、资金、技术和管理经验等，而这些都是柬埔寨所迫切需要的。东盟国家长期是柬埔寨最大的贸易伙伴和投资者，在柬入盟后使其经济发展取得明显成就，也使柬埔寨成为东盟新成员中令人刮目相看的国家。柬埔寨积极参与东盟经济一体化进程，以实际行动努力融入东南亚地区和世界经济体系。柬埔寨政府特别注重追赶其他成员国，以缩小与它们之间的发展差距。为此，柬埔寨积极参与东盟的各项合作机制的运作，进一步加速本国境内及其与该区域和世界其他地区主要伙伴之间贸易自由化和货物与服务自由流通的速度。2016年，柬埔寨已经从最不发达国家晋升为中低收入国家。据马来西亚兴业银行研究显示，过去10年，柬埔寨的平均经济增长是7.6%。2017年的同比增长预估是7.0%，高于东盟国家的平均增长速度4.8%。柬埔寨通过积极参与东盟经济一体化进程加速融入东南亚地区和世界经济体系。此外，柬埔寨加入东盟，也促进了人员流动和旅游业的发展。1999年4月柬埔寨入盟后，当年就吸引了36.77万位外国游客，相当于前一年赴柬游客总数的140%。2018年，柬埔寨接待外国游客达到了620万人次。旅游业的发展还带动了餐饮、食品生产、旅游经营、酒店等行业的发展，成为柬埔寨经济增长的重要推动力。

柬埔寨成为东盟成员国，无论是对其自身的发展还是促进东南亚区域一体化的进程，都起到了重要作用。可以说，东南亚地区因柬埔寨最终加入东盟而不再"分裂"；而柬埔寨作为东盟的第十个成员国，与早于其入盟的其他新老成员国一样，享有平等的权利和义务。也正因如此，柬埔寨入盟后一直积极参与东盟从政治到安全、从经济到社会等各领域的合作，在维护东盟团结及其影响力方面做出了显著的贡献。与此同时，这些合作也使柬埔寨在本国的社会经济发展方面获利甚丰。正因如此，柬埔寨自加入东盟以来，一直高度重视其在东盟中所处的地位及其所能够发挥的作用，同时也非常重视维持和促进与其他东盟成员国之间的关系。

❀ 三、与欧盟的关系

由于历史原因，欧盟与柬埔寨之间存在着相当密切的联系。在欧盟建立之前，其前身——欧洲经济共同体就对柬埔寨给予关注。在1991年柬埔寨和平进程加速开展的过程中，欧洲经济共同体国家就积极支持柬埔寨的民族和解与国家重建事业，在柬埔寨的教育、扫雷、农村发展、人力资源培训、民主与人权以及环境保护等方面提供了大量经济援助。

1993年11月1日，欧洲联盟宣告成立，而就在同月，新生的柬埔寨王国组成了第一届联合政府。此后，欧盟与柬埔寨在各个领域内的交往和联系逐渐得到加强。

1997年柬埔寨爆发"七月事件"后，欧盟中断了对柬埔寨除人道主义外的其他援助，直至1998年柬埔寨第二次全国大选才恢复对柬援助。在此次大选中，欧盟向柬埔寨提供了1 075万欧元的援助，为全国选举委员会新闻中心、媒体观察组和由214名观察员组成的欧盟选举观察团提供资金。大选结果公布后，欧盟予以肯定，认为此次大选是自由、公正和有代表性的，并敦促柬埔寨各政党接受大选结果。

1999年4月27日，柬埔寨国会审议通过柬埔寨与欧盟合作框架协议。8月，柬埔寨和欧盟签署纺织与服装自由准入协定。根据该协定，柬埔寨出口到欧盟的成衣制品免交关税。10月，柬埔寨与欧盟签署五年合作框架协议，主要在经贸、毒品管控、提供贸易最惠国待遇等方面进行合作。

欧盟也是审判红色高棉前领导人的积极推动者。2000年4月，欧盟发表声明称，对红色高棉领导人的审判应符合公平、公正原则以及联合国支持的国际标准，欢迎联合国与柬政府就审判问题继续展开对话，并认为审判进程也应获得联合国的支持。

为了促进和巩固双边合作，欧盟成立了柬埔寨委员会，并于2000年5月3日—4日与柬方举行了第一次双边会议，欧盟承诺将扩大对柬的援助与合作。欧盟柬埔寨委员会的设立，为欧盟和柬埔寨确定双方合作重点提供了重要的对话平台，标志着柬埔寨和欧盟关系进入一个新阶段。该委员会每两年轮流在金边和布鲁塞尔举行会议，审议双边关系和推进双方之间的合作。同年6月，欧盟表示将向柬提供520万美元援助并派遣专家到柬政府各部门指导培训工作，以协助柬政府进行扶贫工作和司法行政改革，加强和改善政府重要部门官员的行政能力。

2002年2月，柬埔寨接受了欧盟观察团对柬地方选举的监督，欧盟对选举的公正性表示满意。2月18日，欧盟在金边设立的常驻柬埔寨代表处成立。欧盟官员表示，欧盟支持柬埔寨加入世界贸易组织，同意加强双方之间的双边和多边经济技术合作。2004年年底，柬埔寨驻欧盟使馆在布鲁塞尔开馆。

2005年，欧盟开始在柬埔寨实施"柬埔寨–欧盟家畜饲养"项目。该项目由柬埔寨农林渔业部和该部兽医司负责，主要在柬埔寨的菩萨省、磅清扬省、磅士卑省和茶胶省实施，旨在提高这4个省份农民的家畜饲养技术水平，发展该4省的家庭饲养业，增加当地农民的收入。欧盟为这一项目提供了500万欧元，联合国粮农组织赞助17万欧元，柬政府划拨价值25万欧元的物品，以共同实施该项目。

2007年3月，欧盟东南亚局局长访问柬埔寨，赞扬柬政府在推行公共财政改革方面所取得的成果，表示欧盟将继续向柬政府提供援助，以帮助柬政府推进公共财政领域的改革工作。

2008年4月，柬埔寨旅游大臣唐坤表示，柬埔寨拟增加至欧盟国家的直飞航班，以吸引更多的欧洲游客来柬旅游。同年6月下旬，欧盟向柬埔寨派遣了一个由120名成员组成的选举观察团，以监督柬埔寨即将举行的第四次全国大选，并对选举过程进行全面评估。

2009年，柬埔寨大米获准从当年9月1日起免税进入欧盟市场。当年柬埔寨与欧签署了6 000吨大米销售合同。同时，双方还积极洽谈柬埔寨向欧盟出口玉米和花生事宜，计划每月对欧盟出口3 000吨玉米和花生，为期12个月。

2010年8月，欧盟驻柬代表宣布，欧盟将为柬埔寨的胡椒种植提供资金和技术援助，并将对柬埔寨产的胡椒提供免税进口的优惠待遇。欧盟当年还向柬埔寨提供了200万欧元的援助，用于资助柬埔寨偏远地区的贫困家庭。据统计，2010年，欧盟依然是柬埔寨第二大出口市场，柬埔寨对欧盟的出口额约为6.6亿美元，占柬埔寨全年出口总额的25.85%。同年，柬埔寨还与欧盟部分国家讨论关于外交护照、公务护照和普通护照免签证事宜。此外，欧盟还把柬埔寨选定为在最不发达国家和小岛屿发展中国家实施应对气候变化问题的4个试点国家之一，该项目从2010年其开始执行。

欧盟非常关注柬埔寨的粮食安全问题。据统计，2007—2011年，欧盟累计向柬埔寨提供2 300万欧元的援助，用于资助相关非政府组织和国际组织实施的26个"柬埔寨粮食安全"项目。这些项目为柬埔寨农民提供了包括粮食与农业生产、水源管理、社区发展、降低天灾风险和改善社会福利等多方面的帮助，约有72万名极度贫困的柬埔寨人从中受益。2011年10月，欧盟驻柬代表处、柬埔寨农村发展委员会和柬埔寨农林渔业部在金边联合举办关于柬埔寨粮食安全的研讨会，以探讨这些援助的成效。

柬埔寨和欧盟多年来在各个领域密切合作，特别是在消除贫困和帮助柬埔寨社会经济发展方面。欧盟支持柬埔寨融入全球经济体系，特别是融入东南亚地区合作体系。欧盟对柬埔寨的援助重点集中在良政、民主和人权、经济发展、教育、卫生保健、"审红"特别法庭和排雷等领域。

在贸易领域，欧盟对柬埔寨实施"除武器之外的一切产品"（EBA）的贸易特许权。欧盟决定给予柬埔寨的纺织产品免配额进入欧盟市场的权利。这项政策对柬埔寨经济具有特殊的重要意义，因为纺织品是柬埔寨向欧盟出口的主要商品，至今仍然是该国的主要收入来源之一。欧盟通过这种方式开放市场，为柬埔寨纺织业和服装制造业创造了超过25万个就业岗位，而且其中大部分是女工，并使之成为柬经济发展中的支柱行业。此外，柬埔寨每年超过10万吨的食糖通过特惠待遇出口到欧盟市场，成为其主要的创汇方式。

在东盟地区一体化进程不断深化的背景下，欧盟表示支持东盟一体化的努力，也支持柬埔寨加入地区一体化的进程，因此，柬埔寨与欧盟之间的很多合作都是通过东盟与欧盟两个地区合作组织之间的协议来实现的。在柬埔寨政府看来，欧盟与柬之间更多的是"捐助者"和"受援者"的双边关系，而柬埔寨通过欧盟与东盟之间的区域合作框架与欧盟的合作，体现出双方之间的合作伙伴关系，因此予以高度重视。1999年柬埔寨加入东盟后，即于2000年7月作为东盟成员国参加了东盟-欧盟联合委员的第五次会议。

2009年5月27日，第十七届东盟和欧盟部长级会议在柬埔寨首都金边举行，来自东盟十国和欧盟二十七国的部长出席会议。这次会议把解决全球气候变暖、粮食和能源安全、恐怖主义、跨国犯罪等问题作为两个区域合作组织的共同目标，寻求达成共识，采取一致行动。会议还讨论了如何共同应对国际金融危机及当时正在世界许多国家蔓延的甲型H1N1流感问题，并将批准2007年3月在德国通过的关于加强和深化双方在政治安全、经济社会和发展等各个领域合作的"纽伦堡宣言"第二阶段行动计划，以进一步推进两个地区间的合作。柬埔寨作为会议东道主和东盟-欧盟关系协调国，对这次部长级会议高度重视，为会议的成功举行做出了巨大努力。柬埔寨首相洪森出席会议开幕式并发表主题讲话。在这次会议上，欧盟代表签署了关于欧盟同意加入东南亚友好合作条约的宣言，制定了执行东盟-欧盟2009—2010年行动计划的《金边议程》，推动双方在政治、安全、经济、社会和文化等领域的合作。

柬埔寨在东盟与欧盟合作框架下也获得了实实在在的利益。例如，2009年3月3日，欧盟宣布向东盟提供7 000万欧元的援助，其中很大部分用以资助柬埔寨，使其医疗卫生和食品安全部门受益。因此，柬埔寨驻欧盟大使曾在2010年撰文指出，柬埔寨衷心感谢欧盟和欧洲委员会支持并将继续支持东盟一体化框架内的各分区域方案倡议，这将有助于加强区域一体化进程，同时使包括柬埔寨在内的成员国能够在与东盟及欧盟的三边合作中获得更多的发展援助。

总体来看，欧盟对柬埔寨的经济恢复和发展做出了相当重要的贡献。欧盟通过各种项目对柬进行援助。柬埔寨在对欧盟的出口中，享有普惠制中最有利的地位，还被允许将从东盟国家进口的纺织品半成品在本国加工成成品后加以"柬埔寨原产地"的标签，这些措施成为该国经济增长和就业的主要推动力之一。目前，柬埔寨有40%的出口商品输往欧盟国家，欧盟是其第二大出口市场。

但是，欧盟对柬埔寨国内政治事务的过度关注，导致双边关系出现重大波折。自2015年起，随着人民党与救国党之间的斗争不断加剧，欧盟对柬埔寨救国党的态度引起执政的人民党的不满。2016年5月30日，救国党代主席金索卡被法院拘传，欧盟驻柬埔寨代表处随即发表声明，对柬埔寨政治危机的进一步扩大表示深切遗憾，呼吁柬埔寨政府停止利用法院反对救国党代主席金索卡和部分非政府组织人员，促进柬埔寨政府以建设性精神尽快跟救国党继续和谈。声明还强调，这是未来柬埔寨选举合法性的必备条件。6月9日，欧盟表决了一项决议，警告将暂缓对柬埔寨的援助，并呼吁柬埔寨撤销对反对党领导人的指控和释放维权组织人员。柬方对欧盟的表态很快做出回应。6月12日，柬埔寨外交部发表声明，对欧盟根据不实信息做出上述表决表示惊讶和遗憾。声明表示，如何处置救国党主席森朗西、代主席金索卡和维权组织人员属于柬内政，作为一个主权国家，柬埔寨不受外国机构托管，也不会接受外国对其国内事务的干涉。同时，声明还批评欧盟在人权和一些案件上存在偏见，实行"双重标准"。针对金索卡事件，柬埔寨人民党发言人称，发生在非政府组织和救国党干部身上的问题并非人民党和救国党之间的矛盾，而是他们由于违反相关法律而必须负法律责任的个人问题。

2018年7月大选之前，欧盟加大了对柬政府施压的力度，派出代表团考察柬埔寨的政治形势，并开始对柬人权状况等问题展开调查。当时，欧盟发出威胁：如果选举不公平，将取消对柬埔寨的关税优惠。当人民党在大选中获得大胜后，欧盟对这次的国会选举结果表示强烈不满，指责选举不公，再度发出将取消对柬埔寨的贸易优惠待遇的威胁。对此，柬埔寨人民党和政府坚决抵制。

2019年2月11日，欧盟以柬埔寨"严重损害人权和劳工权利"为由，正式启动暂停柬埔寨输欧产品关税优惠的程序。据欧盟委员会当日所发布的公告，暂停程序共持续一年时间，其中前半年欧盟将密切监控柬方动向并与柬政府接触，后半年欧盟将依据调查结果生成一份报告。其后，欧盟将就是否暂停柬埔寨输欧产品关税优惠做出"终裁"。如结果为"肯定性终裁"，欧盟将公布对柬暂停关税优惠的范围和期限，半年后"制裁"措施会正式生效。针对欧盟委员会决定正式启动撤销予以柬埔寨的EBA待遇程序，柬外交部遂于2月12日发布声明表示深切遗憾，并称此决定对柬埔寨极度不公平。柬外交部声明表示，柬政府一贯承诺和配合欧盟EBA政策，履行15项联合国和国际劳工组织公约，并通过实际行动取得了显著成果。柬政府认为欧盟此举不尊重柬埔寨主权，所提要求形同于干预柬埔寨政治发展。当月14日，柬埔寨首相洪森也对此事做出表态。他认为，由于柬埔寨是贫穷国家，欧盟才予以柬埔寨EBA待遇，因此撤销EBA是"迟早的事情"。洪森首相强调："撤销免关税待遇不会影响国家和国家之间的关系……我们会继续与欧盟成员国保持和深化密切的合作关系。"他呼吁欧洲企业继续在柬埔寨投资经商，称柬政府正在实行经济改革，采取包括降低企业运作成本、优化投资环境、消除出口管理费和提供中小型企业税务待遇等多项措施，为外企创造更好的投资环境。洪森首相还表示，柬埔寨将依然担任2020年亚欧首脑会议的主办国。

第五节　　与中国的关系

❧ 一、悠久的历史关系

中国与柬埔寨是近邻，两国之间的关系源远流长，至少可追溯到两千多年前。

1. 扶南真腊时期

据中国史籍记载，早在84年就有"日南徼外蛮夷究不事人邑豪献生犀、白雉"。一般认为，"究不事人"就是指古代柬埔寨人。这与学界认为柬埔寨早期国家扶南建于1世纪的看法大致相符。225年，扶南王国正式遣使来中国。随后，东吴吕岱在任交州刺史期间（226—231）派人出使扶南，说明两国在短时间内就实现了使者互访。此后，中国与扶南之间的关系密切，官方使节和民间人士的往来频繁。三国时期吴主孙权于赤乌六年至十四年（244—251）派遣朱应、康泰回访扶南，受到国王范寻的亲自接见。在出使期间，他们广泛了解了扶南以及南海地区一些古国的地理物产、生活习俗、耕种制作和文化艺术各个方面的情况。康泰回国后写了《扶南传》（又称《吴时外国传》），朱应写有《扶南异国志》，这些书籍虽然早已失传，但其中的部分内容被其他典籍保留下来，成为是目前已知的世界上最早记载扶南国的文献资料，对于研究古代柬埔寨的历史和东南亚乃至南亚、西亚各国的历史以及古代南海的交通和贸易，都具有极为珍贵的文献价值。

两晋时期，中国史籍有关扶南遣使到访中国的记述史不绝书。据不完全统计，扶南遣使访问中国达23次以上。如据《晋书》记载：从晋武帝泰始四年（268年）到晋穆帝升平元年（357年），扶南至少5次遣使到中国访问。南北朝时期，两国在政治、经济、文化等方面的关系甚为密切。扶南王黎跋摩在宋文帝元嘉十一年（434年）至十五年（438年）的短短5年中，就曾3次遣使来访，并奉献扶南特产。430年，扶南邻国林邑（后称占城）向扶南借兵攻打交州，遭扶南王的拒绝。齐永明二年（484年），扶南王阇耶跋摩委派曾到过中国的印度僧人释那伽仙带着表文和礼品谒见齐武帝，希望能同中国永远和睦邦交。后梁武帝册封他为"安南将军""扶南王"。梁天监二年（503年），阇耶跋摩又派遣使者来华送珊瑚像和方物。阇耶跋摩去世后，嗣位的留陀跋摩王继续与中国友好往来，多次遣使来中国献扶南特产。

扶南出现时，正值东西方贸易蓬勃兴起，罗马帝国对来自亚洲的商品，尤其是中国丝绸的需求空前旺盛，而印度则是东西方交通和贸易的重要中转站。于是，位于印度和中国之间且穿越东南亚的航线成为东西方之间最主要的商道，而扶南正位于中印海上交通的要冲，其主要出海港口位于今越南境内湄公河三角洲邻近柬埔寨边界的俄厄，是泰国湾海岸由内陆而行最靠近湄公河的地方。海船往往在那里等待季风，以驶向中国或前往印度。在扶南的各国商人带着来自地中海、印度、中东和非洲的商品以换取中国的丝绸及其他商品。这说明柬埔寨自古就在东西方贸易和交往的重要通道——海上丝绸之路中占据着举足轻重的地位。由于当时的航海技术所限，船舶主要沿海岸而行。为了避免绕行马来半岛，前往中国的船只一般在孟加拉湾马来半岛最狭窄处的克拉地峡一带靠岸，将货物通过陆路运往暹罗湾（今泰国湾）沿岸港口，然后再装船由海路前往中国等地，反之亦然。因此中国史籍在描述当时位于马来半岛的扶南属国顿逊的贸易盛况时写道："东西交会，日有万余人；珍物宝货，无所不有。"

在与中国的贸易中，扶南人带来的不仅有其本国特产，还有从印度以西的地方采购来的商品，这些商品深受中国人的喜爱。此外，扶南商人也大批前往中国广州等沿海港口从事贸易。扶南活跃的海上贸易，不仅加强了与中国的联系，也对古代海上丝绸之路的开辟和发展起到重要作用。

两国的宗教文化交流也相当突出，扶南是中印佛教传播的中转站，许多印度僧人和扶南僧人经海路来到中国弘扬佛法和翻译佛经。在南朝首都建康（今江苏江宁）还专门设有扶南馆，作为佛经翻译的场所。

此外，扶南音乐也在中国产生了一定的影响。据史籍记载，吴赤乌六年（243年），扶南王范旃派遣使者"献乐人及方物"。吴国还特建"扶南乐署"来教宫人演习扶南音乐。隋唐两朝都把扶南音乐作为中国的宫廷音乐之一，说明它极具艺术价值和民族特色，因而得到中国王朝统治者的青睐。

柬埔寨早期古国扶南与古代中国在政治、经济、宗教、文化等各方面的密切交往，为日后的中柬友好关系打下了坚实的基础。

7世纪中叶，扶南王国被真腊征服后，中国与真腊继续保持着密切的联系。隋朝大业十二年（616年），真腊王伊奢那跋摩遣使来华访问，这是真腊时期第一次遣使中国。8世纪，真腊分裂为陆真腊和水真腊后，双方都继续寻求与中国保持良好关系。陆真腊在中国史籍中也称文单国，地处内陆，从陆道访问中国和进行贸易的路途十分艰难，但据不完全统计，陆真腊在709—799年至少5次遣使访问中国，与中国唐朝建立了密切的政治联系。如唐天宝十二年（753年），文单国王子率其下属26人访问中国。时值唐朝派兵征讨大理南诏政权，文单王子遂自告奋勇，表示愿随唐朝大将到云南征战。唐玄宗授其"果毅都尉"，并赏赐其紫金鱼袋。文单王子直到战事结束才回国。771年，文单国副王婆弥又亲驾统率由25人组成的使团访问中国，带来珍贵宝物及11头大象作为献礼，唐代宗下诏赐婆弥副王"宾汉"称号。799年，文单国贡使李头机率团来华访问，唐德宗授予其为"中郎将"。由此可见，陆真腊文单国在国家分裂时期努力寻求与中国唐王朝建立亲密关系，通过获得唐王朝的政治承认和保持贸易往来谋求有利地位。

居于扶南旧地的水真腊国也在706—750年的不到50年间，五次遣使前往中国唐朝访问。其中，709年曾经两次遣使，说明其与中国也保持着密切的联系。

2. 吴哥王朝时期

吴哥王朝时期是柬埔寨历史上的鼎盛时期，其与中国的交往和联系也得到继续发展。两国的官方往来也出现了新特点，即由过去的以政治目的为重，发展为政治与经济并重，而且两国的民间往来也更加频繁。

唐宋时期，吴哥王朝与中国保持着非常密切的官方联系，双方使者往来频繁，如吴哥诸王曾18次遣使赴唐，而且来使地位高，使团规模大。元朝时期，中柬关系史上还发生了一件意义深远的大事。元朝成宗元贞元年（1296年），浙江温州人周达观随元朝使团出访柬埔寨，并在该国居住了一年多。回国后，他根据亲身见闻撰写了《真腊风土记》一书，约8 500余字，分为41节，详细介绍了吴哥王朝的政治、经济、民生、文化各个方面的情况，成为世界上现存的全面反映真腊吴哥王朝昌盛时代的唯一记载，是研究柬埔寨中古历史不可或缺的史料。

明朝初期，从洪武至景泰的约90年间（1368—1457），双方频繁派出使节互访，其次数之多、密度之大，在中柬关系史上是空前的。吴哥王朝多次派遣使者到访明廷，明帝则于洪武二十年（1389年）颁赐给吴哥王"镀金银印"以行册封。由于吴哥王朝遣使过于频繁，以至于明王朝不得不颁布"真腊诸国，入贡既频，劳费太甚，今不必复尔"的敕令，但吴哥诸王仍然继续派遣使团前往明廷。实际上，吴哥宫廷希望通过这种朝贡贸易的形式，从明朝宫廷获得更大的商业利益。

吴哥王朝时期，中柬民间商贸交往有了进一步发展。当时，正值中国的经济重心逐渐南移，海上交通的地位逐渐取得优势，海外贸易随之发展。

当时，通过中柬贸易交换的商品主要有柬埔寨王室、高官及民众喜爱的中国产品，如丝绸、锡器、漆盘、青瓷器、水银、银朱、纸札、硫黄、焰硝、檀香、草芎、白芷、麝香、麻布、黄草布、雨伞、铁锅、铜盘、水珠、桐油、箎箕、木梳、针，等等。从中国进口的商品还往往被直接用于贸易。这些中国产品作为重要的流通媒介，为当时柬埔寨的贸易和商品经济的发展发挥了一定的促进作用。

明朝郑和下西洋时，也曾前往吴哥王朝。这对于推动中柬商贸交往发挥了不可忽视的作用。所以不论是中国的商船到柬埔寨，还是柬埔寨的商船到广州，互相都以礼相待。中国商船主要到柬埔寨南部经商。据张燮《东西洋考》曰："今贾舶至者，大都水真腊地也。"说明扶南时期的基础仍然在发挥着重要作用。明朝时期，柬中贸易的商品种类也多于前代。从《东西洋考》和李时珍撰《本草纲目》所记载的柬埔寨商品种类超过30种，远胜元朝的史料记载。

华人移居柬埔寨，也为该国人民带去了中国的产品和文化，丰富了当地人民的生活，提高了他们的生活水平。华商为柬埔寨人提供了许多他们所需要的商品。据考，华侨移居柬埔寨始于宋朝年间（13世纪中期），而元朝时华人定居柬埔寨的现象更为普遍。

华人与当地人的交流与融合，也给柬埔寨的一些风俗和生活习惯带来了变化。例如：周达观在提到柬埔寨的丧葬风俗时写道：当地的习俗是将死者遗体弃之郊野，任"鹰鸦犬畜来食"，但"今亦渐有焚者，往往皆是唐人之遗种也"。此处所说"唐人之遗种"，即指侨居柬埔寨华人的后代。过去，吴哥人睡觉时"睡只竹席，卧于板"，而周达观到那里去时，称"近有用矮床者，往往皆唐人制作也"，说明正是在华人的影响之下，一些当地人也改变了过去的生活方式。

华人与当地人友好相处的画面也多次出现在吴哥的古迹之中。例如，在吴哥城中心的巴戎寺等处的浮雕中，有许多反映当地华人生活场景的画面，家中器物也多为来自中国的产品。该寺的浮雕中，还有一些反映华人军团与吴哥军队的士兵共同作战，以抵御外敌的场面。这些画面生动地反映了吴哥王朝时期柬埔寨与中国之间的密切关系。

3. 金边王朝时期

15世纪中叶，在暹罗入侵并多次攻占吴哥都城的情况之下，吴哥王朝被迫迁都，统治长达6个世纪之久的吴哥王朝结束。

1434年，柬埔寨王国的国都由内陆的暹粒省迁移到接近海外贸易通道的金边，标志着该国经济形态发生根本性变化。从直接原因来看，迁都金边，可以使柬宫廷远离暹罗的威胁，但从更深层的因素来分析，实际上柬埔寨国王之所以最终选择金边作为都城，也是因为金边位于湄公河和洞里萨湖会合处，能够支配从老挝顺湄公河而下的水上贸易，也能控制从洞里萨湖来的粗陶、干鱼、鱼酱等产品的贸易，更重要的是能够就近获取经湄公河三角洲来的主要产自中国的货物，以便自主地同中国进行贸易。而这一切，又与15世纪上半叶因郑和下西洋而导致的西太平洋与印度洋贸易航道的兴旺有着密切的联系。柬埔寨的贸易实际上是由王廷控制的，柬王迁都金边地区，更重要的驱动因素就是希望加入新出现的国际海上贸易网络，以从中获取更大的商业利益。

吴哥王朝时期，柬埔寨以自给自足的农业经济为主，为数不多的海外贸易的商品主要是供王公贵族享用的奢侈品或城市聚落民众所需的日用品；而迁都金边以后，柬埔寨经济越来越依赖贸易，特别是国际贸易。此后，随着欧洲人从东西两个方向进入东南亚，东南亚逐渐被纳入全球贸易体系。位于暹罗湾的柬埔寨在这些贸易活动中处于重要的地位，到此经商的各国商人络绎不绝，长期居住乃至定居该国的外国人数也不断增加。到16世纪末，柬埔寨国王及其朝臣已经被深深地卷入外部世界的事务。当时曾经被定为国都的大城市洛韦和金边都居住着许多外国商人。根据柬埔寨国王的要求，外国人只能够居住在特定的区域之内。根据荷兰人的记载，柬埔寨宫廷规定外国商人只能通过指定的代表同柬王室打交道。因此，商人们通过国王的近臣、王室成员及其亲友从事商务活动。他们认为，这种对待外商的模式本身，或许就是起源于中国，其核心是对外国居民实行间接管理，而王室所关注的只是如何从中获得利益。

迁都以后，柬埔寨长期内乱不断，后又成为暹罗和安南争夺的对象，成为其属国。在这一背景之下，中柬两国之间的官方关系逐渐衰落，但双方之间的民间商贸交往却更趋频繁，这种民间商贸交往成为两国交往的主要形式。每年冬春季节，中国商船利用东北季风，从广东、福建、浙江开往柬埔寨进行贸易，夏秋季节则利用西南季风返航。运往柬埔寨的货物有金银、绫罗杂缯、瓷器、糖果、土特产等。到清初，中国沿海仍然是"浙粤闽商人往彼互市，近则兼市丝斤"。总之，金边王朝时期柬埔寨与中国之间的民间商贸交往持续发展。其贸易的区域、物品、规模和频率都是前所未有的，民间商贸交往成为维系两国人民友谊的桥梁。

金边王朝时期，由于中国与柬埔寨之间的政治关系和贸易往来有着悠久的历史，因此华商和中国移民在中国与柬埔寨，甚至是柬埔寨与他国的贸易中发挥着越来越重要的作用。大批中国商人或者与商业活动有关的各类人员，如水手等，前往柬埔寨定居，成为更加普遍的现象。自1434年柬埔寨建都金边之后，华人的聚落多了起来，并向首都金边集中，至17世纪时该地约有3 000华人。

在迁都金边以后，由于华人数量急剧增加，柬埔寨本土史料中关于华人的记载也逐渐增多。例如，据《柬埔寨王家编年史》记载，由于华人数量大增，柬宫廷专门设置了管理华人事务的官员，并招募华人充当王家卫队的军士和指挥官。在西方殖民者试图入侵柬埔寨并侵害华人利益时，柬王也曾仗义执言，结果引来杀身之祸。据记载，16世纪末，葡萄牙冒险家韦洛索带领西班牙军队入侵柬埔寨，并大肆劫掠和欺压当地的华人。当时，柬埔寨正受到暹罗的侵占。戚崇佩亲王（1595—1596年在位）率军攻占当时的首都洛韦后自立为王。由于他公开谴责韦洛索等人以及部分西班牙人欺压华人的暴行，后者竟然夜袭王宫并杀死了国王，引起柬埔寨人的公愤。最后，在柬埔寨人和包括华人在内的各国侨民的共同反抗之下，韦洛索和带队的西班牙军官被杀，西班牙人的势力从此再也未能进入该国，其对柬埔寨的殖民企图也以失败而告终。

华商乐于到柬埔寨经商，是看中柬埔寨人诚实可靠，买卖公平。对此，《东西洋考》也对此做了相当高的评价："夷性颇直，以所铸官钱售我，我受其钱，他日转售其方物以归。市道甚平，不犯司魖之禁。"

在柬埔寨定居的华人与当地人并肩劳动，胼手胝足地为柬埔寨经济、社会和文化的发展而努力，并为此做出了巨大的贡献。例如，莫玖在获得柬王同意由他主持开发其驻地的许可后，随即招徕诸国的客商和流民，导致"帆樯连络而来"，华人、柬人、越南人和老挝人纷纷前来投靠，从此这一地区"流民丛集，户口稠密"，莫玖也因此"声德大振"。莫玖率领中国侨民同当地的柬埔寨人和其他各族人民一道，披荆斩棘，开垦荒地，兴修水利，使昔日荒原变成"膏腴之地"；他开辟港口，以便商船停泊；兴建方城，把忙坎建设成为一个著名的港口城市。因据传该地常有仙人出没于河上，故名"河仙"；由于方城中的"方"字发音在柬语中为"港口"之意，因此华人也常称莫玖治理的领地为"港口国"。1735年莫玖死后，莫天赐继承父业，继续致力于河仙地区的开发。虽然河仙后来被纳入越南版图，但莫氏家族为该地区的开发所做出的贡献仍然为后人所念。

这也正如一些西方学者所说，早在殖民者进入之前，定居在柬埔寨的华人就通过婚姻等方式融入高棉社会，并为当地人所接受。与此同时，华人也继续保持着他们的传统文化和社会习俗。

综观古代中柬关系史的整体来看，两国政府和民间在政治、经济、文化和科技等方面一直有着友好而密切的交往，柬中两国始终和睦相处，没有发生过任何战争。两国的交往史是一部和平与友好的历史。

二、近现代友好关系

1863—1953年，柬埔寨为法国统治时期。在法国殖民统治的这90年间，由于柬埔寨的国家独立性丧失，因而使中柬两国的国家关系长期中断，史书中不见有使节往来的记录，两国以贸易为主的民间往来成为近代中柬关系的主要内容。每年冬春时节，中国浙江、福建、广东的商人到柬埔寨贸易，夏秋时节返国。柬埔寨人民对浙江丝绸、江西瓷器、福建糖果等物都很喜爱。柬埔寨的商船也到中国贸易，既运来该国的特产，如广东人爱吃的咸鱼，又购买中国物品运回。

在法国占领柬埔寨后，由于殖民开发的需要，殖民当局招募大量华工，加之清末中国社会动荡，东南沿海地区地少人多，移居柬埔寨的华侨人数遂迅速增多，到19世纪末，柬埔寨华人人数已有13万人（其中金边约有2万人），占柬全国总人口的9.7%，成为柬埔寨人口重要的组成部分。旅柬华人大多来自广东、福建、海南等东南沿海各省，按地缘和方言分为潮州、广肇、海南、客家和福建五个群体，其中潮州人最多。华侨社区已逐渐形成，华文教育逐步开展。柬埔寨华人与当地各族人民和睦相处，他们尊重当地人民的利益、信仰和习俗，赢得了当地人民的信任，在共同的劳动中他们彼此帮助，相处和谐，共同为开发柬埔寨而努力，为发展该国的经济文化做出了重大贡献，在促进两国友好关系上也做出了不懈的努力，使两国人民间的友好关系得到发展。华人大批迁入柬埔寨，是近代中柬关系的重要组成部分。

华人不仅在柬埔寨各地的农村、矿山劳作，也对诸如金边、马德望、暹粒、磅湛、茶胶等省、市的建设和发展，贡献出了高度智慧和辛劳汗水，并为柬埔寨人民称颂与怀念。例如出生于广东番禺的华侨企业家凌继章（1883—1962），他自幼家境贫寒，后前往柬埔寨谋生，有所积蓄后创办了建筑工程公司。1927年莫尼旺国王登基，决定扩建金边王宫和寺院。凌继章承包该工程后，精心设计和施工，完工后的新老建筑浑然一体，相映生辉，并充分体现出柬埔寨民族建筑风格，获得了官方和民众的极高评价。柬埔寨国王和法国政府都曾为此而向他颁发奖章和奖状。华人对柬埔寨社会的贡献，使他们在柬发挥着越来越重要的作用。正如20世纪初一位法国官员所说，在柬埔寨，"中国人已成为对我们现代化活动几乎不可或缺的因素。他们代表着一种充满活力的元素，是一个缺了他们我们的一切业务活动就会立即停顿下来的齿轮"。

曾有法国人在1917年写道，尽管柬埔寨以往的立法禁止柬埔寨女子与外国人结婚，但目前华柬通婚是再常见不过的现象。

由于华人和柬埔寨人的广泛通婚，无论是在城市还是在乡村的居民中，具有中国人血统的人口相当庞大。因此，西哈努克曾于20世纪60年指出："600万柬埔寨人的血管里，都流动着中国人的血液。"中国人移居柬埔寨的历史以及他们为发展该国社会、经济、文化所做出的贡献，更使两国人民之间的这种"血浓于水"的亲情更加密切，并且经受住了各种风雨的考验。

在反对共同敌人的斗争中，同当地人民共患难的华侨华人总是同他们并肩战斗。特别是19世纪中叶法国殖民者入侵柬埔寨以后，柬埔寨人民反对外国侵略的斗争进入了一个新阶段，其范围更广，规模更大，目标也更加明确。无论是60年代伯坤博领导的武装抗法斗争，还是80—90年代长达10年之久的反法运动，都有华侨参加。有的直接参加柬埔寨人民的反抗队伍，也有的组成华侨自己的反法力量，其数量是不少的。这两次反抗斗争虽然失败了，但柬埔寨最终还是获得了独立，华侨的功绩也被载入史册，为柬埔寨人民所铭记。

✿ 三、当代友好关系

中华人民共和国于1949年成立，柬埔寨在1953年获得独立。1955年4月，周恩来总理与西哈努克亲王在万隆会议上相识，从此结下深厚友谊。1958年7月19日，中国与柬埔寨正式建立外交关系。西哈努克曾在20世纪50—60年代6次访华；在此期间，周恩来总理、刘少奇主席也曾多次率团访问柬埔寨。中柬传统友谊在两国老一辈领导人的精心培育下积极发展并不断巩固，并为维护地区稳定与和平并肩而行。1961年5月，中国与柬埔寨共同促成召开关于老挝问题的日内瓦国际会议，为促进与老挝三方的联系做出重大贡献，使其最终于翌年7月签署了《关于老挝中立的宣言》等文件。通过这次会议，老挝要求独立、和平、中立的愿望得到国际社会的承认和尊重，也是中柬两国为当时正蓬勃兴起的亚非拉民族解放运动和保持东南亚地区，特别是曾经长期处于战乱的中南半岛各国的和平与稳定共同努力的成果。

中柬两国在国际舞台上相互支持。柬埔寨王国政府始终坚持"一个中国"原则立场，在第十八届联合国大会上与其他国家一同提出恢复中华人民共和国在联合国合法席位的提案；中国则一贯支持柬埔寨维护民族独立、国家主权、领土完整和国家和平的斗争。

1970年3月18日，柬埔寨朗诺集团发动政变废黜西哈努克，引起柬埔寨人民的强烈反抗。从此，中南半岛三国人民互相支持与配合，抗美救国战争进入了一个新阶段。中国政府在大力援越的同时，也向老挝和柬埔寨人民的抗美斗争提供了大量援助，为这些国家取得最终胜利做出了巨大的贡献。

1978年12月越南出兵侵占柬埔寨，中国政府和人民坚决支持柬埔寨人民的抗越救国斗争，要求越南从柬埔寨撤军，与东盟及国际社会共同努力，促成了柬埔寨问题的政治解决。在联合国的主持下，柬埔寨于1993年5月举行大选，成立柬埔寨王国政府，中国政府立即予以承认并支持其提出的独立、中立和不结盟的立场。此后，中国与柬埔寨王国的关系得到稳定健康的发展，双方在政治、经济、文化等各领域的合作日益密切。西哈努克国王曾表示："自1955年以来，柬埔寨人民和我本人极为荣幸地成为中华人民共和国最亲密朋友的一员。从那时至今已经44年，我们与中华人民共和国结下了不解之缘。柬中友谊在世界堪称典范。"

2000年11月，中国国家主席江泽民对柬埔寨进行了国事访问，两国签署了《中华人民共和国和柬埔寨王国关于双边合作框架的联合声明》及有关贸易和农业等6个文件，中柬两国传统睦邻友好合作关系得到进一步发展。2006年4月，中国国务院总理温家宝访柬，双方发表联合公报，宣布建立全面合作伙伴关系。2008年是中柬建交50周年和"中柬友好年"，两国为此举办了一系列庆祝活动。2009年12月，中国国家副主席习近平访问柬埔寨。2010年12月柬首相洪森访华期间，两国宣布建立全面战略合作伙伴关系。2012年3月30日至4月2日，中国国家主席胡锦涛对柬埔寨进行国事访问，双方发表联合声明。

在对中国和中国人民怀有深厚感情的西哈努克于2012年10月离世以后，中国继续保持着与柬埔寨王室之间的密切关系。2014年9月，中国国家主席习近平在北京会见柬埔寨国王西哈莫尼和太后莫尼列时，高度评价柬埔寨王室为中柬关系发展做出的历史性贡献，表示中国十分珍视同柬埔寨王室的友谊。西哈莫尼国王和莫尼列太后也表示柬王室将保持西哈努克太皇开辟的对华友好路线，积极促进两国关系不断向前发展。

中共十八大以后，中柬两国高层领导人之间的频繁互访和会面，无论在层级还是次数方面都给人留下了深刻印象。2014年5月和11月，中国国家主席习近平在上海和北京两度会见来华出席国际会议的柬埔寨首相洪森，双方强调中柬友谊源远流长，无论国际形势如何变化，都要坚定不移推动中柬全面战略合作伙伴关系发展。同时，洪森首相还经常在金边会见到访的中国官员，就双方关心的问题交换意见。中柬两国高层领导人的频繁交往，说明两国之间的关系是建立在政治上的高度信任，始终坚持相互理解、相互信赖、相互支持的原则。双方领导人反复强调两国关系稳定持久发展的重要性，以及对对方核心利益的重视和关切，为双方关系的发展奠定了牢固的基础。

与此同时，中柬两国政党间的关系也得到进一步加强。2015年6月8日，柬埔寨参议院主席、人民党主席谢辛在金边因病逝世。6月20日，柬埔寨人民党副主席、王国政府首相洪森在人民党中央委员会会议上当选党主席。当天，中共中央总书记、中国国家主席习近平即向洪森致电祝贺。10月15日，习近平还在北京会见来华出席亚洲政党丝绸之路专题会议的柬埔寨人民党主席、政府首相洪森。除了加强与执政党的联系之外，中国与柬埔寨其他政党也保持着良好关系。

正是在两国高层的推动下，中柬之间的各类合作机制得以有效运作，为促进双边关系的发展做了大量有效、务实的工作。

随着两国关系的发展，两国之间还建立起新的合作机制并有效运作，为推动双边关系的深化提供了有效的平台。2013年4月，中柬两国领导人就成立中柬政府间协调委员以统筹推进两国各领域合作，协调处理合作中的重大事务达成共识。2014年新年伊始，中国与柬埔寨于1月2日在北京举行了中柬政府间协调委员会首次会议，双方明确了在推进经贸、农业、防务、执法安全、人文等领域合作的努力方向和具体措施，并签署了关于成立协调委员会的谅解备忘录及两国政府航空运输协定等文件。中柬政府间协调委员会的建立并成功运行，不仅为统筹推进两国在各个领域中的密切合作提供了最高层次的平台，而且为协调处理合作中的重大事务和可能遇到的问题提供了保障。此后，在双方的共同努力之下，中柬政府间协调委员会进行了卓有成效的工作，共同为两国关系的新发展确定方向和目标，推动既定措施的实施，为双边关系的发展提供更为扎实的基础。

中柬两国在地区和国际事务的合作进一步加强，在一些跨区域合作机制中的联系与配合也进一步提高。2015年11月，中国外交部部长王毅在会见出席澜沧江-湄公河合作首次外长会议的柬埔寨副首相兼外交国际合作部大臣贺南洪时，双方都表示中国同湄公河国家山水相连，澜沧江–湄公河合作对促进次区域发展具有重要意义，不仅为中国–东盟合作增添了新内涵，也提供了中柬合作的新平台，有利于在促进东盟一体化建设的同时推进中柬全面战略合作伙伴关系。

中国和柬埔寨之间的卓有成效的合作，是建立在双方从战略高度和长远角度来看待和把握两国关系的基础之上的。双方均有在国际和地区事务中加强协调配合、拓展战略合作、携手打造命运共同体的良好愿望。双方在彼此关注和尊重对方的核心利益、开展了有效合作，取得了令人瞩目的成果。中方坚定支持柬方为维护国家主权安全、发展稳定所采取的一切措施，为柬埔寨的社会经济发展和人民生活水平的提高提供帮助。柬埔寨政府在涉台、涉藏、涉疆等与中国核心利益攸关的重大问题上坚定不移地支持中国政府的立场。特别是近几年来，在涉及中国在南海的主权和权益的争端中，柬埔寨政府采取公正、坚决的态度，支持中国有关解决南海问题的立场和主张，多次声明不支持由菲律宾在域外国家鼓动和支持下向国际海洋法仲裁法庭提出的诉求仲裁结果，认为南海主权争端应由有关国家通过双边谈判来解决，并揭露和抵制域外国家以威胁手段分化中柬关系的图谋。柬埔寨所表现出的主持公道、仗义执言的态度，得到中国各界的赞赏和感谢。

❖ 四、科教文卫体合作

中柬人文交往历史悠久，1993年以来，两国在多个领域取得了突出进展。经历长期战乱后，吴哥古迹保护成为柬政府在文化遗产保护方面的当务之急。为此，中国把吴哥古迹维护视为两国文化合作的重点领域之一。中柬考古专家联手组成考古队对吴哥文物进行发掘，中科院利用遥感技术协助柬方监测吴哥遗址的环境变化。1996年以来，中柬两国的相关机构共同修缮了暹粒省的周萨神庙，神庙在修缮后对外开放。目前，中柬两国的文物工作者正在共同修缮吴哥古迹中著名的茶胶寺。

在教育合作方面，中国为柬埔寨教育的恢复和发展提供了卓有成效的援助，并取得明显的成就。自1998年以来，中国政府通过各种项目向柬埔寨政府官员与学生提供奖学金赴华留学，截至2008年，中国政府奖学金项目累计接收柬埔寨学生超过 2 000 人。除此之外，中国一些高校每年也向柬埔寨提供数额不等的奖学金，中方一些机构也为柬埔寨各行各业举办种类繁多的专题短训班。柬埔寨学生赴华求学的规模不断扩大。如 2014 年，共有 72 名柬埔寨学生获得中国政府奖学金赴华深造，他们主要选修企业管理、土木工程、电气工程及其自动化、电子信息工程、法学、国际经济与贸易、临床医学、金融学等柬埔寨发展所急需的专业。为柬埔寨学生提供学习机会的学校则以北京科技大学、东北师范大学、上海大学、中南大学、山西大学、首都师范大学、上海财经大学、福建工程学院、华中科技大学、上海交通大学等学校为主。

与此同时，一些柬埔寨华人企业也尽全力资助柬埔寨学生赴华留学。其中，柬埔寨高棉控股集团自 2013 年起与中国首都师范大学达成协议，开始资助柬埔寨学生到该校留学。从 2015 年开始，该集团不仅继续扩大资助柬埔寨学生到中国首都师范大学留学的规模，而且计划开始招收柬留学生到中国对外经济贸易大学、北京第二外国语学院等高校留学深造。除学习汉语外，柬埔寨学生还可以在国际贸易、旅游类的专业学习，这为柬青年学生到中国留学拓展更大的专业空间。

2009 年 8 月 12 日，由柬埔寨王家科学院和江西九江学院共同开办的柬埔寨王家研究院孔子学院成立，为推动两国之间的文化交流提供了一个重要平台。2011 年 8 月，孔子学院成立"柬埔寨历史文化研究所"，为做好柬埔寨的汉语教学、教材开发以及柬埔寨研究提供了保障。柬埔寨王国研究院孔子学院在金边市、暹粒省、西哈努克省等 5 个省市均设有汉语教学点，并在参议院、金边警备旅、陆军学院、大岛洪森中学等单位设立了 8 个汉语中心。2019 年，该孔子学院有教学班级 76 个，全日制学员 4 000 余人，此外，该孔子学院每年还选拔"孔子学院奖学金生"到江西九江学院留学，让柬埔寨青少年通过汉语学习尽早地认识真实的中国。

与此同时，为了促进柬埔寨教育事业的发展，中方还向柬埔寨教育部提供电脑等办公设备及向学校捐赠教学器材等，2015 年中国政府还援建了柬埔寨桔井省农业技术学校项目。两国的教育部官员也经常进行互访，以加强双方的教育交流。如 2014 年 12 月底由中国教育部与柬埔寨教育青年体育部签署新一轮中柬教育合作协议，促进两国在教育领域的合作迈上新台阶。

2014年11月19日，由云南新知集团（金边）华文书店承办的首个海外中国文化之家在柬埔寨首都金边成立。金边中国文化之家总面积5 000平方米，内设多功能厅、多媒体图书馆、教室等多种设施，可举办综合性文化活动。它将通过举办丰富多彩的文化活动，以促进中柬两国人民的互相了解，为推动中柬两国的关系迈向更高水平做出积极贡献。

为了协助柬方宣传柬埔寨历史文化的魅力，由云南文投集团投资的"吴哥的微笑"项目自2010年年底首演，到2013年年底已演出1 230余场，接待了来自60多个国家的110余万观众，受到了柬埔寨官方及各国观众的高度评价。同时还为当地提供就业岗位超过150个，实现销售产值8 000余万元人民币，取得了良好的社会经济效益。2012年，该项目被中国政府授予"文化出口重点项目"，并被柬埔寨政府授予"柬埔寨旅游特殊贡献奖"，成为中柬文化合作的成功范例。2014年12月—2015年3月，"高棉的微笑——柬埔寨吴哥文物与艺术展"在北京首都博物馆亮相，展出吴哥文物80件（组）。这是柬埔寨文物首次大规模地赴华展出。

随着两国文化交流的不断加强，两国民众之间的交往也逐渐增多，特别是到访柬埔寨的中国游客的数量大幅度增加。2013年，柬埔寨接待国际游客421万人次，其中中国游客为46万人次，同比增长38.7%。2014年，赴柬旅游的450万人次国际游客中，中国游客就达55万人次，成为柬埔寨第二大游客来源国。当年12月，柬埔寨旅游部和中国国旅集团签署旅游产业战略合作协议。柬埔寨旅游部部长希望2020年接待国际游客800万人次，其中接待中国游客至少200万人次。2018年，赴柬旅游的中国游客就达190万人次，在赴柬旅游的国际游客中位居第一。2019年1月底，"中国–柬埔寨文化旅游年"在柬埔寨首都金边宣布开幕，当年第一季度，中国到柬埔寨旅游的游客人数就达约683 436人次，比上年同期增长35.1%。目前，中国已有十几个城市与柬埔寨实现直航，中方投资的巴戎航空公司发展迅猛，开通多条航线，为柬埔寨旅游业的发展和吸引中国游客来柬旅游创造了良好条件。

中柬在医疗卫生和体育等领域的合作也得到发展。双方近年来在传染病防治、人员培训和传统医学等领域开展了多项合作，取得良好效果。2015年，中国向柬埔寨捐赠200辆救护车和200台医用超声仪器。为了帮助柬埔寨发展体育事业，中方为援建柬埔寨国家体育馆提供约1亿美元资金支持。

第八章　经济

第一节　概述

一、柬埔寨近代经济模式的转变：市场经济的建立

在西哈努克的带领下，1953年11月9日，柬埔寨人民摆脱长达90年的法属殖民统治，迎来期盼已久的独立与自由。

国家独立催生了柬埔寨新的经济模式，经济体制也随之发生巨大而深刻的变化，现代经济模式在原有的封建经济和殖民地经济的基础上逐步建立和发展。然而，柬埔寨的经济发展之路并非一帆风顺，在摆脱殖民统治之后的半个多世纪里，随着国内政治局势的风云变幻，柬埔寨的经济发展经历了一条"驼峰型"的曲折道路，经济模式发生了由"混合型"到"计划型"，最终实现"市场型"突破的巨大转变。

进入20世纪70年代以后，柬埔寨战乱频发。1970年朗诺集团发动政变、推翻西哈努克政府后建立的所谓"高棉共和国"和1975年建立的民主柬埔寨均短暂现身于柬埔寨政治舞台。政治体制的急剧变化和经济政策的不切实际给柬埔寨的发展带来重创，使其经济发展遭到毁灭性打击。

1979年1月，在越南军队的支持下，以柬埔寨人民革命党为核心领导的"柬埔寨人民共和国"（"金边政权"）成立，并在越南和苏联的援助下开始了经济重建工作。"金边政权"虽然在经济体制上沿袭了民主柬埔寨时期的计划经济的模式，但在主要经济政策方面都做出了重大调整，例如取消农业合作社，恢复贸易和城市生活，发行货币，允许和鼓励私营企业和中小型企业从事经济活动等。1986年和1990年分别制定执行了两个关于社会和经济发展的"五年计划"（即1986—1990年、1991—1995年），尽管第一个五年计划的各项指标最终均未能实现，且在第二个五年计划执行期间柬埔寨政局就发生了重大转变，但该项举措的确为柬埔寨的经济复苏奠定了一定的基础。1991—1993年，柬埔寨的国民生产总值的年均增长率保持在6.7%。

1993年大选后，奉辛比克党和人民党联合执政的柬埔寨第一届王国政府成立，并确立了"市场经济"模式和"发展经济、消除贫困"的经济政策与目标，柬埔寨开始全面步入经济复苏与发展的历史新时期。

首先，柬埔寨政府确立自由市场经济的模式，推行经济私有化和贸易自由化。1993年9月生效的《柬埔寨王国宪法》对国家"实行市场经济体制"做出明确规定。根据这一原则，柬埔寨王国政府着力推行土地和经济"私有化"政策。1995年柬埔寨国会正式通过《私有化条例》，进一步规范和加速柬埔寨的私有化进程，满足经济发展的需要。

其次，制订国家发展计划，明确经济发展目标。1994年5月，柬埔寨王国政府制定了《1994—1995年国家经济恢复发展计划》，对农业发展、基础设施建设等方面提出了明确要求，把工作重心全面转向致力于国家经济重建。

再次，完善经济管理体系，设立专门经济管理机构，提高政府管理工作效率。柬埔寨王国政府在中央设立11个与经济事务密切相关的部委，并将相关工作人员派驻至全国各省、市、县地区，负责协调和监督国内的经济建设工作。1994年7月，柬埔寨王国政府成立柬埔寨发展理事会和柬埔寨投资委员会，作为负责柬埔寨投资和重建发展综合事务的政府机构，协调各项投资与经济发展工作。

最后，加强经济立法，健全国家经济法律法规，稳定国内经济秩序，营造良好的投资和市场环境。1994年8月，柬埔寨王国政府正式颁布《柬埔寨王国投资法》，以优惠的措施和条件积极吸引外商赴柬投资。此后，柬埔寨王国政府不断制定和出台相关经济贸易法律法规，规范国内投资，以更好地吸引外来投资，推动国家重建和复兴。

经过柬埔寨王国政府几年的实践，柬埔寨经济体制顺利完成了由"计划经济"模式到"市场经济"模式的转型，稳定的国内政治局势和积极的经济政策为柬埔寨经济的平稳发展提供了良好的环境。尽管1997年柬埔寨国内发生"七月事件"和受到亚洲金融危机的冲击，柬埔寨经济发展速度暂时有所回落，但总体上依旧保持了向上发展的趋势。

❖ 二、柬埔寨经济发展战略：从"三角战略"到"四角战略"

1998年，柬埔寨第二届王国政府提出并实施了促进国家发展建设的"三角战略"，强调以"内政稳定""经济发展""重返国际社会"三个重要方面为支撑，采取一系列措施整顿金融秩序，以加快国家经济发展的步伐。在此基础上，洪森首相提出了"双赢政策"，即把经济发展作为政府开展工作的主要方向，营造柬埔寨国内良好的经济条件和有利的投资环境，以提振国内外投资者的信心，从而实现内外双赢的目标。

2003年7月27日，柬埔寨第三次全国大选顺利举行，产生了新一届柬埔寨国会和王国政府。在"三角战略"和"双赢政策"收获成果的基础上，洪森首相又提出了一项引领柬埔寨走向快速发展之路的国家战略——"四角战略"。"四角战略"是"三角战略"的进一步延伸，是柬政府实施的《千禧年发展目标》、《2001—2005年社会经济发展五年计划》和推行的《2003—2005年国家扶贫战略》的重要组合。其宗旨是改善和提高各行政部门的执政能力，增强管理水平，实现国家经济基础设施的现代化，以促进经济增长，为人民提供就业岗位，保障社会平等和增强公共领域的工作效率，以及保护国家自然资源和文化资源，使之为国家的可持续发展和减少贫困做出贡献。"四角战略"既是王国政府施政纲领的反映和体现，也是其和发展伙伴及相关机构所采用的管理手段。"四角战略"着重推动提高柬埔寨农业生产力、恢复和重建基础设施、发展私人经济和增加就业、培训人才和发展人力资源，从某种意义上讲，"四个角"代表着稳固，寓意是其将给柬埔寨带来稳定、持续和长久的发展。

2008年大选产生的第四届柬埔寨王国政府宣布继续推行"四角战略"，并将其命名为"四角战略"的第二阶段。根据这一发展战略，柬政府把经济工作的重点放在进一步深化改革开放，健全行政、财政和税收管理制度，加强金融和财政监管，维护金融运行的良好态势等几个方面，并在此基础上提出了经济发展的几大优先领域，涵盖农业、水利、交通、基础设施、电力、人才培养、工业及工业品出口加工、旅游业、石油天然气、矿产开采、信息通信业、贸易等诸多方面。

2013年，柬埔寨人民党再次赢得大选胜利，"四角战略"进入了第三阶段，并被第五届柬埔寨王国政府作为重要执政纲领继续推行。"四角战略"的第三阶段以增长、就业、平等和效率为核心，针对柬埔寨社会和经济结构的发展与变化，对各领域发展提供指导意见，以进一步落实和促进可持续发展战略，推动国家经济增长，创造更多就业机会，维护社会经济增长成果分配的公平与公正，提高公共机构和各种资源分配与管理的效率。

柬埔寨从第二届王国政府的"三角战略"到第三届王国政府"四角战略"的施政纲领，再到后来第四届、第五届王国政府确立的第二阶段和第三阶段的"四角战略"，以"发展经济"为核心的施政纲领在柬埔寨得以延续，也保证了政府在具体政策实施方面的连续性。洪森首相领导的柬埔寨王国政府始终坚定不移地把推动经济建设作为柬埔寨国家建设和发展工作的重中之重，从国家政策层面扶持柬埔寨经济发展，重视拉动外来投资和开展国际合作，为柬埔寨经济领域改革的推行和经济局面的改善提供了保障。

三、1993年以来柬埔寨经济发展的三个阶段

1993年，柬埔寨在联合国的监督下举行了全国大选。确立了新一届王国政府的合法地位，也标志着柬埔寨实现政治稳定，国家社会全面重建和稳步发展，经济步入上升新轨道。在政治稳定的基础上，新王国政府推行全面对外开放的自由市场经济政策，这也给柬经济复苏和发展注入了新活力。

为了最大限度地吸收外国资金用于国家经济建设，柬埔寨王国政府为境外投资者提供了涵盖税收、土地使用、外汇管理等方面在内的最为优惠的投资政策，并给予内外投资者除购买土地所有权外的"同等待遇"，吸引许多外国企业把柬埔寨作为投资和海外业务拓展的首选地。随着社会基础设施的逐步恢复和不断完善，柬埔寨各经济领域发

展迅速，投资环境渐好，国内外投资不断增加，对外贸易迅速增长，带动了整个国家经济的迅速发展。特别是进入新世纪以来，柬埔寨以一个崭新的形象走进国际投资者们的视野，从一个充满了战乱、饥荒和众多不安定因素的落后国家转变成一个内政稳定、优势明显、极具吸引力的投资首选地和国际新兴市场。

从1993年以来柬埔寨国家经济发展所取得的成效和速度来看，大致可以将其经济发展划分为经济复苏、超高速发展、理性增长三个阶段：

第一个阶段为1993—2003年，是柬埔寨经济在国家实现和平后经济复苏的阶段。

1993年大选后，第一届柬埔寨王国政府开始着手推动经济建设，柬埔寨进入经济复苏的起步阶段。1994年，柬埔寨王国政府颁布的《投资法》，以极其优惠的措施和条件吸引外资，在很大程度上刺激了柬埔寨经济的复苏和发展，直接表现为外商赴柬投资额呈显著增长趋势。在加强自身基础设施建设、扩大外资来源的同时，柬埔寨还积极通过国际援柬会议、联合国开发计划署、亚洲开发银行等国际机构和世界各国争取援助资金，用以发展经济和开展国家建设。截至1996年，柬埔寨协议投资总额达到了60亿美元。

1993—1998年第一届柬埔寨王国政府任职期间，柬埔寨由奉辛比克党和人民党联合执政，由于在相关政策的制定和出台方面两党还存有一定分歧，使部分赴柬投资者仍存顾虑，在一定程度上影响了柬埔寨经济发展的速度。特别是1997年7月在金边爆发了两大政党的武装冲突，即所谓的"七月事件"，加之此时东南亚金融风暴席卷泰国，柬埔寨也未能幸免。在内外两方面因素的综合作用下，柬埔寨经济发展速度急转直下，1998年该国GDP增长率仅为2.1%，为1993年以来的最低点。

不过，经过短暂的萧条后，柬埔寨整体经济局势随着政局的变化很快得以恢复。在1998年的第二次全国大选中，柬埔寨人民党赢得大选。洪森首相领导的"经济政府"就此诞生，柬埔寨开始步入了经济发展快速上升的轨道。1999年，柬埔寨经济实现"爆发式"增长，GDP增长率首次突破两位数，达到10.8%。在接下来的4年时间里，柬埔寨经济尽管没有再次实现1999年那样的超级增长，但一直保持了向好态势，GDP年增长比例均超5%，吸引外商投资总额近5亿美元。

第二个阶段为2003—2009年，是柬埔寨经济取得举世瞩目的超高速发展的阶段。

2003年柬埔寨举行第三次全国大选，人民党推行的经济发展政策赢得民众支持。人民党在大选中获得47.35%的选票，体现了柬埔寨民众对洪森所领导的"经济政府"执政能力和建设成就的认可与肯定，也为柬埔寨经济得以步入一个超高速发展的新时代提供了良好的条件。

据统计，2004—2007年，柬埔寨王国政府推出的"四角战略"成果显著，柬埔寨连续四年实现国民经济两位数增长，成为亚洲乃至全球范围内经济增速最快的国家之一。

2008年，全球金融风暴减缓了柬埔寨经济的"超高速增长"的势头，致使其GDP增速迅速回落。由于柬埔寨的外向型经济高度依赖于欧美国家给予的服装纺织品出口普惠制待遇以及旅游业，因而在金融危机的冲击下，上述行业都受到了巨大冲击，导致2009年柬埔寨GDP增长率骤降为0.1%。然而，金融危机并没有完全阻滞柬埔寨经济发展的步伐，柬埔寨很快就走出了金融风暴的阴影，重新步入经济上升的轨道。经济发展的实践和成效再次表明，柬埔寨已经完全脱离1997年"七月事件"以来的低谷，相对固定的经济结构和初步完善的经济体系为实现柬国经济全面发展和高速增长铺平了道路，一个"蓄势待发"的相对稳定的经济发展新格局已逐步成形。

第三个阶段为2009年至今，是柬埔寨经济步入理性增长的阶段。

2009年以后，柬埔寨迅速走出了全球金融危机的阴影，GDP增长率在2010年就已经恢复到6%，并在此后一直保持在7%左右，重新步入全球经济高速发展国家的行列。柬埔寨经济的高速发展得益于国家政局的稳定和政府政策的连续性，洪森领导的柬埔寨王国政府多年来一直致力于推行经济私有化和贸易自由化，坚持以发展经济、消除贫困作为国家战略发展的首要任务，把农业、加工业、旅游业、基础设施建设及人才培训列为优先发展领域，并在全国范围内不断推行和深化行政、财经、军队和司法等方面的改革，力求提高政府工作效率，改善投资环境，不断吸引外来投资，以给柬经济发展注入强劲动力。

值得关注的是，2013年以来，尽管柬埔寨GDP增速始终保持在7%左右的水平，但其经济结构和各领域经济活动发展却在发生一些新的变化。主要体现在：农业发展受到冲击。由于受自然环境等因素影响，全柬农业增速大幅下降，2013 年跌至 1.6%，此后至今一直处在 1% 以下的水平。工业稳定发展。工业平均增速维持在 10% 以上，其中纺织业增长基本稳定，增速略低于工业各领域平均水平。建筑业异军突起，尽管增速总体放缓，但相对其他工业领域仍有明显优势，始终处在较高水平。旅游业在实现 2012、2013 年的大幅增长后迅速回落。受旅游业影响，服务业增速也有所放缓，但在不断消化旅游业之前积累的增长成果的基础上，服务业增幅整体上高于旅游业的增长水平。

　　在农业增速大幅下滑、旅游业和服务业增速逐渐放缓的大背景下，柬埔寨依旧能够保持 7% 左右的 GDP 增长，缘于工业发展对经济的支撑作用。近年来，柬埔寨王国政府对工业开发的重视程度和扶植力度逐渐加大，2015 年推出的《2015—2025 柬埔寨工业发展政策》在一定程度上激发了外来投资者对投资柬埔寨工业项目的积极性，刺激了柬埔寨工业的发展，为柬埔寨保持经济高速发展奠定了基础。同时，工业的发展为柬埔寨国民创造了更多的就业岗位，对于国民收入的增长也有积极意义。2016 年 7 月 1 日，柬埔寨正式脱离最不发达国家行列，成为中等偏下收入国家[①]。尽管柬埔寨部分经济学家认为，脱离最不发达国家行列会使柬埔寨失去获得某些优惠政策的权利，如欧盟提供的最不发达国家商品免关税待遇、免配额的"除武器外一切都行"优惠待遇以及普惠制待遇等，但不可否认的是，这一成果仍然能够客观反映出近年来柬埔寨在经济建设方面所取得的巨大成就。

　　柬埔寨官方公布的一系列数据也证实了柬埔寨经济的高速增长和人民生活水平的显著提高。2017 年 12 月 27 日，"2017 年统计工作暨 2018 年工作目标"会议在金边举行，柬埔寨计划部大臣蔡唐指出：近年来，柬埔寨的经济增长率在 7% 上下浮动，2014 年贫困人口率已降至 13.5%，另外失业率不断下降，柬埔寨人民生活水平不断地提高。

[①]　根据世界银行的规定，人均国民总收入（GNI）低于 1 025 美元的国家被列入最不发达国家（LDC）；人均国民总收入 1 026～4 035 美元的国家被列入中等偏下收入国家；人均国民总收入 4 036～12 745 美元的国家被列入中等偏高收入国家；人均国民总收入超过 12 746 美元的国家则被列入高收入国家。世界银行预测显示，柬埔寨人均国民总收入从 2014 年的 1 020 美元增至 2015 年的 1 096 美元。

2017年，柬埔寨人民平均年收入已经达到1 330美元，让柬埔寨跻身中等偏下收入国家的行列，柬埔寨王国政府也将让柬埔寨在2030年成为中等偏上收入国家，并在2050年跻身发达国家的行列。2018年1月4日，柬埔寨央行召开"2017年工作总结暨2018年工作目标"会议，并公布了"2017年工作总结暨2018年工作目标报告"。报告指出，2017年柬埔寨国家经济增长率为6.9%，这一成绩得益于服装制造业、旅游业、建筑业与金融业的发展。

第二节　　农业

　　柬埔寨是传统的农业国家，农业是推动柬埔寨国民经济发展的重要支柱产业。柬埔寨农业发展有着天然的优势，有着优越的地理和气候优势，土壤肥沃，湖泊、河流众多，气候暖湿，全年平均气温可达27 ℃。柬埔寨的主要粮食作物包括水稻、玉米、薯类、花生和豆类等，主要经济作物有橡胶树、胡椒、棉花、糖棕、甘蔗、咖啡、芝麻、蓖麻、黄麻和烟草等。稻谷是柬埔寨主要的农业产品，也是柬埔寨王国政府重点支持开发的农业种植和出口项目；其次是玉米，主要种植在东部高原地区和首都金边附近，以磅同省和干丹省居多。除农业种植发展潜力巨大外，柬埔寨在水产业、畜禽养殖业以及橡胶等经济作物种植业等领域的产值也占有一定的比例。橡胶树是柬埔寨最主要的经济作物，种植历史悠久，主要分布在东北部磅湛、磅同、桔井和腊塔纳基里等省份的红土地区，其中有90%以上集中在磅湛省；胡椒主要产于贡布、茶胶等省份的沿海湿润地区，其产量、质量曾一度位居世界前列。

　　近年来，柬埔寨的农业发展取得了令人瞩目的成就。特别是在柬埔寨王国政府对农业提供的政策和资金扶持的推动下，通过农林渔业部及农科院、橡胶研究所、内陆渔业研究与开发研究所、国家动物防疫与繁殖研究中心、林木与野生植物科研所等农业领域研究机构的努力，柬埔寨农业技术与开发取得了突破性进展，农产品出口总量稳步增长，2012年、2013年、2014年和2015年柬埔寨农产品总出口量分别达到68 045吨、3 659 908吨、3 445 267吨和4 157 253吨（MAFF，

2016)。但总体来说，柬埔寨农业生产技术仍然相对落后，其农业总产值和农作物产量并没有达到与其丰富的农业生产资源相匹配的理想程度。随着经济的不断发展，柬埔寨逐渐调整国家经济结构，工业和服务业的地位得以加强，农业产值占GDP比例在波动中整体上呈现下滑的趋势，自2000年以来基本维持在30%左右的水平。

据统计，2000年柬埔寨的农业产值为10.86亿美元，占GDP的33%，同比增长-2.1%；农业人口约占总人口的85%，占全国劳动力总数的78%；可耕地面积670万公顷，其中可灌溉面积120.6万公顷，占其国土总面积的18%。受工业和服务业增长的影响，2006年柬埔寨农业占GDP比例继续下滑到30.1%，但此后由于受到2008年全球金融危机的冲击，柬埔寨工业和服务业增长放缓，特别是其工业制造业产值在2009出现大幅下滑，使农业占GDP的比例有所回升。据统计，柬当年农业产值约占GDP总量的34.2%，其中以水稻种植为主，种植面积为229.8万公顷，总产量约为590.6万吨，占GDP的10.9%；其他种植业占8.2%；畜禽养殖业占4.8%；渔业占7.3%（其中淡水鱼产量约为36.5万吨）；林木业占2.9%。2012年，全柬农业占GDP的比例回升至36.8%，重居各领域之首。

2012年以来，随着世界经济的复苏，柬埔寨工业和服务业重新步入快速上升的轨道，而农业增幅却始终低于GDP水平。特别是在2012年以后，柬埔寨农业发展遭遇瓶颈，其增长率在2013年下降至1.6%，创历史新低，其中畜牧业几乎为"零增长"，而林业则出现"负增长"。农业增速放缓使柬埔寨农业GDP占比继续下滑，到2015年时下降到29%。根据中华人民共和国驻柬埔寨王国大使馆经济商务参赞处公布的数据显示，2015年柬埔寨农业产值微增，渔业增长显著。其中，农林渔牧业中农业种植业占比60%、林业占比7%、渔业占比22%、畜牧业占比11%。全柬农业稻谷种植面积为305.1万公顷（水稻256.2万公顷），同比下降0.13%，每公顷产量3.085吨，同比增长0.22%，全年稻谷产量933.5万吨，同比增长0.12%，除满足国内需求外尚余稻谷约450万吨、大米290万吨可供出口。全年农产品出口415.7万吨。截至2015年年底，全柬橡胶树种植面积38.8万公顷，橡胶产量12.68万吨，同比分别增长9.2%和30.7%；渔业产量14.3万吨，同比增长19.2%；畜牧业方面，柬全国共畜养黄牛和水牛340.76万头，同比下降 5.2%，生猪 277.5 万头，同比增长 1.5%，家禽类饲养 3 450.1 万只，同比增长 9.3%。

尽管 2013 年来柬埔寨农业增速出现大幅下滑，农业总量趋于稳定水平，但其在农业技术开发方面仍有广阔的发展空间，其农业投资市场也具有较大潜力。柬埔寨王国政府十分重视农业的发展，制定出台的"四角战略"始终将农业作为国家发展的重点领域，在 2016 年 5 月 12 日举行的"柬埔寨农林渔业部 2015 年工作总结暨 2016 年工作目标"会议上，洪森首相专门强调了农业发展工作的十点方案和建议，主要内容包括改进生产技术，提高农产品的质量和产量；提高农业研究和宣传工作，适应国际、区域和国内粮食需求增加趋势；改善水利系统，增加多季农作物种植能力；巩固组建农业社区运作，加强私人领域合作发展农业；大力推广香米稻种；打击非法砍伐森林、打击非法捕猎野生动物等犯罪活动等。尽管柬埔寨王国政府对农业发展的重视程度逐步提高，但总的来说，由于柬外来投资大量流向服装纺织、基础设施建设、旅游服务等领域，涉及农业的比例较为有限，从而导致其农业发展相对滞后，GDP 占比逐渐减小，其主要原因在于：农业投资所需资金量大、见效慢；水利等农业配套设施落后，农业生产和加工的现代化程度不高；国内运输成本过高，出口通关手续烦琐；缺乏对产品有效的推广和宣传等。

由于受到了投资规模、成本、技术条件和品牌效应等方面原因的限制，柬埔寨在农业投资领域始终没有实现大规模的突破。2009 年，受国际金融危机的影响，柬埔寨各个行业都受到了巨大的冲击，国家经济增长速度减缓，工业出口和外来投资出现了大幅度的下滑，但农业尤其是粮食生产获得了大丰收，剩余稻谷近 300 万吨，这重新燃起了人们对农业投资的希望，也让柬埔寨王国政府对打造农业现代化国家的重要意义有了更为深刻的认识和理解。洪森首相曾公开表示，经历过国际金融危机之后发现，发展农业能够保证粮食安全和农村经济发展，并可创造更多的就业机会，吸收在工业和服务业领域失业的劳动力。

在上述背景下，加大农业投资，大力促进农业发展特别是稻谷生产和大米出口，对柬埔寨这个传统农业国而言是一项一举多得的重要举措，也是新时期王国政府选择的用以突破经济发展瓶颈、摆脱金融危机影响的一条新路。农业发展一方面能够解决柬埔寨国家粮食安全问题，提高人民生活水平，创造更多的就业机会，直接实现占人口绝大多数的农业人口的减贫和脱贫；另一方面可以通过推动农业领域发展，实现柬埔寨贸易出口的增长，增加其外汇收入，减少国家经济对服装出口业、旅游业等的依赖，确保国家经济的持续发展。

2018年1月3日，"农林渔业论坛"在柬埔寨首都金边召开。农林渔业部部长翁萨坤对近年来柬埔寨农业各领域的发展成绩进行了总结，体现了柬埔寨农业领域未来发展的潜力和空间。据柬埔寨农林渔业部统计，柬埔寨稻谷种植面积从2012年的300万公顷增至2016年的309万公顷，而稻谷产量从2012年的929万吨增至2016年的982万吨，增长率为5.6%，并在2017年实现产量新突破，达到1 027万吨；农业机械化生产比例逐步提升，目前农业机械化生产比率高达93%；除稻谷外的各类农作物与工农作物的种植面积也有所提高，如玉米种植面积从2012年的91万公顷增至2016年的100多万公顷，产量从2012年的1 085万吨，增至2016年的1 677万吨；近5年农作物出口量也明显增长，从2012年的68万吨增至2016年的470万吨。此外，市场需求的迅速增长为养殖业的发展注入活力，2017年养猪业同比增长2.9%，禽类养殖同比增长5.4%，养殖模式由家庭式养殖向商业化养殖转变，养殖量显著增加，养殖规模不断扩大。

第三节　工业

柬埔寨是传统的农业国家，其工业基础相对薄弱，工业门类单一，与周边国家相比发展较为落后。多年的战乱导致柬埔寨的社会基础设施损毁严重，国内水、电、通信、交通等配套设施尚待完善，公共服务费用价格水平较高，导致工业生产费用和成本过高，影响工业发展。此外，由于受到生产技术落后和机械设备陈旧、国际的市场供求信息不畅、价格低廉的走私品对当地工业产生冲击等诸多原因的影响，柬埔寨的民族工业发展始终面临重重困难。

近年来，在柬埔寨王国政府的大力扶持和推动下，柬埔寨工业取得了令人瞩目的发展成就。服装纺织业异军突起，成为柬埔寨经济发展的重要支柱；建筑业在旅游业和房地产业的推动下增长迅速，成为政府大力支持的新兴产业。另外，工业园区发展迅速，为各门类工业的发展奠定了基础。柬埔寨工业产值不断增加，占GDP的比例逐步提升。2010年以来，柬埔寨工业增速始终维持在10%以上，被视为国民经济增长的主要动力。服装纺织业虽然是柬埔寨的新兴行业，但其规模在工业门类中位居前列，是柬埔寨工业的主要行业，也是国民经济的重要支柱之一，服装纺织类产品是柬埔寨主要出口产品之一，为维护柬埔寨在国际贸易中的地位及获取外汇提供了保障；建筑业是柬埔寨增长速度最快的行业，2014年时柬埔寨建筑业实现"爆发式"增长，增速达到21.4%，此后虽然有所回落，但仍保持在较高水平，为柬保持国民经济高速增长提供了重要支撑。

一、服装纺织业

柬埔寨工业发展的可持续性有所提高，工业增速相对稳定，主要体现在服装纺织类产品出口额稳步增长以及服装纺织业和建筑业的相互补充。2010年以来，柬埔寨服装纺织品出口呈现稳步增长态势，出口总额不断增长，且出口产品附加值发生了一定的变化。从柬埔寨财经部的统计数据来看，2014—2015年柬埔寨服装纺织类产品出口量增幅由15.5%下降至13.1%，而出口总值增幅则由10.7%上涨至14.5%，说明柬埔寨服装纺织品的附加值有所提高。

从柬埔寨服装纺织品出口对象国及相应出口额来看，欧盟和美国仍然是柬埔寨服装纺织品出口的主要市场，出口到欧盟和美国的服装纺织品总量约占出口总额的70%。从2014年开始，欧盟超过美国成为柬埔寨服装纺织品出口的第一大市场。2011—2016年，柬埔寨出口到欧盟国家的服装纺织品总额稳步上涨，2016年1月—6月柬埔寨出口欧盟的服装纺织品继续增长，占全柬此类产品出口总额的45%；而柬埔寨对美国服装纺织品出口量下降了11.7个百分点，对美国出口额占此类产品出口总额的24.9%，美国保持柬埔寨服装纺织类产品第二大出口市场的地位。

二、食品、饮料和烟草加工行业

食品、饮料和烟草加工行业是柬埔寨的新兴工业门类，尽管该领域工业基础薄弱，但随着柬埔寨人民生活水平的提高，特别是旅游业的快速发展，为这些行业的发展创造了空间，柬国内对此类工业产品的需求日益增长，推动该行业迅速发展，同时对柬经济整体发展产生积极推动作用。据统计，2012—2015年，在柬登记注册的食品、饮料和烟草加工企业数量上涨了40%，此类企业为柬埔寨带来的税收收入由2012年的6 420亿瑞尔增长到2015年的10 230亿瑞尔，增幅达59%。食品、饮料和烟草加工行业的发展一方面满足了柬国内对食品、饮料及烟草类产品的需求，另一方面对于进一步改善柬埔寨进出口贸易结构有积极作用。根据柬埔寨财经部提供的数据显示，2014—2016年6月，柬埔寨新增中小型食品、饮料和烟草加工企业124家，其中以2014年增幅最为显著，该年新增食品、饮料、烟草加工类企业近百家，新增数量分别达到60家、20家和18家。新增企业提供的产品在一定程度上缓解了柬埔寨在食品、饮料和烟草类产品方面的进口压力，直接体现在2015年1月—6月柬埔寨食品、饮料和烟草类产品进口量增幅为27%，而2016年同期则下降至21%。

三、建筑业

2012年以来，在房地产行业的推动下，柬埔寨建筑业发展迅速，增幅在2014年达到峰值，实现21.4%的年度增长。此后，由于受房地产行业遇冷及临近新一届大选等因素的影响，柬埔寨的建筑业增速逐渐放缓。这一情况使柬埔寨建筑领域相关材料和设备进口发生了明显变化，尽管建筑材料进口量仍然保持较高增长速度，但水泥和钢材进口量增速已呈现明显下降趋势，特别是水泥进口在2015年出现大幅下滑。建筑业增速放缓的另一个表现为建筑业贷款总额增幅明显下降，由2015年前6个月的41.9%下降到2016年同期的15.7%。

《柬埔寨2016年宏观经济评价报告》显示，柬埔寨经济学家对房地产行业遇冷、建筑业增速回落的现状仍持乐观态度，认为柬埔寨将由此而面对一个投资更加理性、发展更为合理的房地产市场，但柬埔寨城市住宅的巨大缺口使其建筑业的发展潜力不容小觑。该报告指出，根据柬埔寨城市发展战略中心研究报告显示，2014年柬城市人口为450万，约占全国人口的27.1%，预计2030年城市人口将增至792万，约占全国人口的44%。2015—2030年的15年里，柬埔寨城市至少需要

80万套住宅，每年住宅需求量超过5万套。

尽管2014年后柬埔寨建筑业增速有所放缓，但总体上呈现上涨趋势，建筑业投资始终保持了一定体量。进入2017年以来，柬埔寨建筑业增速逐步回升，根据柬埔寨国土规划、城市建设与建设部的报告显示，2016年全柬建筑业总投资额为55.8亿美元。2017年上半年，国土规划、城市建设与建设部共批准建筑项目1 523项，其投资总额达到近50亿美元，比去年同期增长27.44%；投资项目总面积达728万平方米，包括住宅区项目14项、5层楼以上大楼43栋。根据柬埔寨国土资源、城市规划与建设部的统计数据显示，2017年上半年赴柬投资建筑领域的企业来自18个国家，累计投资项目达309项，协议投资额共计约47亿美元。

建筑业的发展为柬埔寨经济增长提供了有力支撑，对于创造就业、提高人民生活水平也有积极作用。《金边邮报》报道称，柬埔寨房地产呈现爆发性增长，带动了整个柬埔寨建筑建材相关行业的大幅增长。据统计，截至2017年6月，柬埔寨共有1 006家持有效执照的建筑公司，包括966家建筑公司及50家建筑设计公司，2016年以来创造工作岗位超过20万个。

第四节　旅游业和服务业

❖ 一、旅游业

旅游业是柬埔寨的支柱产业之一，在柬埔寨国民经济中占有重要地位。1998年大选巩固了人民党在柬埔寨政坛的地位，社会安定和经济发展的整体局面为柬埔寨发展旅游业打开了国际市场。2000年，柬埔寨王国政府着力推行"开放天空"的政策，鼓励外国航空公司开辟直飞金边和吴哥旅游区的新航线，同时通过加大在旅游行业的资金投入，充分开发和利用柬国内丰富的自然旅游和文化旅游资源，推动古迹修复工作，开发新建旅游项目，并不断改进和完善国内旅游环境，提高相关配套设施和服务业水平，重建了国际游客对柬埔寨旅游的信心，为柬埔寨旅游业发展奠定了良好的基础。

在国内外因素的综合作用下，柬埔寨旅游业增长显著，2004年后曾一直保持高增长态势，到2007年时，柬埔寨全年接待国际游客总数增至201.52万人次①，比上年增长约18.54%。2008年全球金融危机给柬埔寨旅游业造成巨大冲击，柬埔寨旅游业增速迅速回落，之后在2012年重新步入高速增长的轨道。2012年，柬埔寨旅游业呈现强劲增长态势，旅游业产值增长率达到12.5%，接待国际游客人数增长24.4%，创历史新高；2013年柬埔寨旅游业继续实现高增长，旅游业产值增长率达到峰值，实现13.8%，接待国际游客人数增长17.5%，总人数首次超过400万人次。

2013年后，柬埔寨旅游业保持增长态势，但发展速度逐渐放缓，旅游业产值和接待国际游客数量增幅均出现一定程度下滑。2014年，柬埔寨的旅游业产值增长率回落至6.1%，此后一直维持在2%~3%的水平。尽管如此，柬埔寨接待国际游客总数继续增长，在2016年时首次突破500万大关，达到5 011 712人，较2015年上涨了5%。与此同时，柬国民出国旅游的人数也呈现上涨趋势，2016年达到1 434 030人，增幅为20.1%。2017年柬埔寨旅游业实现新突破，根据柬埔寨旅游部报告显示，2017年全年柬埔寨接待外国游客560万人次，为柬国民创造了62万个直接就业机会。2018年柬埔寨旅游业继续保持乐观增长，共接待国际游客620万人次，为柬埔寨带来43.56亿美元外汇收入。

近年来，随着柬埔寨经济的发展，其重要旅游资源和社会基础设施不断完善，为旅游业的整体发展奠定了基础。在世界各国的共同帮助下，吴哥古迹得到了有效的保护和修复，重要旅游景点道路设施条件逐步改善。在重视传统旅游开发的同时，柬埔寨王国政府依托高棉传统文化和自身的自然旅游资源，通过举办吴哥宋干节、推出"吴哥的微笑"大型文化演艺项目等方式，不断丰富国内旅游产品的内涵，开发各类创新型旅游项目，推动传统旅游产业不断升级，促进文化旅游产业发展，为柬埔寨经济持续发展注入强劲动力。

文化旅游已成为柬埔寨发展旅游产业的重要举措和方向，2017年

---

① 据柬埔寨旅游部统计，2006年赴柬游客人数为170万，2005年为140万，2004年为100万。

9月12日，柬埔寨首相洪森出席在中国广西南宁举办的第十四届中国—东盟博览会、中国—东盟商务与投资峰会开幕大会，在致辞中强调：柬埔寨十分重视并大力支持旅游业优先发展。旅游业不仅是柬埔寨经济发展的支柱，为柬埔寨国民创造大量就业机会，帮助民众摆贫困，而且被视为区域一体化的重要支撑领域，柬埔寨将旅游业喻为"绿色黄金"。柬埔寨是区域内极具吸引力的旅游目的地，拥有独一无二世界奇迹——吴哥古迹，以及众多古寺和丰富的非物质文化遗产，包括高棉民族的传统戏剧、舞蹈、雕刻艺术、绚丽多彩的传统文化和风俗习惯，以及独特的高棉美食。这些重要的文化资源，与柬埔寨美丽的海滩和绿色的天然丛林相结合，构成了人民所赞誉的"奇迹王国"。

值得一提的是，中国在推动柬埔寨旅游业发展方面发挥了重要作用，两国旅游业合作日益深入，无论在基础设施修建、旅游资源开发与保护方面，还是在入境游客增长等方面，中国的参与对柬埔寨都是不可或缺的。一方面，中国政府和企业积极参与和支持柬埔寨完善旅游基础设施、保护文物古迹和开发旅游产品；另一方面，中国赴柬游客数量迅速增长，为柬埔寨旅游业的发展提供了重要支撑。在2016年赴柬埔寨旅游的外国游客中，中国游客的人数排名第二，达到约83万人，与2015年相比，增幅超过20%。在中国积极参与推动柬埔寨旅游业增长的同时，柬埔寨王国政府也出台了一系列优惠政策吸引中国游客，拓展两国在旅游领域的合作。柬埔寨旅游部先后颁布了《2016—2020年吸引中国游客战略》和柬埔寨旅游业"'为中国准备好'战略"，并积极制订相关行动计划，加大旅游业从业人员的中文语言能力培训，包括导游及餐厅和酒店的服务人员，并计划为中国游客提供三年多次入境签证等。

二、服务业

柬埔寨的服务业主要涉及与发展旅游业相关的酒店、餐厅和其他配套服务行业。2010年以来旅游业的快速发展拉动了服务业的整体增长，使其在2012—2014年呈现爆发式增长态势，年均增长率超过8%。2014年，柬埔寨旅游业增幅回落对服务业产生了一定的影响。2015 年，柬埔寨服务业增幅下降至 7.1%，其中酒店和餐厅行业增幅下降明显，主要源于该行业在 2012—2013 年实现的 12.5% 和 13.8% 的增长率使其产业容量在一定时间段内几近于饱和，而随着国际游客人数基数的不断增大，柬埔寨旅游业增速逐渐放缓，无法为服务业特别是餐厅、酒店行业的增长需求提供相应的资源支撑，从而导致其增幅整体下滑；与餐厅、酒店行业相比，交通运输、旅游贸易和旅游地产等其他配套服务行业增长虽然出现小幅波动，但整体增幅相对稳定。

柬埔寨的服务业发展与旅游业的兴衰有着直接关系。近年来，柬埔寨旅游业发展的新趋势也给服务业结构优化带来了挑战。随着国际游客总人数的不断增长，短期游逐渐受到追捧，而长期在柬停留的高消费游客群体占比逐渐下降。2014 年，在旅游业增幅整体放缓的同时，柬埔寨也失去了部分来自欧盟国家和俄罗斯的高消费游客。据统计，乘坐飞机前往柬埔寨进行长时间、高消费旅游的国际游客占比由 2014 年的 12.7% 下降到 2015 年的 8.9%，这一变化也给柬埔寨服务行业带来了一定的冲击。

总的来看，在诸多利好政策的推动下，特别是通过拓展中国游客市场，柬埔寨旅游业将在未来一段时间保持相对稳定的增长态势；服务业增幅将继续回落，以消化之前高增长所带来的过剩资源，直至回到与旅游业增幅相匹配的合理水平。随着经济的不断发展，柬埔寨人民物质文化生活水平逐步提高，在一定程度上吸引国内外资本向文化产业流动，这一趋势在旅游业开发方面尤为突出。在柬埔寨王国政府"文化旅游"政策的推动下，柬埔寨相应的旅游产品和配套服务将被赋予更多的文化内涵，逐步迈向高品质、深层次、多元化的发展目标，并以此吸引更多的国际游客，通过不断丰富旅游产品内容、改善旅游消费结构和提高配套服务质量，解决高消费旅游群体占比下降的问题，这也是柬埔寨突破其目前旅游业和服务业发展瓶颈、推动经济实现可持续性发展的重要途径。

第五节　金融证券业

　　20世纪90年代以来，柬埔寨政府采取了一系列措施以实现国家的战后恢复，重建国家经济社会体制，其中包括金融机构和银行业体系的重组和改革。以柬埔寨国家银行为主导的银行业发展迅速，柬埔寨银行机构发展成果颇丰，尤其是电子银行的普及以及小额信贷的迅速发展，为广大民众提供了便利。目前，柬埔寨银行及各类金融机构主要包括商业银行、专业银行、小微金融、农村信贷机构等，机构内部也采取了一系列措施监管金融机构以保证金融行业的稳固发展。此外，证券市场也进入初步发展阶段，由于柬埔寨当地人对股票认知不够普及，目前发展范围仍然受限。未来随着人们对股票和资本市场认知度的提高，柬埔寨金融证券市场前景光明。

一、银行业的发展

1. 柬埔寨国家银行发展简况

　　柬埔寨国家银行始建于1954年12月，正值柬埔寨脱离法国殖民统治后的重要时期，为柬埔寨国家经济重建领域发挥了重要作用。独立后的柬埔寨试图通过制定独立自主的金融政策逐步摆脱法国殖民统治在经济领域的影响，国家银行开始独立发行自己的货币——瑞尔，并推动各国有银行和私人银行逐步恢复运营，国内银行体系渐具雏形。

　　1964年，为服务国家发展整体政策和战略，柬埔寨着手开展银行体系改革，以进一步满足经济发展的需求。通过改革，柬埔寨国家银行从中央自治机构转变成为公共机构形式的工商一体化国有银行，而外国和国内的私有银行全部停止经营。柬埔寨王国政府以国有银行为发展重点，着手建立了国家信贷银行、国家开发银行和农村农业银行等国有性质的银行。1975年，柬国家银行在战乱中被摧毁，瑞尔停止发行，金融系统遭到严重破坏。直到1979年10月10日，柬埔寨国家银行进行重组，更名为"柬埔寨国家中央银行"，后发展成为现今的柬埔寨国家银行。

　　1993年，柬埔寨王国联合政府成立后，通过制定和出台一系列相关法律和监管措施，明确和巩固国家银行在金融领域的地位和作用，推动柬埔寨金融行业稳步发展。1996年1月26日，柬埔寨国会通过国家银行筹建和经营法。根据该法律规定，国家银行的主要任务是制定并指导货币政策以保持价格稳定。1997年8月22日，柬埔寨国会通过货币兑换管理法。此外，柬埔寨国家银行还制订了2001—2010年金融领域发展计划和愿景，这被视为柬埔寨融入全球金融体系、推动金融全面发展的重要标志。

2. 柬埔寨的银行业体系

柬埔寨的经济发展及政治稳定是推动柬埔寨银行体系在公众范围建立信任的重要基础。在柬埔寨王国政府的整体指导和国家银行的努力下，柬埔寨金融行业发展迅速，金融机构数量稳步增长。截至2017年年底，柬埔寨银行及各类金融机构总数达到400余家，其中包括商业银行39家（外国银行分支机构12家，国内银行12家及集团下属银行15家）、专业银行15家（其中包括1家国有银行），吸收公众存款的小微金融机构2家，小微金融机构69家，农村信贷机构313家，金融租赁公司11家。

柬埔寨国家银行统计报告显示，2017年全国金融及银行机构的活动资产增长迅速，达到135.1万亿瑞尔，这主要得益于贷款基金、银行本金以及客户存款的增加。银行金融机构不断扩大自身服务网络覆盖范围，共建立了2 165所分支银行机构，并设置了1 804台自动存取款设备，极大地满足了广大客户在日常生活中对金融活动的需求。同时，信用卡的使用呈现持续增长的趋势，电子银行服务也逐渐普及，特别是银行系统使用安全系数也显著提高。

3. 柬埔寨国家银行对银行机构的监管

政治稳定和经济的高速发展是推动柬埔寨银行业实现高效、安全发展的重要因素。作为柬埔寨银行机构的重要监管部门，柬埔寨国家银行对金融领域从业风险和未来发展前景进行了有效的评估和分析，并通过完善金融法律体系对柬国内各银行的经营进行监督。柬埔寨国家银行主要运用CAMELS评价方法[①]，对每一所银行的安全性进行评估。该评估体系重点针对以下两个方面内容：管理结构、优良监督、

---

① CAMELS是国际通行的商业银行主管部门评判银行运营质量的评级体系。

内部监督以及银行发展的潜在影响；监管银行是否遵守现行法令条例。

就目前情况来看，柬埔寨大部分银行在接受国家银行监管过程中未出现严重问题，但部分银行存在不遵守流动资产供应、优良监督系统以及内部管理条例的情况。如出现上述情况，柬埔寨国家银行会联络相关涉事银行机构的主管人员，责令改正，情节严重者将会收到国家银行的警示文件，且国家银行会对该银行日常业务经营报告随时跟进、调查。此外，柬埔寨国家银行尤其重视对农村信贷机构的监督，旨在为广大农村居民提供最新的金融消息，使其能够享受高效、透明的借贷服务。

4. 柬埔寨银行业的发展成果

近年来，柬埔寨银行机构取得了令人瞩目的发展成就。金融技术的发展以及国民日益增长的需求推动了柬埔寨银行业规模的不断壮大，银行分支增速显著，产品多样性和服务高效性日益提高。截至2017年年底，全柬银行机构的活动资产增长率达到19.3%，信贷增长16.8%，借款增长23.3%。信贷是柬国内推动创业、促进商业发展的重要资金来源，促进信贷发展对柬埔寨经济进步、减少贫困有重要意义。银行机构的信贷功能已经渗透到柬埔寨国民生活的诸多方面，其中零售行业占比17.6%，批发行业占比12.4%，农林渔业占比10.3%，建筑业占比9.5%，个人住房贷款占比9.2%，其他非金融领域借款占比7.3%。

5. 柬埔寨银行业的发展趋势

2017年，柬埔寨本地银行和小额信贷部门继续呈现快速增长的趋势。根据柬埔寨国家银行年度报告数据显示，2017年，柬国内金融机构的数量保持迅猛增长态势，大部分商业银行和小额信贷机构全年的贷款和存款额度呈现大幅度增加。有数据表明，2017年，小额信贷部门的贷款总数达到40亿美元，同比增长25.5%，并且有多达170万柬埔寨人使用小额信贷机构贷款。大部分贷款提供给农业领域的占比达到26.9%，此外，贷款主要流向零售业、服务业、物流业和建筑业，占比分别为18.6%、10.3%、4.5%和3.3%。

柬埔寨国家银行在2018年年初举行的2017年工作总结暨2018工作安排会议上提到，国家银行在2017年的主要目标是在金融包容性和金融稳定性之间取得适当的平衡，以促进经济活动，通过增加融资渠道控制商业银行的流动性风险。柬埔寨金融领域特别是银行业状况不断改善，小额信贷机构不断推动金融服务实现多样化，提供汇款、手机银行、ATM和小额保险等多种金融产品和服务。金融技术的进步和柬埔寨人民需求不断增长，促使银行和小额信贷部门通过建立更多分支机构、提供多样化服务和提高产品和运营的效率及质量等方式，提高资产流动性和加强管理，从而发展和提升银行业的总体发展水平。

✿ 二、证券市场

金融领域的变革是柬埔寨经济高速发展的必然趋势。进入新世纪以后，随着柬埔寨政局的日益稳定和经济的飞速发展，仅仅依靠国际援助和银行贷款的融资模式已经不能完全满足其国家建设和经济发展的资金需求，柬埔寨急需建立一个新的资金筹措机制，以解决其在快速发展的道路上所面临的日益严重的资金压力问题。

2006年11月，韩国总统卢武铉访问柬埔寨，双方签署关于共同组建和开发柬埔寨证券市场的谅解备忘录。之后，柬韩两国证券业当局正式签署合作协议，决定以合资方式投资建立柬埔寨首家证券交易所，作为监管整个证券市场、提供证券交易系统、协调证券交易投资、检查交易正确性和透明度的机构。根据协议的规定内容，柬埔寨财经部将持有公司55%的股份，余下的45%的股权由韩方持有。此外，韩方还负责交易所大楼的设计和兴建工作及相关费用，并提供一定的技术支持和资金援助。2007—2009年，韩国政府出资180万美元，以无偿援助的形式为柬埔寨证券行业培训专业人才。

2007年9月6日，柬埔寨首相洪森在金边洲际酒店举行的发布会上宣布启动成立柬埔寨证券市场的计划，并表示政府将力争于2009年第三季度建立柬埔寨首家证券市场。2007年9月12日，柬埔寨国会召开特别会议，迅速完成了《企业证券发行和交易法》法律草案的审议，并以79票一致表决通过了该法律草案。与此同时，《商业企业法》《破产法》《担保交易法》《金融租赁法》《商业仲裁法》《企业会计、企业会计审计和专业会计法》《民事法》《刑事法》《刑事诉讼法》等一系列相关法律法规陆续出台，为柬埔寨证券市场的建设和发展奠定了坚实的法律基础。

由柬埔寨政府和韩国政府合作建立的柬埔寨证券交易所是柬埔寨

的国家证券交易所，其目标是通过实施资本市场的运作机制，促进资本流通，在柬埔寨建立一个长期、高效的融资渠道，并以投资和资本的重新分配来实现柬埔寨经济的高速增长。由于受世界经济危机、金融风暴以及柬埔寨国内等诸多方面因素的影响，该交易所的开业时间多次推迟，但相关方面一直在努力完善客观条件，推进证券市场的建设工作。柬埔寨首家国家政权监管机构——柬埔寨证券交易委员会于2009年4月29日正式宣布成立，该委员会由9名成员组成，他们分别是来自财经部、柬埔寨国家银行、商业部、司法部、首相办公厅等部门和私营单位的代表，主席一职由柬埔寨财经大臣兼任。

柬埔寨证券交易委员会是柬埔寨证券市场的管理和监督机构，其职责是保证柬埔寨证券市场健康运作，保护投资者取得合法利益，防止出现违规操作和暗箱操纵。2010年年初，柬埔寨证券交易委员会开始公开接受证券营业执照的申请，并通过一年时间的审查，于2010年11月2日向15家获准参与证券交易活动的公司颁发执照，柬埔寨证券市场建设取得重大进展。

2011年7月11日，由柬埔寨王国政府和韩国证券交易所合资成立的柬埔寨证券交易所在金边成立，双方分别持股55%和45%。2012年4月18日，金边税务局在柬埔寨证券交易所成功上市，成为柬埔寨的第一支上市交易的股票，全天总成交量87.9万股，收盘报9 300瑞尔（约2.35美元），涨幅达47.6%，换手率约6.76%。柬埔寨成为世界上唯一一个只有一支股票的国家。

柬埔寨证券交易所的建立改变了柬埔寨固有的融资模式，股票融资成为继传统银行融资后的重要融资方式。尽管建立初期的柬埔寨证券市场还存在股票数量有限和资本运作程度低等诸多问题，但股市使长期性的融资模式在柬埔寨变为可能，同时能够改善上市企业投资新兴市场的环境，为柬埔寨经济发展注入新动力。

柬埔寨证券市场上市交易股票以瑞尔报价，目前交易股票数量虽然已增至5支，即为西哈努克经济特区、金边经济特区、金边港口、崑洲实业和金边税务局，但交易总量仍然有限。柬埔寨的证券市场仍然处在起步阶段，发展相对缓慢，其走向成熟还需要一定的时间。随着人们对股票认知程度的不断提高和资本市场的逐步完善，柬埔寨股市的发展将逐步加速。2015年，柬埔寨证券交易所成立创业板，并对申请上市的企业提出了明确要求，即在创业板上市的小公司须支付50万美元注册金，在主板上市的大公司则须缴纳750万美元注册金；申请创业板上市的小型公司只须上报一年财务审计报表，而大公司则须上报两年财务审计报表。

第六节　对外贸易

一、稳步上升的进出口贸易

在1993年柬埔寨首次大选以前，柬埔寨先后经历了朗诺政权时期、"红色高棉时期"以及国内战乱，闭关锁国的经济政策及过度依赖外国援助的经济状态使其经历了一系列的经济停滞，甚至经济倒退。1993年，随着第一届柬埔寨王国政府的诞生，其经济政策初步改进，实行自由市场经济、全方位对外开放政策，国家经济得以复苏、发展。随后，以发展经济为重心的政府的成立、加入世界贸易组织等一系列经贸领域相关的举措使得柬埔寨经济发展逐渐步入正轨，其中，对外贸易在柬埔寨经济增长中发挥了至关重要的作用。

自20世纪90年代以来，柬埔寨进出口贸易额虽然时有波动，但总体上呈现稳步上升的态势。2012—2017年，柬埔寨的出口年增长率保持在5.7%左右，出口贸易额从2012年的120亿美元增至2017年的158亿美元。到2017年时，柬埔寨出口额达到158亿美元，世界排名第七十四位。出口产品以针织毛衣为主，其出口额占柬埔寨出口总额的13.4%，其次是女士服装，占9.6%。2017年，柬埔寨进口额为120亿美元，世界排名第八十三位，进口年增长率为0.5%。其主要进口产品为黄金，占柬埔寨进口总量的17.6%，其次是轻型橡胶针织面料，占12.5%。

欧盟为柬埔寨提供的"除武器外全部商品免关税、免配额"（EBA）待遇为柬埔寨带来了巨大利益，欧盟成为柬埔寨主要的出口目的地，占柬埔寨出口总额的50%。近年来，柬埔寨对欧盟出口增长迅速，2011—2016年增长了227%。2017年，柬埔寨对欧盟出口总额达到50亿欧元，在所有EBA收益国中排名第二。此外，美国也是柬埔寨产品的主要出口目的地国，2017 年柬埔寨对美国出口贸易额达到 30.6 亿美元，占其总出口贸易额的 19%。

近年来，随着"一带一路"倡议及"东盟经济一体化"的进程的不断推进，柬埔寨与亚洲各国和地区间的贸易额逐渐增加，其中日本和中国成为其在亚洲地区的主要贸易出口对象。而柬埔寨的贸易进口方则主要集中在亚洲地区，其中中国是其最大的贸易进口来源国。

二、与中国的经贸合作

由于海上丝绸之路的连接，中国和柬埔寨之间贸易交流的历史悠久。长期的经贸往来丰富了两国人民的物质生活，传播了先进的技术，促进了两国文化的沟通。互利互惠的经贸交往让中柬人民结下了深厚的友谊。

自 1993 年柬埔寨王国联合政府建立以来，柬政局稳定，经济迅速增长，与中国的双边经贸往来不断增强。

在柬经济恢复重建时期，中国为该国的经济发展做出了巨大贡献。据统计，从 1992 至 2011 年的 20 年间，中国向柬埔寨提供的无偿援助、无息贷款、优惠贷款近 21 亿美元。另据柬埔寨 2012 年国家预算草案显示，当年柬政府计划向合作伙伴申请贷款总额约 12.25 亿美元，而中国计划向柬埔寨提供贷款的总额就达 7.67 亿美元，约占提供贷款总额的 62%，是计划向柬埔寨提供贷款总额最多的国家。中国对柬埔寨的优惠贷款主要用于路桥、水利、电网等基础设施建设领域。在优惠贷款支持下，中企在柬修建公路、桥梁、水利设施。截至 2019 年 1 月，中国为柬埔寨新建、改造公路 20 多条，总里程超过 3 000 千米，极大地改善了柬的交通状况，方便了该国的民众出行，助推柬国内互联互通。中国修建的水利设施改善了柬多地用水状况，使水稻种植由一年一季变为一年两季，大大提高了该国的农业产出。此外，水利设施还对减轻雨季水灾和旱季旱灾带来的损失起到了重要作用。电网项目让许多家庭用上电。这些项目为柬改善民生、削减贫困起到积极作用。

中国对柬的无偿援助和无息贷款则主要用于柬农业、教育、救灾、信息技术、农户生活改善、人力资源培训等。农业领域，中方派出专家、赠送农用和林业设备、修建农业实验楼；教育领域，中方提供教学和实验器材、修建教学楼；救灾领域，中方提供粮食等物资援助。中方还在援款项下通过多双边渠道每年为柬培训各类人员200余名。

　　中国的援助符合柬埔寨的需要，而且没有附加任何条件，对巩固柬埔寨主权独立、发展柬埔寨社会经济发挥了巨大作用，同时也为进一步增进两国之间的互利合作奠定了重要基础。

　　随着柬埔寨社会稳定和经济恢复，中国与柬埔寨的国家间经济关系也持续加强。1996年，两国签订贸易促进和投资保护协定；2000年成立两国经济贸易合作委员会。在双方的共同努力下，两国间的贸易额不断增长。2012年中柬双边贸易额达到29.23亿美元，比10年前增长了10多倍，在中国与东盟各国中增幅最高。2013年4月，李克强总理在同柬首相洪森会谈时，提出要推动双边贸易稳步增长，争取实现2017年双边贸易额50亿美元的目标，当年双边贸易额即骤升达37.7亿美元，同比增长29.1%。2015年，在比较严峻的国际和地区经济大背景下，中柬两国之间的经贸关系仍然保持了较好的发展势头，合作领域不断拓宽，双边贸易额为44.3亿美元，同比增长18%。2017年，中柬贸易额达到57.9亿美元，同比增长21.7%，超额完成两国政府设定的50亿美元目标。2018年，中柬双边贸易额为73.9亿美元，同比增长27.6%，继续保持高速增长的势头。中柬贸易真正做到了互通有无、合作共赢。中方对柬的主要出口产品为柬埔寨经济发展所需的纺织品、机电产品、五金和建材等，而从柬主要进口的为中国产业发展所需的橡胶、木材制品和水产品等。近年来，随着柬埔寨大米生产和出口量的增长，中国也加大了从柬的谷物进口量，2014年1月，中国进口柬埔寨谷物的数量环比激增204.8%；2015年，中国从柬埔寨进口大米达11.683 1万吨，同比增长138%。柬埔寨政府发布的报告显示，正是由于中国大米进口量激增，为大幅度提振柬埔寨的大米出口能力创造了条件，对柬埔寨的农业发展起到了积极的推动作用。

　　长期以来，中国一直是柬埔寨的主要投资国，据柬埔寨发展理事会对外来投资额统计显示，从1994年到2011年，中国对柬埔寨的投资额达到88亿多美元，是柬埔寨最大投资来源国。截至2013年年底，中国累计对柬协议投资96.4亿美元。中国连续多年是柬埔寨最大的外资来源国。中国企业在柬主要投资电站、电网、制衣、农业、矿业、开发区、餐饮、旅游综合开发等领域。中国对柬埔寨的大型投资项目主要集中在能源方面，包括已投入使用的基里隆三号水电站、基里隆一号水电站、甘再水电站和斯登沃岱水电站等。这些项目的投资建设为缓和柬埔寨能源严重短缺局面做出了重要的贡献。特别值得一提的是，中国民营企业成为对柬投资的主力军，在中国对柬投资中，约2/3来自民营企业。

与此同时，柬埔寨政府在坚持"一个中国"的原则基础上，拓展与我国台湾地区的经济贸易往来；台湾地区工商业界也积极开拓在柬埔寨的贸易和投资市场。2015年，我国台湾地区与柬埔寨贸易总额为7.44亿美元，其中台湾地区出口至柬埔寨商品产值约6.9亿美元，柬埔寨出口至台湾地区商品产值约4 700万美元，较前一年有较大幅度的增长。

中国与柬埔寨之间的良好关系也使我国香港特别行政区与柬埔寨的经贸关系得到较快发展。2015年，香港特别行政区对柬埔寨的出口总额为10.24亿美元，同比增长13.9%。同期，香港特别行政区从柬埔寨的进口总额达2.39亿美元，同比年增长97.4%。

随着柬埔寨对外开放政策的不断完善，在未来柬埔寨会更好地融入国际市场及世界经济发展的大潮当中，而其对外贸易额将进一步增长，也将成为推动柬埔寨经济发展的主要动力之一。

第九章 "一带一路"框架下的中柬合作

第一节　推进中柬关系深化发展的新契机

2013年，习近平主席提出了"一带一路"的重大倡议，成为新时期区域乃至世界共同发展的宏伟构想。"一带一路"倡议扎根历史、融通古今、连接中外，在古代丝绸之路的基础上重新阐释了和平、发展、合作、共赢的时代内涵，为沿线各国的共同发展与繁荣点燃了希望。柬埔寨是"一带一路"沿线上的重要国家，与中国开展共建"一带一路"合作有着天然的便利条件。柬埔寨自古就是海上丝绸之路沿线的重要国家，扶南王国的强盛和吴哥王朝的辉煌都与连接东西方贸易的海上丝绸之路有着密切的联系。因此，无论是从双边关系、地理区位，还是资源禀赋等领域，中国都把柬埔寨视为"一带一路"合作的重要伙伴，认为柬埔寨的积极参与能够为"一带一路"建设，尤其是"21世纪海上丝绸之路"的建设做出重大贡献。

对柬埔寨来说，"一带一路"倡议所带来的资金和技术，对于满足柬埔寨当前社会发展的迫切需求是十分必要和关键的。"一带一路"建设是柬国家建设和经济发展的重大机遇。"一带一路"倡议也有益于柬埔寨进一步利用其地缘优势，在东盟内部及东南亚区域合作中发挥更重要的作用。柬埔寨位于越南以西、老挝以南、泰国以东，且濒临泰国湾，拥有条件优越的海港——西哈努克港，因而在东盟共同体建设，特别是互联互通中占据重要地位。柬埔寨与三个接壤的邻国之间的政治和经贸关系都比较密切。随着"21世纪海上丝绸之路"倡议的实施，柬埔寨将进一步发挥在区域合作，特别是在互联互通建设中的作用。例如，柬埔寨的主要深水港——西哈努克港将得到进一步发展，成为"21世纪海上丝绸之路"上的重要港口和运输枢纽，不仅将促进铁路、公路等配套运输系统的建设，而且也能够带动其周边及向内地辐射地带的经济发展。西哈努克港的扩容以及纵横中南半岛的运输通道建设，也将进一步推动柬、老、越"三角发展"以及柬、老、缅、泰、越的湄公河经济合作战略，使老挝南部地区的商品可以南下通过西哈努克港出口海外。因此，柬埔寨成为率先支持和参与"一带一路"倡议的国家之一，积极推动与中国在"一带一路"框架下的务实合作，并提出要大力推动柬政府制定的"四角战略"第三阶段国家发展战略规划与"一带一路"倡议的有效对接。柬埔寨积极参与亚洲基础设施投资银行、丝路基金等"一带一路"相关合作机制和项目，在现有的双多边机制的基础上，借助于"一带一路"合作的重要平台，进一步巩固中柬传统友好关系，拓展各领域经济合作，通过不断融入区域和世界发展进程，实现自身的发展与繁荣。可见"一带一路"倡议为中柬关系的发展提供了新的契机，两国能够通过共同努力落实"一带一路"倡议，促进双方在政治、经济、安全、文化、教育等各个领域的合作，保持持续发展和不断巩固的势头。

2013年，习近平主席提出共建"一带一路"倡议以后，得到了柬埔寨高层的积极响应。2014年11月，习近平主席会见洪森首相时，洪森首相表示柬方将全力支持中国的"一带一路"倡议。当习近平在随后举行的2014年亚太经合组织第二十二次领导人非正式会议前召开的"加强互联互通伙伴关系对话会"上宣布：中国将出资400亿美元成立丝路基金，并欢迎亚洲域内外的投资者积极参与之后，洪森首相在翌日举行的工商领导人峰会上明确表示，"在此背景下，柬埔寨愿意支持中国计划，包括'一带一路'倡议，我们愿意在各方面加强我们的努力和支持，包括政治、经济，促进区域内人员、贸易、资金的流动"。洪森首相强调，中国投资400亿美元建立的丝路基金，"对我们是很好的契机，能够推动柬埔寨各方面发展"。柬埔寨官员强调他们需要资金建设海上基础设施，特别是港口、道路等基础设施。

2014年年底，在柬埔寨首都金边举行的中柬政府间协调委员会第二次会议上，柬方高度评价中方提出的"一带一路"倡议以及"东盟-中国命运共同体"等有利于促进地区发展繁荣的倡议以及设立丝路基金、亚洲基础设施投资银行等实际举措，认为这些措施将为柬埔寨的社会经济发展提供重要契机。

2016年10月，中国国家主席习近平对柬埔寨进行国事访问，双方签署了包括关于编制共同推进"一带一路"建设合作规划纲要的谅解备忘录在内的31份合作文件，为双方围绕"一带一路"倡议进一步深化互利合作，共同编制《中华人民共和国与柬埔寨王国共同推进"一带一路"建设合作规划纲要》，并推进中国-中南半岛经济走廊建设创造了有利条件。

柬埔寨首相洪森于2017年5月正式访华并出席"一带一路"国际合作高峰论坛，在和中国国家主席习近平会谈时，双方进一步强调要发挥高层接触对双边关系的引领作用，加强治国理政交流。要深化务实合作，落实好推进"一带一路"建设合作规划纲要，抓好产能和投资合作重点项目，提升经贸合作规模和水平，实施好有关合作项目建设，推动中柬全面战略合作伙伴关系取得更大发展。

2018年1月初，中国总理李克强对柬埔寨进行正式访问并与柬埔寨首相洪森举行会谈。双方发表《中华人民共和国政府和柬埔寨王国政府联合公报》，高度评价双边关系取得的积极成果，为双方关系的发展确定了新的任务和目标。双方表示，要加快中国"一带一路"倡议、"十三五"规划同柬埔寨国家发展战略、"2015—2025工业发展计划"的有效对接，实施好共同推进"一带一路"建设合作规划纲要，切实推进产能与投资合作。李克强和洪森还共同见证了两国各领域19项双边合作文件的签署。

2019年4月25日—29日，柬埔寨首相洪森于率团来华出席第二届"一带一路"国际合作高峰论坛等相关活动。习近平主席和洪森首相举行会谈，双方表示要落实好中柬构建命运共同体行动计划，不断提升两国关系的战略价值和丰富内涵。要深化共建"一带一路"合作，建设好经济特区、机场、公路等重点项目。中方欢迎柬埔寨积极参与"陆海新通道"建设，扩大两国在经济、社会和文化等诸多方面的合作。洪森首相在访华前后接受媒体采访时多次指出，"一带一路"倡议建立在尊重国家主权和平等互利的基础上，有益于中柬两国和平、团结、和谐共处。他历数柬中两国在"一带一路"框架下的合作成果，认为西哈努克港经济特区就是两国合作丰硕成果的证明；金边—西哈努克港高速公路项目将成为促进柬埔寨经济转型的动力；新建的吴哥国际机场将大大改善柬埔寨的基础设施建设，进一步促进柬埔寨旅游业、商业和农业的发展。此外，两国在能力建设、知识分享和人才培养方面也正朝着积极方向迈进。他认为，基础设施建设和互联互通是"一带一路"倡议和柬埔寨"四角战略"接轨的优势，他相信柬埔寨未来的经济社会发展一定得益于"一带一路"倡议中基础设施建设和互联互通的大力支持。他还强调，柬埔寨始终全力支持"一带一路"倡议。

"一带一路"倡议也得到柬埔寨媒体的高度评价。如《高棉日报》曾于2014年11月发表评论文章指出，中国的"一带一路"倡议至少能为柬埔寨带来经济、人文、安全三方面的积极影响。经济方面，柬埔寨不仅仅直接受惠于400亿美元丝路基金的帮助，还能搭上中国的"顺风船"共同"走出去"。当中国与"一带一路"沿线各国在交通基础设施、贸易与投资、能源合作、区域一体化、人民币国际化等领域取得合作时，柬埔寨也将分享其中的红利。特别是未来5年，中国将进口10万亿美元的商品，对外投资将超过5 000亿美元，出境游客数量约5亿人次，柬埔寨将率先从中受益。人文方面，随着"一带一路"沿线国家经贸往来的日益频繁，各类高校、研究机构、企业间的学术交往、人才交流、技术合作等也将日益加强，将为柬埔寨提供有力的技术和智力支持。安全方面，"一带一路"倡议对于保障柬埔寨国家经济安全、打击三股势力、营造和平相处的国际环境方面具有重要意义。

在柬埔寨经济中占据重要地位的华侨华人也对中国的"一带一路"倡议反应热烈，多位柬埔寨华人社团领导人表示，海外华侨华人相当关注"一带一路"建设，期待"一带一路"具体项目能尽早落到实处。

由此可见，中国的"一带一路"倡议无论是在柬埔寨官方还是民间都引起了巨大的反响，他们都把这一倡议视为本国的重要战略机遇，坚信该倡议的实施和具体项目的落实将会对进一步促进柬社会经济发展和加强中柬两国关系发挥积极作用。

第二节 农业合作成为"一带一路"建设新亮点

农业和农产品始终在柬国民经济发展和出口贸易中占有重要地位。但自2013年以来，柬埔寨农业特别是农业种植业增速大幅下降，对柬国内种植业和农产品生产产生了巨大冲击。随着"一带一路"建设的不断深入，农业合作项目逐渐成为"一带一路"建设的新亮点，为柬埔寨稻谷生产和大米出口以及农业技术的提高注入了新动力。

❀ 一、稻谷生产与大米加工出口

水稻是柬埔寨重要的粮食作物，稻谷是最主要的农产品之一，其产值占全国农业生产总值的比例超过80%。柬埔寨水稻种植主要分布在湄公河、巴萨河流域和洞里萨湖的周边地区，这些地区地势较低，多以平原、开阔地为主，被人们冠以"鱼米之乡"的美誉。柬埔寨的"隆都花香米"在2012—2014年举办的世界大米大会上，连续三年被评为"世界最好大米"，成为全球公认的最优质大米。

柬埔寨的自然气候条件非常适合水稻的生长，一年可以达到两熟甚至三熟，但由于柬国内缺乏与农业种植配套的水利设施，且土地利用率不高，导致大部分土地只能种植一季稻，同时因为缺少良种、种植技术相对落后等原因，柬埔寨的稻谷单产量仍然处在较低水平。不仅如此，在交通运输设施发展滞后及缺乏规模性加工企业和大型加工设备的情况下，大量柬埔寨稻谷被泰国、越南等地的大米经销商低价收购，经加工后再以泰国、越南香米的名义出口至世界各地。

近年来，柬埔寨王国政府致力于农业技术的研究和开发，通过柬埔寨农业研究院推动水稻种植技术试点和推广工作，同时积极加强农业国际合作，通过引进先进理念、优质品种和专业技术，不断完善水稻种植条件，提高种植技术水平，取得了一定的效果，单产量有明显提高。但总体而言，柬埔寨水稻生产和育种技术还有很大的提升空间。

2013年，柬埔寨农林渔业部曾在全国范围内开展了农业普查工作，并公布了《2013柬埔寨农业普查报告》，报告指出：尽管2013年柬埔寨水稻种植受到自然灾害的影响，但稻谷总产量仍然保持一定的增长态势。根据农林渔业部官方网站提供的官方数字显示，2013年全柬水稻种植面积达到305.2万公顷，稻谷总产量约939万吨，每公顷产量约为3.163吨。其中，雨季稻种植总面积近2.57万公顷，稻谷产量超过727万吨，平均单产量约为2.925吨/公顷；旱季稻（2013—2014季）种植面积为48.4万公顷，稻谷产量近212万吨，单产量约4.383吨/公顷。

实际上，早在2010年4月27日，柬埔寨首相洪森就在第十五届政府与私人企业论坛上公布了"将柬埔寨打造成为世界大米出口国"的计划，并指示国家经济最高理事会必须在一个月内完成《促进稻谷生产和大米出口政策》草案的制订工作。2010年8月，柬埔寨王国政府正式颁布《促进稻谷生产和大米出口政策》，迈出了稻谷生产和大米出口的具有历史性意义的一步。此后，王国政府相继出台了一系列相关政策，力求通过提高农业生产能力、实现农业多元化和推动农业商业化三大发展策略，通过加大农业资金投入以扶持柬国内水稻种植和大米加工行业的发展。其主要政策措施包括：逐步加大投资，用于改善农田水利灌溉系统、农村公路、农村电网等农业基础设施；推动农业技术创新，鼓励使用高产稻种和现代耕种技术；加大对水稻种植、加工和大米出口的资金扶持力度，鼓励私营企业参与稻谷加工和大米出口；强化农社组织和碾米厂商公会；提高贸易便利化水平，制定大米分级、质量标准和卫生检疫认证体系等。

为确保《促进稻谷生产和大米出口政策》的执行效力，柬埔寨王国政府要求包括财经部、农业部、外交部在内的14个部委通力合作，加大环境投资，改进电力供应、水源灌溉、水稻品种、化肥的使用及相关技术，增加融资便利，努力实现以下四个方面的工作：第一，应用先进种植技术，发展配套设施，向农民提供小额贷款，完善土地管理制度，不断提高稻谷产量；第二，鼓励私营企业参与稻谷加工出口，建立新的融资体制，降低电力成本，支持大米加工厂的建设；第三，实行"一站式"服务，增建配套设施，降低大米存储、运输及出口成本和企业的非正常费用，完善大米的出口协调机制，相关单位必须给予大米出口等同于服装出口的特别待遇，以大米出口为优先，最大限度地减少通关时间；第四，重视市场研究开发，掌握国际市场需求，确保大米出口稳步增长。

2010年12月6日，柬埔寨农林渔业部召开年度种植工作会议，从会议公布的数据来看，2010年柬埔寨全国水稻种植面积超额完成计划，达276万公顷，收成面积为274万公顷，稻谷总产量向800万吨迈进，同比增长5.34%，剩余稻谷达380万吨，这就意味着可供出口的大米总量可以达到243万吨，而根据柬埔寨商业部的统计，2010年上半年柬埔寨出口大米10.7291万吨，出口金额1343.8万美元，是2009年同期的近24倍，但与243万吨的可出口量相比，柬埔寨的大米出口还有很大的上升空间，这也为2011年柬埔寨大米出口形成规模奠定了良好的基础。

《促进稻谷生产和大米出口政策》为柬埔寨稻谷生产和大米出口注入动力，开拓了柬埔寨农业广阔的发展空间。据柬埔寨农林渔业部统计，2012年柬全国稻谷总产量达到931万吨，同比增长6%，平均单产量为3.1吨/公顷。其中，雨季稻产量为717.6万吨，单产量为2.8吨/公顷；旱季稻产量为213.4万吨，单产量为4.4吨/公顷。扣除国内消费外，稻谷剩余475万吨，相当于304万吨大米可供出口。由于受到加工技术和出口渠道的限制，2012年全柬出口大米20.57万吨，尽管未能实现政府制定的25万吨的出口目标，但相比2011年实现了1.9%的微增，柬埔寨王国政府《促进稻谷生产和大米出口政策》初现成效。

2013年由于受到自然灾害的影响，柬全国水稻种植面积仅实现小幅增长，但在利好政策的推动下，全国大米出口量猛增。根据柬埔寨政府-私营企业论坛公布的报告显示，2013年全柬大米出口总量增长至37.89万吨，相比2012年的20.57万吨增幅达到84%。出口对象主要涉及欧盟和亚洲的66个国家和地区，其中，出口法国5.7万吨、波兰5.5万吨、马来西亚5.1万吨、荷兰2.9万吨、中国2.8万吨、泰国2.3万吨。

2014年开始，柬埔寨王国政府继续加大政策支持和资金投入，在全国范围内扩大水稻种植面积，促进大米加工产业的发展，以确保实现2015年出口100万吨大米的目标。相关措施涉及行业准则、优惠政策、行业协会和金融政策等领域，主要包括：制定相关行业准则，确保米商诚信经营，规范大米出口市场；出台税费优惠政策，增强柬国大米行业出口的国际竞争力，促进大米出口行业发展，实现政府大米出口目标；成立行业协会，加强稻谷生产和加工企业的联系，促进行业沟通，及时提供商业信息和反馈，对接国际市场，促进大米出口行业发展；制定和出台配套金融政策，为大米生产和出口提供资金和销售保障。

在一系列政策的推动下，柬埔寨稻谷加工和大米出口行业取得了一定的发展，但在稻谷收购资金不足、邻国竞争激烈和本国加工设备落后等国内外综合因素的作用下，柬埔寨未能实现2015年出口100万吨大米的目标。据统计，2015年柬埔寨向50多个国家出口大米共计约53.8万吨，虽然仅实现了"出口100万吨大米"目标的一半，但相比2014年38.7万吨的出口量增长了约39%。总体而言柬埔寨稻谷生产和大米出口行业仍然面临着严峻的挑战，一方面虽然政府采取了一系列政策和金融措施，为大米加工和出口贸易提供保障，但缺乏足够资金，无法保证持续、稳定地从大米加工商手中购入大米，迫使部分大米加工商只能通过"零散出口"的方式为自己的产品寻找销路；另一方面则受到本国稻谷加工行业技术落后、仓储设施缺乏、运输能力不足等因素的限制，使品质优良的柬埔寨大米难以在出口贸易中取得应有的回报，以至于流入他国市场，经加工后又出口至世界各地。因此，柬埔寨为推动水稻种植和大米加工，仍需继续加大农业投入，重视提高农业技术水平，逐步扭转在国际大米贸易中与周边国家竞争的不利局面。

二、"一带一路"倡议推动中柬农业合作

近年来，中柬农业合作日益加强，特别是在"一带一路"的框架下，中国对柬农业投资稳步增长，中柬农产品贸易特别是柬埔寨大米向中国出口的规模显著提升。

2015年，中国从柬埔寨进口大米约11.7万吨，同比增长138%，占柬埔寨大米出口总额的比例超过20%。中国首次成为柬埔寨大米头号买家，法国和波兰均位于中国之后。此后，中国从柬进口大米贸易

额稳步增长，持续保持柬埔寨大米最大出口市场地位。2016年，柬埔寨大米出口连续遇挫，在柬农民生活面临困境的情况下，中国积极增加从柬埔寨进口大米的数量，帮助柬埔寨解决大米滞销危机。柬埔寨农业部大米出口单一窗口秘书处报告显示，2016年柬埔寨全年出口大米54.2万吨，增幅为0.7%。其中，中国进口柬大米12.7万吨，增长0.85%，在各进口国中继续排名首位。2017年1月—6月，柬埔寨共计出口大米28.8562万吨，较去年同期的26.819万吨增长7.6%。在56个出口市场中，出口中国9.472万吨，占出口总量的32%。中国是柬大米最大出口市场，法国位居第二（3.7321万吨），波兰位居第三（2.5639万吨），英国位居第四（2.1269万吨）。

随着中柬全面战略合作伙伴关系的深入发展，两国农业合作领域日益拓宽，层次不断提高。2016年10月19日，柬埔寨农林渔业部与天睿（柬）农业经贸合作特区柬埔寨首都金边签署合作备忘录，正式确立第一个中国–柬埔寨国家级农业经贸合作项目。该项目能够大幅度提升柬埔寨农业生产的技术水平，促进和完善当地从农业生产到农产品加工、仓储物流、国际商贸等全产业的建设与发展，为包括稻谷在内的柬埔寨主要农产品的生产、加工和出口创造条件。

在世界农业发展传统格局发生根本性变化、农业技术交流和资源要素流动成为发展核心和合作主流的同时，中柬之间的农业合作不应仅局限在中国成为柬埔寨农产品主要出口目的地国这一单一方面，而是要推动中国企业发挥自身的资金和技术优势，积极参与柬埔寨农业产业化建设，推动柬埔寨农业生产、加工和贸易体系的不断完善。中国企业的投资将为柬埔寨构建农业加工产业体系、规范产业加工标准和及时了解市场需求提供资金和技术支持。中柬双方应在传统合作项目的基础上，进一步加强在农产品育种、种植技术等方面的交流，依托国家农业合作项目及园区的总体指导框架，逐步建立起完善的政府间农业合作体系，并不断引入社会资本，加强信息互通和需求对接，以柬埔寨大米加工和出口项目为试点，不断提高农产品合作研发和种植品种的多样性和产业化，在不断推进大米加工和出口合作的基础上，重点关注柬埔寨橡胶种植与加工、畜牧业和水产养殖及农产品研发基地和产业园区等优势农业项目的开发与合作，通过合作理念和模式的创新，进一步推动两国农业领域合作不断向前发展。

第三节　　促进中柬工业优势互补与产业合作

中柬两国在工业领域的合作呈现出很强的互补性。进入新世纪以来，柬埔寨对本国工业发展的重视程度日益加强。柬埔寨王国政府致力于推动国家工业化发展步伐，通过完善相关法律法规和出台一系列配套政策，提高整体工业发展的水平。而中国所推动实施的产业转移政策，在一定程度上能够满足柬埔寨工业发展的资金和技术需求。

❀ 一、柬埔寨工业发展新机遇：《2015—2025年柬埔寨工业发展政策》

柬埔寨是一个人口年龄结构相对年轻的国家，有较丰富的青年劳动力，30岁以下人口约占其总人口比例的60%，能够为企业特别是工业企业提供充足的劳动力支持，这也是柬埔寨发展基础工业的天然优势。1993年大选后，面对基础薄弱、门类单一的工业状况，柬埔寨王国政府推出了一系列优惠政策，以积极改善柬国内投资环境，通过争取国际援助和吸引外资等方式推动其工业发展。

2010年以来，柬埔寨工业对国民经济的支撑作用愈发凸显。由于受多种因素影响，柬埔寨农业增速不断下滑，但其工业增长始终高于GDP平均水平。尽管柬埔寨制衣行业因国内劳动力成本增加、境外订单减少等原因受到一定冲击，但其工业产值增速总体趋向良好，原因主要在于制衣行业保持了相对稳定的增长态势。柬埔寨的制衣行业以外资为主导，通过大规模进口服装原辅料及半成品进行加工，充分利用柬国内劳动力成本低廉的优势，并借助国际社会对服装出口的优惠政策，扩大服装出口贸易规模，将成品输出至欧美等发达国家和地区。服装出口是柬埔寨工业增长的重要支柱，也是其推动对外贸易和国内经济增长的引擎，在拉动就业，增加国民收入、外汇收入和政府财税等方面作用突出。

在制衣行业拉动工业产值稳步增长的同时，柬埔寨工业领域发展也暴露出一些根本性和结构性问题，主要包括：

第一，没有建立完善工业体系，工业产品单一的局面没有改善，工业发展仍然过度依赖于纺织业和制衣业，从而导致其经济增长特别是工业增长过于依赖外部环境和国际贸易活动，容易在世界经济动荡中受到冲击。

第二，柬埔寨工业企业多以基础性加工企业为主，所占比例超过90%，且有60%的企业从事基础性产业链模式的加工产业，导致其工业产品附加值仍然处在较低水平，工业行业研发及产品开发创新尚属空白。

第三，柬埔寨工业发展硬件水平仍需提高，工业领域基础设施和产业设备相对落后，能源价格虽在近年有所下降，但仍处在高位，这也是其进一步改善工业结构、扩大产业规模亟待解决的问题。

第四，柬埔寨工业企业比例结构存在严重缺口，工业企业类型结构合理性有待加强，工业体系对大型企业依赖度过高，且企业分布过于集中，多位于城市及周边地区。《2015—2025年柬埔寨工业发展政策》指出：柬埔寨工业领域微型企业占97.3%，小型及中型企业占2.2%，大型企业占0.6%；而从劳动力分配来看，大型企业吸纳了63.3%的劳动力，微型企业吸纳了29.3%的劳动力，中小型企业劳动力吸纳比例为7.4%；在提供就业岗位方面，大型企业提供的就业岗位占总数的76%，微型企业为12%，与中小型企业提供的就业岗位相当。由此可见，柬埔寨仍需加大力度，促进小微型工业企业的发展。

2015年8月26日，柬埔寨王国政府《2015—2025年柬埔寨工业发展政策》发布会在金边顺利召开，洪森首相出席发布会并发表重要讲话。根据该政策，从2015年开始，柬埔寨将重点推动国家工业发展，出台相关支持工业发展的优惠政策，促进柬埔寨工业产业的多元化变革。为落实工业发展政策，柬埔寨优先实施了四个领域的核心行动计划：一是进一步加大电力供应，逐步下调电力价格；二是进一步加强交通物流领域的总体规划，推动连接金边—西哈努克、金边—巴域、金边—波比的经济走廊建设；三是加强和落实劳动市场的管理机制和培训技术劳工；四是以西哈努克省为试点，推动建设综合性示范经济特区。

　　《2015—2025年柬埔寨工业发展政策》是柬埔寨王国政府从国家工业发展现状出发，推动国家工业改革转型及工业现代化进程的重要决策，标志着柬埔寨将从以往的由劳动密集型工业向技术密集型工业转变，以借助区域一体化的大潮，不断向建立具有国际标准的工业类型和体系的目标靠近，进一步强化和提高柬埔寨工业产品在国际市场上的竞争力，推动建立技术性和知识性的现代化工业发展模式。上述目标将为柬埔寨的经济发展贡献力量，为柬国民创造更多的就业岗位，提高国民收入水平，为柬埔寨经济注入活力。

　　该政策的主要目标包括：通过发展技术性工业，提高工业产品附加值，使柬埔寨工业占GDP的比重由2013年的23.8%提高到2025年的30%，其中工业加工业占比增幅略低于工业GDP占比增幅，由2013年的15%提高到2025年的20%；改善工业产品出口结构，促进出口产品多元化和出口贸易合理化，调整服装、鞋类产品出口比重，使其在2025年时下降到50%，同时加强其他工业领域发展，力争到2025年将其他工业产品的出口比重提升至15%；实现80%的小型企业和95%的中型企业合法登记，五成小型企业和七成中型企业建立规范的会计账户和财务报表，全部大型企业全面实现和规范会计账户和财务报表制度。

　　目前，柬埔寨王国政府正在着力推动人力资源建设、发展工业基础设施、提高工业技术水平，并以此推动柬埔寨的工业结构深层次改革和科技创新，从而推动工业结构和出口贸易体系合理化发展，并不断向知识型经济迈进。在上述过程中，部分高附加值的新型工业、制造业、信息通信产业及纺织业配套产业将得到柬埔寨王国政府的政策鼓励与支持，成为其工业领域发展的新商机。同时，随着旅游业的快速增长，柬埔寨将在医药、建材、包装、家具制造、农产品加工以及农业、旅游业上下游配套产业等领域迎来新的增长点。在"一带一路"倡议的推动下，抓住柬埔寨工业结构改革和转型升级的关键契机，结合中国的产业转移政策，以技术输出和资金投入为出发点，加大实体项目合作，是新时期中国企业开发柬埔寨市场的极佳选择。

二、柬埔寨经济特区建设

经济特区是柬埔寨经济发展到一定阶段的必然产物，也是其在国家工业化进程达到一定规模和程度时，政府以特殊的经济政策和特别经济管理体制在特定区域成立的"特别经济管辖区域"，旨在进一步推动工业化进程、促进自由贸易、拉动经济增长。在柬埔寨，经济特区概念的引入可以追溯到20世纪60年代，但由于受特定历史因素的影响，直到21世纪以来才真正付诸实践。

管理机构的改革和法律框架的完善为柬埔寨经济特区的发展奠定了基础。2005年12月29日，柬埔寨王国政府颁布《关于柬埔寨发展理事会组织机构和职能的第147号法令》，对柬埔寨投资一站式主管和服务机构——柬埔寨发展理事会进行机构改革，设立专门的经济特区委员会，主管经济特区的相关申请、建设、验收和管理运营工作，同时出台《关于经济特区设立和管理的第148号次法令》，作为管理柬埔寨经济特区的基本法规。

柬埔寨经济特区的实际管理工作由经济特区调解委员会、经济特区委员会和经济特区行政办公室（经济特区管委会）三个部门负责，具体涉及特区争议解决、总体管理和实际执行三个方面的工作。

经济特区调解委员会主席一职由柬埔寨发展理事会主席兼任，另设9个委员，分别由内阁办公厅大臣，经济与财政部大臣，商业部大臣，国土规划、城市化与建设部大臣，环境部大臣，工业、矿产和能源部大臣，公共工程与运输部大臣，劳动和职业培训部大臣及柬埔寨发展理事会秘书长担任，经济特区委员会秘书长负责秘书工作。该委员会的任务是及时调解经济特区内所发生的涉及技术、法律等方面的问题，或者是涉及部际、机构之间管辖权重叠的问题，以及超出经济特区行政办公室或柬埔寨经济特区委员会的能力所及权限的其他问题。此外，经济特区调解委员会还有义务受理经济特区开发商和投资商提交的投诉，并寻求解决方案。

柬埔寨经济特区委员会隶属于柬埔寨发展理事会，是负责经济特区开发、管理和监督的一站式服务机构，也是领导经济特区一站式服务机制的国家行政管理单位。在经济特区实际工作中，该委员会充当政府参谋的角色，负责研究和制定特区相关的政策、战略及计划，向开发商和投资者提供各种必要指导，拟订各类业务开展的原则和技术标准，检查经济特区内不正常活动，协调与政府各部门和机构的联系，以保障经济特区工作能够顺利、高效地运行。

经济特区行政办公室是柬埔寨经济特区委员会在特区内设立的常驻办公机构，是柬埔寨经济特区"单一窗口"机制的直接执行者，受经济特区委员会的统一领导。委员会办公室负责人由柬埔寨经济特区委员会代表担任，其他成员分别来自海关与货物税务总署、进出口货物检查与伪假遏制局、商业部及劳动和职业培训部。

柬埔寨王国政府对特区准入实行宽松的管理政策，不对经济特区申请开发单位的性质进行特定限制和硬性规定，即任何国家或私人均有权在柬埔寨申建经济特区，或以国家和私人联营的形式进行申请，但需满足特区面积超过50公顷、周边设立围墙、配有办公区域、装配交通和水电通信网络、修设污水排放及净化和其他环保设施等条件。同时，经济特区开发商还可根据实际情况，在经济特区内设置备用土地，用作建设员工住宅区，或修建休闲公园、医疗机构、专业培训学校、加油站、餐厅、车场、商店或市场配套设施。

在一系列优惠政策的推动下，柬埔寨的经济特区在2005年后迅速发展起来，带动了一大批工业项目的落地和开发。据柬埔寨发展理事会的统计显示，截至2012年年底，柬埔寨经济特区共吸纳投资项目138个，特区建设及项目投资总额达16亿美元，其中，制造业项目134个，投资额共计5.54亿美元。2013年，柬埔寨政府批准设立的经济特区总数达到22个，主要位于柬泰、柬越边境和西哈努克省，约有172家国内外公司在经济特区投资，投资总额累计达16.5亿美元，为柬埔寨国民创造超过10万个就业岗位。

在柬埔寨经济特区投资建设和发展的过程中，中国始终是柬埔寨最大的合作伙伴，对其支持力度居于各国之首。特别是自2010年1月1日中国-东盟自由贸易区建成以来，东盟国家已成为中国企业"走出去"的首选地之一，越来越多的中国企业选择到东盟各国投资兴业，投资领域不断扩大，而随着东盟区域经济合作的进程日益加快，与中国有着传统友好关系的柬埔寨对中国企业的吸引力日益加强，以柬埔寨为根据地打开东盟市场成了众多中国企业拓展海外业务的重要战略。依托于经济特区、利用特区优惠政策和一站式服务尝试开展柬埔寨业务，成为中国企业在投资初期规避风险、避免烦琐行政审批手续的重要途径。

在上述背景下，柬埔寨经济特区建设取得突破性进展。依托柬埔寨港口、公路等交通资源，柬埔寨经济特区主要分布在西南沿海地区和东部边境区域，包括西哈努克省、戈公省、柴桢省柬越边境地区、班迭棉吉省柬泰边境区、茶胶省、贡布省、干丹省、磅湛省和金边市等地。发展较快的有西哈努克港经济特区、曼哈顿柴桢经济特区、金边经济特区和阳光中国工业经济特区等。其中，作为中国首批设立的八个境外经贸合作区之一的西哈努克港经济特区是柬埔寨最大的经济特区，也是中国与外国第一个签订国家间框架合作协议的境外经贸合作区。

西哈努克港经济特区是中柬企业在柬埔寨西哈努克省共同开发建设的经贸合作区，是"一带一路"沿线的标志性项目，旨在为各国企业搭建"开发柬国市场、拓展东盟业务、扩大全球投资"的重要投资和贸易平台，以实现共赢发展。特区实施灵活的经济措施和特殊的管理体制，以自由港区为主要形式，以发展外向型经济为目标，通过减免关税等优惠措施，为柬国内外投资者创造良好的投资环境，吸引更多外资企业入驻；同时，在招商引资和特区管理上采用先进技术和科学理念，促进特区内经济技术发展，拉动就业，提高当地居民生活水平。西哈努克港经济特区总体规划面积为11.13平方千米，首期开发面积5.28平方千米，以纺织服装、箱包皮具、五金机械、木业制品等为主要发展产业，全部建成后，可形成配套功能齐全的、可容纳300家企业（机构）入驻、为8万~10万产业工人提供就业的生态化样板园区。

自创建至今，西哈努克港经济特区得到了两国领导人和政府的高度重视和大力支持。2006年，温家宝总理和柬埔寨王国洪森首相在中国广西南宁举办的"第三届中国–东盟博览会"上会晤时共同表示支持西哈努克港经济特区建设；2010年11月4日，中国全国人大常委会委员长吴邦国正式访问柬埔寨，并在与洪森首相会谈时重点提到推进西哈努克港经济特区建设的问题；2010年12月13日，在温家宝总理和柬埔寨王国洪森首相的共同见证下，中柬两国在北京签署了《中华人民共和国政府和柬埔寨王国政府关于西哈努克港经济特区的协定》，建立双边协调委员会机制，为及时协调解决西哈努克港经济特区发展中遇到的阶段性问题，促进西哈努克港经济特区快速发展奠定了的基础；2015年4月23日，习近平主席和洪森首相出席在雅加达举办的万隆会议60周年庆祝活动，双方在会谈时达成共识，提出要通过"一带一路"加强基础设施互联互通合作，运营好西哈努克港经济特区。不仅如此，柬埔寨首相洪森多次在公开场合把西哈努克港经济特区称为自己的"亲儿子"，希望西哈努克港经济特区能够发展成为柬埔寨的"深圳"。2016年10月12日，习近平主席在柬埔寨《柬埔寨之光》报发表《做肝胆相照的好邻居、真朋友》的署名文章，高度评价了西哈努克港经济特区的发展成就和作用，评价"蓬勃发展的西哈努克港经济特区是中柬务实合作的样板"。不仅如此，习近平主席在与洪森首相在会谈时也多次提及西哈努克港经济特区，双方还将"继续实施好西哈努克港经济特区等合作项目"写入中柬联合声明。

截至2017年，西哈努克港经济特区已成功引入企业116家，区内从业人员达1.7万名，对当地经济社会发展、人民就业致富起到了积极作用。柬埔寨已经制订未来规划，要将西哈努克港经济特区建设成集工业、商业、居住、文化及公共生活服务功能一体的现代化工业城镇，建设成西哈努克市的经济中心，为当地的就业、经济发展、公益事业注入新活力，成为名副其实的柬埔寨经济发展的示范区。在2016年6月7日举行的"西哈努克港经济特区百家企业入园庆祝仪式"上，特区负责人宣布了西哈努克港经济特区在未来的宏伟计划，即再用3年时间，实现累计引入200家企业，使全区年产值总额超过30亿美元。

西哈努克港经济特区的开发与建设，不仅为巩固中柬经贸合作奠定了良好的基础，而且成为推动柬埔寨经济发展的重要平台，对柬埔寨制衣业、箱包制造业、制鞋业、农业、工业和旅游业吸引更多外资发挥了重要的作用，使柬埔寨成为近年来中国企业"走出去"进行海外投资的重要目的地之一。西哈努克港经济特区不仅是柬埔寨最好的经济特区，而且也是东南亚经济特区中的先锋特区，特殊的地理区位优势和突出的发展成绩使西哈努克港经济特区在推动中国企业走向柬埔寨乃至东盟市场方面发挥了重要作用。在"一带一路"框架下，西哈努克港经济特区的发展将发挥重要的支点作用，一方面进一步推动柬埔寨工业化和城市化的发展进程，另一方面可以为"一带一路"在东盟地区的推广和建设铺路搭桥。

柬埔寨正处在工业化转型升级的关键时期，《2015—2025年柬埔寨工业发展政策》表明了柬埔寨王国政府加大力度发展国家工业的决心，该政策也明确提出要以西哈努克省为试点，推动建设综合性示范经济特区，足见政府对推动经济特区开发工作的支持力度和决心。进入21世纪以来的柬埔寨在旅游业领域实现了快速发展，带动了相关配套服务业的增长，这也给其工业的建设和发展提出了更高的要求。在这样的背景下，积极把握柬埔寨工业大发展的契机，以建设和参与经济特区建设为大方向，利用《2015—2025年柬埔寨工业发展政策》和中国产业转移政策的有效对接，充分发挥自身的技术优势和资金优势开展国际产能合作，中国企业在"走出去"的道路上大有可为。

第四节　"一带一路"与中柬旅游合作新机遇

旅游业是柬埔寨国民经济发展的支柱产业，被誉为国家的"绿色黄金"。旅游业是柬埔寨王国政府优先发展的重要领域，而"一带一路"倡议实施基础设施互联互通，为柬埔寨旅游业发展创造了更加便利的条件。在这样的背景下，柬埔寨通过积极完善自身条件，不断加强对旅游资源的有效利用，提高旅游服务质量，扩大旅游影响力，通过与中国的文化旅游合作，实现旅游业的高速发展。

❀ 一、柬埔寨旅游市场的新变化：中柬旅游合作与"'为中国准备好'战略"

自2010年中柬建立全面战略合作伙伴关系以来，两国在政治上的高度互信，经济合作的全面发展，民间的友好往来不断，为加强旅游合作奠定了坚实的基础。中国赴柬游客人数逐年攀升，2011—2015年的年平均增速超过30%。两国旅游部门和企业不断深化务实合作，通过签署合作协议、联合举办推介活动和推动具体合作项目等多种形式，加强两国在旅游领域的交流与合作。

近年来，中柬两国不断丰富旅游合作内涵，合作形式日趋多样化，合作层次不断提升，合作推进快速、高效。2014年12月29日，柬埔寨旅游部和中国国旅集团正式签署《旅游产业战略合作协议》，确立了中国国旅集团作为柬埔寨旅游部战略合作伙伴的地位，根据协议，柬埔寨可以通过中国国旅集团的专业网络进行宣传，弥补柬埔寨旅游宣传不足的缺憾，吸引更多中国游客赴柬旅游，同时，中国国旅集团的首家海外免税店——吴哥免税店正式营业，这也是中国企业首次将旅游加免税的商务模式导入柬埔寨，开启了中柬旅游合作的新模式；2016年6月25日，"中柬旅游高峰论坛"在柬埔寨首都金边召开，两国旅游部门和企业的负责人就深化旅游合作、创新合作模式等问题进行了深入探讨；2016年11月12日，中国国家旅游局和柬埔寨旅游部在上海签署《中华人民共和国国家旅游局与柬埔寨王国旅游部关于旅游合作的谅解备忘录》，为进一步深化两国旅游领域合作，提升两国旅游贸易规模创造了有利条件；2017年5月16日，《中华人民共和国国家旅游局和柬埔寨王国旅游部关于旅游合作的谅解备忘录实施方案（2017—2020）》在国务院总理李克强和柬埔寨王国首相洪森的见证下正式签署，双方在加强互联互通、组织人才培训、鼓励旅游投资、分享行业管理经验等方面的合作达成广泛共识。

在中柬关系日益深入发展的基础上，中国积极参与和支持柬埔寨旅游基础设施建设，为柬埔寨旅游业实现高速发展提供支持和帮助。目前，由中国提供出口买方信贷支持的6号公路扩建项目已顺利完工，金边到吴哥的汽车通行时间由8小时缩短至5小时，为丰富柬埔寨全境旅游产品创造了交通运输条件；中国与柬埔寨在文物古迹保护方面的合作日益加强，中国吴哥保护工作队对周萨神庙的修复工作历时近10年时间已于2006年正式完成，周萨神庙已开放并成为柬埔寨吴哥地区重要的旅游景点之一。除了参与遗迹修复，中柬在文物保护科技领域合作也取得了重大进展，2013年，中国科学院遥感与数字地球研究所、联合国教科文组织国际自然与文化遗产空间技术中心与柬埔寨吴哥世界文化遗产管理局签署谅解备忘录，帮助当地安装虚拟卫星地面接收站，并开展相关技术人员培训，以利用卫星遥感技术监测吴哥古迹及其周围环境，协助柬埔寨政府及时掌握可能发生的自然灾害和人为破坏信息，共同守护世界文化遗产。柬埔寨旅游部大臣唐坤高度评价中柬旅游合作，他强调："中国帮助柬埔寨修复吴哥古迹，是柬中在文化遗产保护开发领域的具体合作事例，生动体现出中国与柬埔寨兄弟般的友谊。"

在双方的共同努力下，2015年中国赴柬游客人数增至近70万人次，在国际游客中位居第二，仅次于越南。2016年1月，柬埔寨旅游部正式发布柬埔寨旅游业"'为中国准备好'战略"，从国家政策层面推动中柬旅游合作。"'为中国准备好'战略"是柬埔寨王国政府在"一带一路"框架下推出的加强中柬旅游合作的重要文件，不仅对柬埔寨旅游市场现状和中国客源的相关数据进行了客观的分析，提出了推动柬埔寨旅游业发展的"为中国准备好"行动计划，制定了关于接待中国游客的服务标准及相关质量评估和认证体系，而且为中国游客提供了"私人定制"的旅行计划和旅游信息服务，包括旅行社服务、餐厅酒店服务、运输服务等内容，并对具体的指标及考核标准进行了细化分类。

从内容上来看，"'为中国准备好'战略"既体现了柬埔寨对吸引中国游客的重视，也是其积极参与"一带一路"建设的重要体现。白皮书高度肯定了"一带一路"倡议给沿线国家带来的实在利益，指出"一带一路"是中国政府推动沿线国家经济和旅游发展与合作的"双赢政策"，此项倡议将进一步巩固各方合作，并推动沿线文化旅游产业的发展。不仅如此，白皮书还纳入了有关"一带一路"的专栏，对"一带一路"倡议的内涵进行解读和宣传，加强柬埔寨民众对"一带一路"的理解，扩大"一带一路"在柬埔寨的影响力。

柬埔寨王国政府确立了"2020年接待国际游客800万人，包括中国游客200万人"的宏伟目标，"'为中国准备好'战略"是实现这一目标的重要保障。在经过充分的市场调研和征求意见后，柬埔寨旅游部通过"'为中国准备好'战略"推出了四个领域的优先行动计划，为旅游业发展和吸引中国游客提供支撑，包括：加强落地服务，提高公众对"'为中国准备好'战略"的认识，推动旅游产业发展，出台相应支持机制。上述四个方面可以概括为服务制度化、市场规范化、旅游产业化和政策机制化，该措施不仅能够给柬埔寨争取到更多的中国客源，为中国游客提供一个便利、舒适的旅游环境，而且给中国的旅游企业带来了新的商机。中国企业可以充分发挥自身优势，与柬埔寨企业开展项目合作，借助政府优惠和鼓励政策，在专业旅游线路设计、旅游人员培训①、旅游产业创新和旅游资源开发等领域加强投入与合作，结合柬埔寨文化旅游资源和旅游发展战略，不断创新合作模式，推动中柬旅游合作再上新台阶。

二、中柬"文化旅游"合作

柬埔寨旅游资源丰富，拥有世界七大奇迹之一的吴哥古迹和美丽的西哈努克港滨海旅游区，每年都吸引着数百万的国内外游客。近年来，随着柬埔寨旅游设施及服务的不断完善和旅游资源的合理开发，柬埔寨旅游业和相关配套产业发展迅速，中国赴柬游客数量猛增，2017年上半年中国游客赴柬游客数量排名已升至各国首位。旅游业的发展和中国游客数量的增长不仅给柬埔寨保持经济的高速发展注入了强劲动力，而且也为中柬深化旅游合作及中国企业投资柬埔寨旅游产业奠定了基础。

随着柬埔寨传统旅游业的快速发展，文化旅游逐渐得到王国政府的重视和支持，包括民族文化村和《吴哥的微笑》大型演艺节目在内的众多旅游设施和项目在柬落地，并逐步得以完善。柬埔寨在文化旅游领域所取得的发展成绩得到了国际社会的认可。柬埔寨还借助自身资源优势承办了一系列世界性的和区域内的大型旅游会议及相关活动，进一步扩大了柬国在旅游开发特别是文化旅游领域的影响力。

2015年2月4日，世界旅游文化大会在柬埔寨暹粒举办，来自全

---

① 据"'为中国准备好'战略"提供的数据显示，2014年，金边市和暹粒省从业的中文导游分别为188名和626名，而两地对中文导游的实际需求为460名和636名。除暹粒省外，柬埔寨其他地区的中文导游仍有较大缺口，海岸地区和东北部旅游区中文导游从业人数为零。根据预测，到2020年金边市和暹粒省对中文导游的需求量将分别增至1 517名和2 094名。

球99个国家的旅游、文化部部长及政府官员,企业、行业协会代表和媒体记者共计800余人参加了此次会议,与会各方代表围绕旅游促进文化保护、深化旅游和文化领域联系、探索建立新型互惠伙伴关系等议题进行了认真讨论,并联合发布了《旅游与文化暹粒宣言》。2017年11月17日,以"文化遗产保护和旅游发展"为主题的中国–东盟文化旅游论坛在柬埔寨暹粒举行,此次论坛是继2017年11月13日在马尼拉举办的第二十次东盟–中国领导人会议发布《东盟–中国旅游合作联合声明》后举办的关于推动域内旅游合作的一项重大活动,展现出中国与东盟各国在"一带一路"框架下旅游合作领域的广阔市场。

在"一带一路"的框架下,柬埔寨积极把握和适应文化与旅游融合发展的大趋势,大力推动文化旅游产业创新,努力实现文物保护工作和旅游开发项目的有机结合,充分利用旅游发展带动文化产业的兴起,通过文化产业的繁荣拉动旅游经济的增长,不断推进国际合作,合理开发文化和旅游资源,取得显著成效。2017年12月9日,柬埔寨首相洪森被欧盟旅游与贸易委员会授予"全球旅游和可持续发展亲善大使"荣誉,首都金边也被列为"世界文化旅游之都",既肯定了柬埔寨王国政府在文化和遗产保护方面的卓越成绩,也鼓励柬埔寨进一步走好文化旅游发展道路。

在柬政府推动文化旅游发展的过程中,中国政府和企业扮演了重要的角色。一方面,中国政府重视开展对柬旅游合作,致力于搭建合作机制和平台,积极引导本国游客在出境旅游过程中尊重和保护当地文化遗产,为两国旅游领域的民间交流与合作奠定了基础;另一方面,中国企业抓住柬埔寨文化旅游发展的良好机遇,利用自身对旅游与文化传承相互促进发展的探索和实践,积极拓展在柬投资文化旅游项目,帮助柬埔寨丰富旅游项目和产品的文化内涵,推动旅游业实现可持续发展。

2010年11月,《吴哥的微笑》大型演艺节目在柬埔寨吴哥景区正式开演,这是一部在中国文化部和柬埔寨文化与艺术部共同支持下,由云南文化产业投资集团打造的一台全方位展示柬埔寨吴哥王朝的大型文化旅游驻场演艺项目。全剧由"序·问神"、"辉煌的王朝"、"复活的众神"、"搅动乳海"、"生命的祈祷"和"尾声"六个板块组成,通过现代舞台艺术展现与高棉民族艺术传统表演相结合的方式，运用中国演艺行业中先进的舞美科技和编导技术，把吴哥文化瑰宝中最具代表性的文化意象，结合现代手法加以表现，全方位展示了柬埔寨悠久的历史文化、辉煌的吴哥文明和丰富的高棉民族文化。

《吴哥的微笑》的成功可以归结为以下三方面的原因：

第一，项目设计框架符合中柬两国旅游发展与合作的大战略，实现了中国文化"走出去"和柬埔寨振兴文化旅游战略的有效对接，从而能够得到两国政府的大力支持，体现了中柬文化旅游合作的最新成果，并因此而被中柬两国政府分别授予"中国文化出口重点项目"称号和"柬埔寨旅游特殊贡献奖"。

第二，项目设计理念符合受众需求，能够把中国的艺术理念和柬埔寨文化元素融为一体，项目由中国艺术家担任导演、音乐、舞编，启用当地演员团队，依托柬埔寨吴哥古寺辉煌灿烂的文明、令人惊叹的建筑雕塑和吴哥文化艺术瑰宝，融入宾博音乐、搏格道武术、仙女舞等柬埔寨文化艺术元素，通过邀请当地的民族服饰专家手工制作演出服，充分展现柬埔寨的民族文化特色，以达到用中国理念展现柬埔寨文化精髓的目的。

第三，采用灵活的、"量身定制"式的融资方式，为项目顺利开展提供了保障。《吴哥的微笑》项目得到了中国进出口银行6 500万元贷款的支持，由云南文化产业投资集团通过集团统贷统还的方式融资，优化了企业融资还款的结构，降低了银行回收贷款的风险，同时解决了境外项目抵押难、监管难的问题，并通过政策性金融带动商业金融的模式，拓宽了文化企业境外经营的资金来源。2014年3月25日，文化部、商务部等部委在全国文化金融会议上，将云南文投集团的境外驻场演出项目——《吴哥的微笑》的成功经验，总结为中国文化"走出去"的一种全新模式。

《吴哥的微笑》不仅是中国转制院团第一个"走出去"的驻场文艺演出的项目，而且成为柬埔寨最受欢迎的大型知名文化旅游产品。项目的成功为中国推动文化产业输出和柬埔寨实现文化旅游创新提供了值得借鉴的宝贵经验，同时对于推动中国-东盟文化旅游合作也有重要的示范意义。随着"一带一路"建设的深入发展，中柬文化旅游合作迎来更多机遇。2017年10月25日，《吴哥王朝》大型史诗舞台剧项目建成新闻发布会在暹粒召开，该项目由两国文艺、杂技、舞蹈、音乐、舞美、服装、舞台科技等众多艺术家一起创作，用声、光、电等现代科技手段完美展现高棉传统表演艺术的感染力，被视为中柬文化旅游合作的又一重大成果，成为柬埔寨当地文化旅游产业的新地标。

随着"一带一路"建设的不断加深，中柬两国在农业、工业和旅游业等柬埔寨国民经济支柱产业领域的合作日益紧密。柬政府从自身经济发展需求和产业状况出发，结合"一带一路"倡议，努力加强与中方的合作，以农业技术合作推动农产品出口，以工业园区建设承接产业转移，以完善的旅游市场迎接中国游客，这也是柬埔寨在新时期支持和参与"一带一路"建设，推动国家经济发展的重要途径。

参考文献

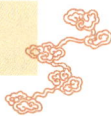

［1］ 陈显泗. 柬埔寨两千年史. 郑州：中州古籍出版社,1990.

［2］ 李晨阳,瞿健文,卢光盛,等. 列国志：柬埔寨. 北京：社会科学文献出版社,2010.

［3］ 中国驻柬使馆经商处. 柬埔寨商务指南. 金边：华商日报社,2006.

［4］ 傅岩松,胡伟庆. 柬埔寨研究. 北京：军事谊文出版社,2004.

［5］ 董治良,赵佩丽,木向宏. 柬埔寨王国经济贸易法律指南. 北京：中国法制出版社,2006.

［6］ 李轩志. 柬埔寨社会文化与投资环境. 北京：世界图书出版公司,2012.

［7］ 龙仕昌,唐勇. 柬埔寨国家地质背景与主要矿产资源分布概况. 四川地质学报,2015,35:40.

［8］ 吴良士. 民主柬埔寨地质构造与区域成矿. 矿床地质,2009,28(3)：381-383.

［9］ 杜敦信,赵和曼. 越南老挝柬埔寨手册. 北京：时事出版社,1988.

［10］ 李轩志. 论法国殖民统治对柬埔寨社会文化的影响. 东方论坛,2013(5)：48-51.

［11］ 满忠和. 柬埔寨王国宪法. 东南亚纵横,1994(02)：25-29.

［12］ 卢光盛,李晨阳,瞿健文,等. 列国志：柬埔寨. 新版. 北京：社会科学文献出版社,2014.

［13］ 杨明国,金瑞庭. 当前柬埔寨经济形势分析及推进中柬双边合作政策建议. 中国经贸导刊,2017(17)：19.

［14］ 刘永焯. 柬埔寨宗教概况. 印支研究,1983(1).

［15］ 少林,天枢. 柬埔寨的民族、居民与宗教. 东南亚纵横,1994(4).

［16］ 陈军军,支国伟. 柬埔寨服饰文化研究. 旅游纵览,2015(02).

［17］ 陈力丹,李熠祺. 历经劫难而重生的柬埔寨新闻传播业. 新闻界,
2015(21).

［18］ 卢军,郑军军,钟楠. 柬埔寨概论. 广州:中国出版集团,世界图书
出版公司,2014.

［19］ (柬)高·娜蓉(Mrs. Keo Narom). 柬埔寨音乐. 金边,柬埔寨:吴
哥出版机构,2011.